SPIN SELLING

SITUATION · PROBLEM · IMPLICATION · NEED-PAYOFF

당신의
세일즈에
SPIN을
걸어라

④

세일즈
관리와
코칭

MANAGING MAJOR SALES

당신의 세일즈에 SPIN을 걸어라 4
세일즈 관리와 코칭

초판 1쇄 발행 • 2008년 11월 27일

지은이 • 닐 라컴 · 리처드 러프

옮긴이 • 심재우

펴낸이 • 김건수

펴낸곳 • 김앤김북스

출판등록 • 2001년 2월 9일(제12-302호)

서울시 중구 수하동 40-2번지 우석빌딩 903호

전화 (02) 773-5133 | 팩스 (02) 773-5134

ISBN 978-89-89566-41-0   03320

SPIN SELLING
SITUATION · PROBLEM · IMPLICATION · NEED-PAYOFF

당신의
세일즈에
SPIN을
걸어라

④

세일즈
관리와
코칭

닐 라컴 · 리처드 러프 지음
심재우 옮김

김앤김
북스

CONTENTS

07 올바른 당근 찾기
대형 세일즈에서의 동기부여와 수행력

08 변화하는 세일즈 조직의 관리
세일즈 효과성 사례 연구

몇 년 전 필라델피아에서 열린 전미 세일즈 트레이닝 간부협회 (National Society of Sales Training Executives)의 연례 회의에서 나는 기조강연을 맡았다. 이날의 주제는 대형 세일즈 연구에 관한 것이었다. 강연을 끝마칠 무렵, 나는 마케팅과 비교해 세일즈에 관한 연구가 너무 미진하다는 불만을 토로했다. "이유가 뭘까요? 세일즈 역시 그만한 가치가 있지 않습니까?"라고 내가 물었다. 이어진 토론 시간에 청중 한 명이 일어나더니 그 이유를 해명했다. "마케팅은 전문 영역에 속하지만, 세일즈는 아직 그 수준에 이르지 못했기 때문입니다."

사실 세일즈 전문가들이 모인 자리에서 그런 말을 하는 것은 적절해 보이지 않았다. 당연히 여기저기서 반대의 목소리가 들렸는데, 그래도 그는 목소리를 낮추지 않았다. "설명을 드리겠습니다."라며 그는 말을 이었다. "엔지니어링이나 의학, 또는 마케팅은 전문 기술 (technology)에 기반을 두고 있습니다. 말하자면 전문가들이 축적해둔 특별한 지식과 기법이 있다는 뜻입니다. 전문가들이 전문 기술을 발전시키면, 그 뒤를 이어 연구가 활발해집니다. 세일즈가 전문 영역에 들지 못하는 이유는 우리가 충분한 전문 기술을 가지고 있지 않고, 따라서 연구도 뒤따르지 않았기 때문입니다. 하지만 마케팅은 시장조사나 광고 영역에서 전문 기술을 가지고 있습니다. 당연히 연구도 활발합니다." 그의 추가적인 설명에 이의를 제기하는 사람은 없었고, 토론은 곧 다른 주제로 넘어갔다. 그의 이름을 기억하지는 못하지만, 당시의 상황을 떠올려 보면 분명 그의 말이 옳았다고 시인하는 수밖에 없다.

세일즈는 이제 급속하게 전문 영역에 들어서고 있다. 하지만 더 오래되고 확고한 기반을 갖춘 다른 전문 영역들과 필적하려면 모델, 절차, 체계적 지식 등의 측면에서 더 많은 전문 기술을 개발해야 한다.

최근 몇 년간 세일즈 영역에서 새로운 전문 기술들이 속속 등장했다. 예를 들어 지난 5년 간 등장한 세일즈 기술은 과거 50년 동안 배운 것보다 훨씬 많다. 아울러 대형 세일즈와 세일즈 전략에 관한 우리의 지식도 상당히 진전했다. 세일즈는 점차 성숙하고 전문적이 되어 가고 있다. 그런데 세일즈 관리(sales management) 영역은 어떤가? 세일즈 매니저들이 이러한 변화의 흐름을 따라잡도록 누가 도움을 주고 있는가? 세일즈 관리의 전문 기술은 어디에 있는가?

사실 우리 같은 학자들이 세일즈 관리에 관심을 가지고 체계적인 연구를 시작한 것은 아주 최근의 일이다. 또한 대형 세일즈를 관리하는 매니저에게 도움을 줄 목적으로 나온 책도 이 책이 처음이다. 대형 세일즈 관리는 여러 세일즈 영역 중에서도 가장 흥미롭고, 도전적이며, 빠르게 변화하는 분야이다. 우리는 지난 20년간 대형 세일즈를 하는 여러 기업과 함께 일한 경험과 연구를 바탕으로 이 책을 저술했다. 그동안 우리가 훈련하고 논쟁하며 배움을 주고받았던 수천 명의 세일즈 매니저들에게 우선 고마움을 전하고 싶다. 이 책에 담긴 많은 아이디어들은 그들로부터 비롯되었다.

특히 이 책의 초고를 읽고 평을 해준 하워드 클라이너트(Howard Kleinert), 레어드 매튜(Laird Matthews), 더그 맥네어(Doug McNair)에게 깊이 감사한다. 존 드빈센티스(John DeVincentis)와 맥킨지 앤 컴퍼니(McKinsey and Company)의 친구들에게도 감사의 인사를 빼놓을 수 없다. 그들의 일관된 도움으로 우리는 여기에 나오는 개념의 공감대를 넓힐 수 있었다. 무엇보다도 이해심 많은 우리 동료들이 인내하고 도와주지 않았다면 이 책은 나오지 못했을 것이다. 특히 오퍼레이션 매니저 조안 코스티치(Joan Costich)는 우리가 연구할 수 있는 여건을 조성해 주었으며, 존 윌슨(John Wilson) 또한 우리의 구상에 많은 도움을 주었다. 이 책을 쓰는 동안 결정적인 순간에 매번 짐을 나누어 덜어준 켄 웹(Ken Webb)과 잭 페이건(Jack Fagan)에게도 감사의 인사를 빼놓을 수 없다. 그밖에 우리의 노고를 지켜봐주고 늘 격려를 아끼지 않았던 퀸시 래컴(Quincy Rackham)과 자넷 스피러(Janet Spirer)에게도 특별히 감사를 전한다.

닐 라컴(Neil Rackham)

어느 조직이든 셀러들에게 더 나은 세일즈 성과를 올리라고 목표를 주거나 요구를 한다. 그리고 셀러들이 세일즈에 필요한 더 나은 기술을 갖추도록 하기 위해 그들을 모아 세일즈 트레이닝을 실시한다. 물론 셀러들에게 세일즈 기술을 훈련시키는 것은 매우 중요하다. 그런데 문제는 대부분의 세일즈 조직에서 이런 트레이닝만으로 모든 역할을 다 했다고 여기는 것이다.

트레이닝을 실시했다고 해서 셀러가 하루 아침에 변하는 것은 아니다. 셀러들이 트레이닝을 통해 배운 기술을 실제 세일즈 상담에서 고객을 상대로 잘 활용하고 있는지 지속적으로 확인하고 지도하는 과정이 필수적이다. 그러나 셀러의 상담 과정을 직접 지켜보지 않는 한 그러한 작업이 쉽지 않은 것도 사실이다. 이런 딜레마는 모든 세일즈 매니저들이 공통적으로 안고 있는 고민이다.

예를 들어 고객 상담을 마치고 돌아온 셀러는 매니저에게 상담 결과를 보고하면서 좋은 미팅이었다고 말한다. 그런데 시간이 지나도 아무런 결과가 나오지 않는다. 셀러는 분명 상담을 잘했다고 했는데, 왜 고객은 주문이나 계약을 요청하지 않을까? 매니저의 입장에서는 답답한 마음뿐이고, 도무지 어떻게 해야 할지 난감하다. 그렇다고 해서 셀러가 고객과 상담하러 갈 때마다 동반하여 확인하기도 어렵다.

이 때 세일즈 매니저에게 필요한 것은 셀러들이 상담을 전략적으로 잘 계획하고 준비했는지, 그리고 셀러가 상담을 어떻게 이끌었는지를 확인할 수 있는 양식이나 구체적인 자료이다. 이것을 세일즈 커뮤니케이션을 위한 프로토콜(한 장치와 다른 장치 사이에서 데이터를 원활히 주고받기 위하여 약속한 여러 가지 규약)이라 부른다. 즉, 세일즈 매니저와 셀러가 원활히 커뮤니케이션할 수 있는 양식이나 도구가 있어야 한다. 그것이 바로 고객 상담 준비 양식지(『당신의 세일즈에 SPIN을 걸어라』 참조)이다. 그리고 셀러가 고객을 만나기 전에 어떤 목표를 가지고 어떤 방향과 내용으로 상담을 이끌지 준비하는 것이 세일즈 전략(『당신의 세일즈에 SPIN을 걸어라3: 세일즈 전략과 협상』 참조)이고, 상담을 마치고 나서 상담 과정을 함께 점검하고 지도하는 것이 이 책에서 설명하는 세일즈 코칭이다.

셀러가 더 효과적으로 세일즈하도록 도와주는 세일즈 매니저의 역할은 단지 세일즈 트레이닝을 제공하는 것을 넘어 셀러와 함께 사전에 세일즈 전략을 수립하고, 상담 후에 세일즈 코칭을 하는 것으로 확대되어야 한다.

이 책은 국내 기업들에게는 생소했던 세일즈 코칭의 방법과 도구, 그리고 기술을 설명한다. 이 책은 세일즈 매니저를 위한 책이다. 그리고 매니저의 코칭을 받을 수 있는 여건이 되지 않는 셀러들을 위한 책이기도 하다. 하지만 네 가지 SPIN 질문 기술을 모른다면 이 책을 이해하기 어렵고, 활용하기는 더욱 어렵다. 따라서 『당신의 세일즈에 SPIN을 걸어라』를 먼저 읽은 후에 이 책을 활용해야 효과를 높일 수 있을 것이다.

역자는 국내에서 SPIN 세일즈 기본 과정을 포함하여 세일즈 전략, 세일즈 코칭을 다국적 기업의 셀러와 세일즈 매니저를 대상으로 교육하고 있는데, 그들로부터 폭발적인 반응을 얻고 있다. 무엇보다 세일즈 및 코칭 과정에서 직면하는 어려움을 해결하는 실질적인 방법과 솔루션을 갖게 해주기 때문이다.

이 책을 구매할지 기로에 선 사람이라면 '8장 변화하는 세일즈 조직의 관리: 세일즈 효과성 사례 연구'를 먼저 읽어볼 것을 권한다. 내용을 모두 이해하고 그렇게 할 수 있는 역량이 있는 사람이라면 이 책이 필요치 않을 것이다. 하지만 조금이라도 그렇치 않다면 이 책은 여러분을 위한 것이다.

이 책이 자신이 관리하는 셀러들의 역량 개발에 어려움을 겪고 있는 세일즈 매니저나, 더 높은 세일즈 성과를 원하는 셀러들에게 큰 힘이 되기를 바란다.

심재우

01

새로운 유형의 세일즈 매니저

대형 세일즈의 세일즈 매니저

우리가 처음 세일즈 기술에 대한 연구를 공개적으로 발표하자 많은 사람들이 분노했다. 우리의 작업이 역사상 가장 광범위한 연구, 즉 3만 5천 건의 세일즈 상담에 사용된 세일즈 기술에 관한 과학적 분석에 기초하고 있다는 사실은 중요하게 여겨지지 않았다. 그리고 우리가 12년간 23개 국가에서 자료를 검증하고, 재검증하는 과정을 거쳤다는 사실도 중요하게 여겨지지 않았다. 사람들은 격분했다.

우리는 우리의 연구 결과가 얼마나 큰 논란을 불러일으킬지 예상하지 못했는데, 로스앤젤레스 총회에서 발표를 마친 후 분명히 깨달았다. 발표가 끝나자 격분한 세일즈 트레이너들이 우리 주위를 둘러 쌌다. 그들은 자신들이 세일즈 트레이닝 프로그램에서 가르쳐왔던 모든 것을 우리가 허물어뜨리려고 한다며 큰 소리로 항의했다. 겨우 그들로부터 빠져나와 발표에 사용했던 슬라이드 자료를 챙기려고 했을 때 이미 자료는 모조리 손상되어 버렸다는 사실을 알았다.

그 후 2년이 지난 뒤, 우리는 세일즈 연구에 기초해 쓰여진 우리의 책을 출간하려고 한 대형 출판사와 접촉을 시도했다. 원고는 출판사 검토자의 손에 넘어갔고, 우리에게 돌아온 답변은 로스앤젤레스에서의 집단적 반응과 같았다. "교만과 무지를 합쳐놓은 잡문"이라고 평한 사람도 있었다. 결과적으로 출판사는 계약을 취소했다. 도대체 그것이 어떤 내용이기에 그런 대접을 받았는지 아마 독자들도 무척 궁금할 것이다.

우리의 발견은 아주 간단했다. 우리는 소형 세일즈를 성공으로 이끄는 기술들이 대형 세일즈에서는 사실상 쓸모가 없다는 결론을 내놓았다. 소형 세일즈는 대개 한 명의 셀러와 의사결정자인 한 명의 고객이 한 차례 대면 접촉한다. 그러나 대형 세일즈는 전혀 다르다. 대형 세일즈의 거래 당사자들은 오랜 기간 동안 여러 번 상담을 하게 되고, 셀러도 여러 명이며, 의사결정자와 접촉하기 어렵거나 직접 만나지 못하는 경우도 있다. 우리는 소형 세일즈와 대형 세일즈에 모두 '세일즈'라는 용어를 쓰지만, 실제로 이들 각각이 성사되는 프로세스는 전혀 다르며, 거래를 성사시키는 데 쓰이는 기술도 전혀 다르다. 예를 들어 보자.

- 소형 세일즈를 성공으로 이끄는 클로징(closing) 기술은 거래 규모가 크면 실패할 확률도 커진다. 즉, 소형 세일즈에 효과가 있는 클로징 기술이 대형 세일즈에서는 소용이 없다. 연구 결과 대형 세일즈에서 고객의 확답을 얻어내려면 더 유용하고 정교한 다른 방법을 써야 한다.

16

- 개방 질문(Open Ouestion)과 한정 질문(Close Ouestion) 같은 고전적인 질문 기술은 소형 세일즈에는 유용하지만, 거래 규모가 큰 경우에는 그다지 도움이 되지 않는다. 수천 건의 세일즈 사례를 분석하고, 탑 셀러들의 행동을 관찰한 결과 우리는 다른 탐색 방법을 발견할 수 있었는데, 그것은 비즈니스에 보다 초점을 맞추었고, 대형 세일즈에서 더 나은 결과를 가져왔다.

- 대형 세일즈에서 저항 처리(objection handling) 기술은 거래 성사에 큰 도움이 되지 않는다. 오히려 대형 세일즈에 뛰어난 셀러는 저항 처리보다 저항 예방(objection prevention)에 더 집중한다. 우리는 대형 세일즈에 뛰어난 셀러들이 고객의 저항을 어떻게 예방하는지 조사했다.

- 제품이나 서비스를 세일즈할 때는 전통적으로 특성(feature)보다는 이점(benefit)을 제시하는 것이 현명하다고 여겨졌다. 연구에 따르면 소형 세일즈를 성사시키는 데 도움이 되는 몇몇 이점들이 대형 세일즈에는 효과적이지 못하다는 결론이 나왔다. 대형 세일즈에 뛰어난 셀러들이 제시하는 이점들이 어떤 것인지 분석함으로써 우리는 대형 세일즈에 가장 효과가 있는 이점들을 따로 구분해낼 수 있었다.

이처럼 악의 없는 연구 결과가 왜 그토록 심한 적개심을 불러왔을까? 그 이유는, 진공청소기를 방문 판매하거나 수백만 달러의 컴퓨터 시스템을 팔거나 상관 없이, 세일즈는 그저 세일즈일 뿐이라고 가르치며 수십 억 달러를 벌어들이고 편안히 생계를 유지해 온 기존의 세일즈 트레이닝 업계와 무관하지 않다. 대형 세일즈에는 전혀 다른 기술이 필요하다는 우리의 연구 결과는 그들에게 결코 좋은 소식일 리 없었다. 불행하게도 전통적인 세일즈 트레이닝 모델은 전부 소형 세일즈의 성공 사례에 기반을 두고 있다. 따라서 우리가 제기한 문제는 그들에게 골치 아픈 것일 수밖에 없었다. 만일 우리의 연구가 옳다면, 현재 대형 세일즈를 하는 많은 기업들은 막대한 돈을 들이면서도 솔직히 그들에게 전혀 맞지 않은 사례와 교육 프로그램을 직원들에게 교육시키고 있는 셈이다. 어쩌면 만병통치식의 세일즈 트레이닝을 실시하던 당시의 풍토에서 우리가 환영받지 못한 것은 당연한 일이었는지도 모른다.

세일즈 매니저들의
요구

그렇지만 이 이야기는 해피 엔딩으로 끝을 맺었다. 대형 세일즈의 새로운 세일즈 모델에 관심을 보이는 사람들이 점차 늘어났다. 자신의 부하 직원들이 받는 트레이닝에 불만을 느낀 현업 세일즈 매니저들은 우리의 새로운 아이디어를 제일 먼저 받아들였고, 그것으로 성공을 거두었다. 우리의 연구를 접하기 전에 이미 대형 세일즈에 종사하던 사려 깊은 매니저들은 그간 셀러들을 대상으로 했던 세일즈 트레이닝의 타당성에 의문을 품고 있었다. 우리의 연구 결과를 지지하는 매니저 한 사람은 이렇게 말했다. "기존의 트레이닝은 저희에게 맞지 않았어요. 저희는 고객 측 의사결정자를 만나 몇 가지 저항을 극복하고, 클로징을 하도록 가르치는 프로그램에 신입 직원들을 참석시켰습니다. 그리고 프로그램에서 배운 대로 세일즈를 하라고 했지만 결과는 형편없었어요. 저희는 더 나은 방식이 필요했습니다."

이와 유사한 경험을 한 매니저들은 대형 세일즈에 관한 자신들의 요구를 충족시킬 수 있는 더욱 정교하고 적합한 세일즈 기술 모델을 찾기 시작했다. 바로 이 대형 세일즈 종사자들 덕분에 우리의 새로운 아이디어는 점차 인기를 얻게 되었다. 우리가 출간을 거절당했던 책은 맥그로 힐(McGraw-Hill) 출판사를 통해 『SPIN Selling(당신의 세일즈에 SPIN을 걸어라)』이라는 제목으로 출간되었는데, 정말 거짓말처럼 세계적 베스트셀러가 되어버렸다. 세계의 유수 기업들이 대형 세일즈 모델을 도입하기 시작했고, 대형 세일즈에 성공하려면 근본적으로 과거와는 전혀 다른 사고가 필요하다는 점을 깨닫게 되었다.

몇 년이 채 지나지 않았지만 세일즈 업계의 분위기는 획기적으로 바뀌었다. 대형 세일즈는 소형 세일즈와 다르고, 전혀 다른 기술과 전략이 요구된다는 사실에 이의를 제기하는 사람은 더 이상 없다. 대형 세일즈만을 위한 서적과 트레이닝 프로그램이 속속 등장했다. 이 새로운 변화가 우리의 공이라고 자랑할 생각은 없다. 현업에 있는 많은 셀러와 매니저들이 더 나은 어떤 것을 요구했기 때문에 변화가 가능했다. 우리는 그러한 변화가 이루어지도록 중요한 역할을 한 것에 대해 기쁘게 생각한다. 이제 우리는 다수의 지지를 받고 있다. 사려 깊은 사람이라면 대형 세일즈는 기존의 세일즈와 다르고 일단의 독특한 기술을 필요로 한다는 사실에 대해 더 이상 반론을 제기하지 않는다.

대형 세일즈의 관리 방식은
달라야 하는가

대형 세일즈에 관한 전투는 셀러 차원에서는 승리를 거두었지만, 세일즈 매니저 차원에서는 여전히 치열한 전투가 계속되고 있다. 대형 세일즈에 쓰이는 세일즈 기술과 전략이 기존의 것과 다르다면, 당연히 세일즈 매니저도 다른 방법으로 관리를 해야 하지 않을까? 최근까지 우리는 대형 세일즈의 성공 방식들을 더욱 정교하게 다듬었는데, 과연 그것이 대형 세일즈 관리라는 측면에서는 얼마나 성과를 거둘 수 있을까? 대형 세일즈에 종사하는 셀러를 관리하려면 어떤 기술과 능력이 필요할까? 대형 세일즈의 관리 역시 기존의 방식과 달라야 한다는 사실을 보여주는 사례는 많다.

- 저렴한 제품을 파는 셀러들을 효과적으로 관리해서 성공을 거둔 매니저들은 흔히 볼 수 있다. 이후 그들은 대형 세일즈를 관리하는 자리에 오르는데, 그 후 실패를 경험한다. 이유가 뭘까? 가장 적절한 대답은 소형 세일즈 관리에 도움이 되었던 기술이 대형 세일즈에는 통하지 않기 때문이라는 것이다. 그들은 대형 세일즈를 관리하는 데 필요한 특별한 기술을 습득하지 못했을 가능성이 크다.

- 소형 세일즈에서 세일즈 생산성을 높이는 데 크게 기여하는 것으로 증명된 기술이 대형 세일즈에서 그다지 효과적이지 못하다는 사실이 밝혀졌다. 다음 장에서 자세히 다룰 '활동 관리

(activity management)'는 단적인 예에 속한다. 대부분의 소형 세일즈는 생산성을 높이기 위해 셀러의 상담 횟수를 늘리려고 한다. 즉 셀러의 활동을 철저히 관리하는 것이 생산성을 높이는 제일 좋은 방법이라고 여긴다. 그런데 소형 세일즈에서 세일즈 생산성을 높이는 도구인 활동 관리를 대형 세일즈에 적용하면 종종 생산성이 줄어드는 결과가 나타난다. 따라서 대형 세일즈는 소형 세일즈와는 다른 관리 방식이 필요하다는 점을 추론할 수 있다.

• 최근에 학자들의 연구에서 분명히 밝혀진 바와 같이, 소형 세일즈와 대형 세일즈는 서로 다른 세일즈 기술과 전략이 요구된다. 따라서 그러한 전략과 기술을 관리하는 것 역시 달라야 한다.

만약 대형 세일즈가 다른 관리 기술을 요구한다면 그것은 어떤 것일까? 대형 세일즈 분야의 매니저들은 어디에서 조언을 구할 수 있을까? 지금까지 세일즈 관리에 관해 그러한 내용을 다룬 책은 없었다. 10년 전 우리는 세일즈에 관한 서적들이 소형 세일즈와 대형 세일즈를 구분하지 않는다는 불만을 제기했다. 바로 그러한 불만은 오늘날 세일즈 관리에도 똑같이 적용된다. 사실상 연구자들이나 세일즈 서적의 저자들은 현업의 세일즈 매니저들이 오랫동안 알고 있었던 것, 즉 대형 세일즈의 관리는 특별하고 다른 기술이 요구된다는 점을 최근에야 깨달았다. 이 책은 그 특별한 기술이 무엇인지, 대형 세일즈 매니저로서 성공하려면 어떤 요건을 갖추어야 하는지에 관해 최초로 기술하고 있다.

초기 연구조사

고가의 제품이나 서비스에 대한 세일즈를 연구하면서 우리는 대형 세일즈 관리에 독특하고 복잡한 일련의 기술들이 요구된다는 점을 이미 몇 해 전부터 확신할 수 있었다. 우리는 연구를 하는 동안 성공적인 혹은 성공적이지 못한 세일즈 매니저의 사례를 찾기 위해 우리 주변을 둘러보았다. 과연 효과적으로 대형 세일즈를 관리하는 매니저는 어떤 점이 특별할까? 우선 우리는 그들에게 조직을 관리하는 남다른 방식(style)이 있으리라 생각했다. 따라서 성공적인 대형 세일즈 매니저의 관리 방식을 분석하면 대형 세일즈 관리의 문제점을 해결할 수 있는 방안 또한 찾을 수 있으리라 믿었다.

우리는 당시 확신과 열정을 지니고 한 대형 정보통신 회사를 찾아가 그곳에서 성공적으로 업무를 수행하는 매니저들의 관리 방식을 조사할 수 있게 해달라고 요청했다. 그때 우리는 단순히 질문지와 상담 계획만 가지고 그 회사에서 가장 실적이 좋은 매니저 50명을 대상으로 조사를 진행했다. 우리의 질문지가 지나치게 단순하다는 사실을 깨닫는 데는 오랜 시간이 걸리지 않았다. 왜냐하면 성공적인 매니저들은 똑같은 방식으로 세일즈 관리를 하고 있지 않았기 때문이다.

한 정보통신 회사만 보아도 실적이 좋은 대형 세일즈 매니저들 각자가 확연히 서로 다른 관리 방식을 구사하고 있었다. 그 중에서 특히 두드러진 유형은 세 가지였는데, 물론 그 각각에도 상당한 차이가 있었다.

- 기업가형(entrepreneur) 매니저. 성공적인 매니저인 이들은 자신이

직접 작은 규모의 회사를 소유하고 경영하는 것처럼 행동하며 그들의 고객을 장악하고 이용해야 할 비즈니스 대상으로 간주했다. 이들은 다른 성공적인 유형의 매니저와 비교할 때 대면 세일즈에 더 직접적으로 관여하는 경향이 있었다. 거래를 가로막는 장애 요소가 있거나 중요한 거래를 마무리 지어야 한다고 느낄 때 직접 나서서 고객을 만나기도 했다. 이들은 회사 내부의 자원을 놓고 동료 매니저들과 치열한 경쟁을 벌였고, 다른 매니저의 세일즈 기회를 빼앗기도 했다. 한편 이들은 자신의 셀러들에게 적극적인 행동을 독려했고, 사무실은 늘 바쁘게 돌아갔다. '기업가형' 매니저는 뛰어난 사업 감각을 지녔을 뿐 아니라, 계산이 빠르고, 세일즈 기회를 놓치지 않으며, 다른 매니저들보다 회사에 기여하는 바가 크다는 자부심도 갖고 있었다. 우리가 만난 어떤 '기업가형' 매니저는 자신의 팀이 얼마나 큰 성과를 거두었는지 과시할 목적으로 다른 팀과의 실적을 비교한 커다란 도표를 작성하였다. 그리고 그것을 누구라도 볼 수 있도록 사무실 벽면에 활짝 펼쳐 놓았다. 우리가 그를 방문했을 때 마침 그의 팀은 순위가 3위로 밀려난 상태였고, 그래서인지 도표는 서류함 뒤쪽에 조용히 모셔져 있었다.

- 관계 구축가형(coalition builder) 매니저. 성공적인 매니저인 이들은 고객 회사뿐만 아니라 자신의 회사 내부 사람들과도 친밀한 인맥을 조심스럽게 구축했다. 이 유형의 매니저는 대면 세일즈에는 적극적으로 관여하지 않았다. 기업가형 매니저와 비교해도 고객을 대면하는 시간은 적었다. 대신 보이지 않는 곳에서 기존

에 형성된 사람들과의 관계를 이용해 셀러가 겪는 어려움을 덜어주었다. 이들은 고객을 만나더라도 관계를 형성하는 데 중점을 두었다. 공식적인 자리를 피해, 예를 들어 전시 박람회나 골프장 같은 곳에서 고객을 만났다. 이 관계 구축가형 매니저는 항상 자신에게 도움을 줄 누군가를 알고 있었고, 그 결과 사람들과의 관계를 이용해 놀라운 성과를 거두기도 했다.

- 경쟁 전략가형(Competitive Strategist) 매니저 성공적인 매니저인 이들은 기발하고 핵심을 찌르는 발상으로 경쟁자를 앞지르는 유형이었다. 기업가형 매니저처럼 이들 역시 고객을 대면하는 시간은 적었다. 이 유형에 속한 매니저의 강점은 팀내 구성원들이 경쟁력 있는 전략을 짜고 계획을 세우도록 돕는 데 있었다. 이들은 자신의 능력을 내보일 수 있는 경쟁 세일즈 단계에 있을 때 고객을 만날 가능성이 높았다. 우리가 만난 경쟁 전략가형 매니저들은 일상적이고 '안전한' 비즈니스를 지루하게 여기는 경향이 있었다. 일반적으로 경쟁 전략가형 매니저는 타이밍(timing)을 대단히 강조했다. 이들은 경쟁우위를 확보하려면 매니저가 적절한 순간에 세일즈에 관여하는 것이 아주 중요하다고 말했다.

위 세 가지 서로 다른 유형들에서 우리는 흥미로운 공통점을 발견했다. 성공적인 매니저들은 셀러들의 실적을 향상시키기 위한 관리 도구로 '코칭(coaching)'의 중요성을 강조했다. 이때 코칭은 단지 세일즈 기술을 코칭한다는 전통적인 코칭만이 아니었다. 코칭은 고객 전략에 기초해 그들의 셀러들과 작업하는 것을 의미했다.

한편 위 세 가지 유형 각각에는 나름의 장점이 있다. 성공적인 대형 세일즈 관리의 사례는 대부분 위의 유형들 중 하나를 따른다고도 볼 수 있다. 당신이 알고 있는 유능한 매니저를 머릿속에 떠올린다면, 그들 대부분은 위의 세 유형 중 하나에 속할 것이다. 그러나 이러한 연구 결과는 비록 흥미롭기는 했지만, 대형 세일즈에 있어 이상적인 매니저 유형을 찾으려고 했던 우리에게는 좋은 소식이 아니었다. 오랫동안 연구를 해 온 경험에 비춰 볼 때, 어떤 한 조직에서 실시한 한 번의 조사에서 위의 세 가지 유형을 끄집어냈다면 그것은 단지 수박 겉핥기에 불과할 가능성이 컸다. 다른 조직을 상대로 더 깊이 있는 연구를 진행하면 다른 여러 유형도 찾게 될 것이고, 문제는 더욱 복잡한 양상을 보일 것이 분명했다. 결국 정보통신 회사에 대한 이 연구를 통해 얻은 한 가지 분명한 결론은 대형 세일즈에 가장 적합한 단 하나의 관리 스타일은 존재하지 않는다는 것이었다. 다만 이 연구는 성공적인 대형 세일즈 매니저가 되기 위해 어떤 요건을 갖추어야 하는지에 대해 중요한 단서들을 제공했다.

- 기업가형 매니저의 경우, 성공적인 대형 세일즈 매니저가 되기 위해서는 단순히 셀러를 관리하는 수준을 뛰어넘어야 한다. 이들은 자신이 회사를 운영하듯 행동한다.
- 관계 구축가형 매니저의 경우, 조직 내외부의 사람들과 관계를 맺고 활용하는 것이 얼마나 중요한지를 보여준다.
- 경쟁 전략가형 매니저의 경우, 매니저는 경쟁자에 대한 예리한 통찰력과 경쟁우위를 극대화할 수 있는 순간에 세일즈에 관여

하는 타이밍 감각을 갖는 것이 얼마나 중요한지를 보여준다.

무엇보다도 기업가형, 관계 구축가형, 경쟁 전략가형 매니저 모두 대형 세일즈 관리에 성공하려면 코칭이 중요하다는 점에 동의했다는 것이 가장 중요한 결론일 수 있다.

소형 세일즈 관리와 어떻게 다른가

한편 이번 연구의 가장 흥미로운 결과들은 우리가 발견하지 않은 것들이었다. 우리가 소형 세일즈를 하는 고전적인 세일즈 조직을 대상으로 연구를 했다고 잠시 상상해 보자. 우리가 고전적인 세일즈 관리 이론에 의거했다면, 우리는 성공적인 매니저들에게 다음과 같은 특징이 있다는 사실을 발견했을 것이다.

- 엄격한 활동 관리(strong activity management): 소형 세일즈 분야의 성공적인 매니저들은 셀러들의 세일즈 활동을 엄격히 관리하고 감시하는 특징이 있다. 이들은 상담 보고 제도(call reporting system)를 도입해 활용함으로써 셀러들의 고객 상담 건수를 늘리는 데 주력한다. 말하자면 셀러가 열심히 뛰어다니도록 독려한다는 뜻이다. 우리는 연구를 실시하기에 앞서 소형 세일즈에서 팀 구성원의 활동 관리가 중요하므로 당연히 대형 세일즈도 그러한 활동 관리가 중요하리라 가정했었다. 결국 우리는 소형 세일즈에서는 매니저가 세일즈 활동을 독려하지 않아도 그것이 즉각 결과로 나타나기 때문에 셀러가 열심히 뛰어다닐 수밖에 없다는 결론에 도달하였다. 이와는 대조적으로 대형 세일즈에

26

서는 셀러 중 한 사람이 게으름을 피우기로 마음을 먹어도 그의 행동이 눈에 띄는 결과로 나타나려면 수개월의 시간이 걸린다. 따라서 대형 세일즈는 소형 세일즈보다 셀러의 활동 관리가 더 중요하리라고 예상할 수 있다. 그런데 우리가 상담했던 성공적인 매니저들 가운데 셀러의 활동을 관리한다고 말한 사람은 극소수에 불과했다. 우리는 이러한 의아한 결과를 접하고 난 뒤, 왜 성공적인 매니저들이 셀러들의 활동을 독려하는 일에 무관심한지 그 까닭을 알 수 없었다. 그렇지만 이후 연구가 더 진행되면서 우리는 그 이유를 이해하게 되었다. 다음 장에서 살펴보겠지만, 대형 세일즈에 종사하는 셀러에게 열심히 뛰어다니라고 독려하면 그러한 기대가 어긋난 결과로 나타나는 경향이 있다. 전통적인 활동 관리는 대형 세일즈에서 엉뚱한 역효과를 불러온다. 대형 세일즈 조직이 셀러의 활동을 관리하는 제도를 도입했을 때 세일즈 실적이 증가하기는커녕 오히려 감소한다는 것을 보여주는 분명한 사례들이 있다.

- 구역 관리의 강조(focus on territory management): 세일즈 관리에 관한 책들 대부분은 구역 관리의 중요성을 빼놓지 않고 언급한다. 기존에 나온 책들을 살펴보면 효과적인 구역 관리는 세일즈 성공에 필수적이고 기본적인 요소이다. 그런데 대형 세일즈 관리에 성공적인 매니저들은 그러한 사항에 관심을 두지 않았다. 사실 그 이유는 쉽게 알 수 있다. 소형 세일즈에서 셀러는 수백 명의 고객을 상대해야 하므로 각자가 담당할 구역을 나누는 것이 보통이다. 많은 고객을 효과적으로 만나려면 구역을 적절히

세분화할 수밖에 없다. 그런데 대형 세일즈에서는 개별 셀러가 담당하는 고객의 수가 적으므로 굳이 구역에 따라 고객을 구분할 필요가 없다. 당연히 효율적으로 관할 구역을 배분하는 일은 중요성이 약하다. 따라서 다른 세일즈 관련 서적에 의례 등장하는 구역 관리의 문제를 여기에서 다룰 생각은 없다. 사실상 앞으로 구역 관리에 대해서는 따로 언급하지 않을 예정이다.

- **동기 부여자로서 매니저의 역할**: 전통적인 세일즈 관리 이론들은 셀러에게 동기를 부여하는 막중한 역할을 매니저가 맡아야 한다는 점을 강조한다. 세일즈와 관련된 여러 글을 보더라도 세일즈가 조직 내의 다른 어떤 업무보다 가장 외롭다는 점이 강조된다. 가령 생산, 관리, 회계 부서 같이 조직 내의 다른 여러 부서에 속한 인원들은 동료와 어울려 함께 일을 하면서 서로를 격려하고 지원해준다. 그와는 달리 셀러는 혼자서 일을 해야 하고, 고객으로부터 문전박대를 받는 경우도 흔하다. 즉 셀러의 특수한 업무 환경 때문에 대부분의 책은 셀러에게 동기를 부여하는 세일즈 매니저의 역할이 필수적이라고 말한다. 셀러의 사기와 실적은 직접 연관되어 있으므로 셀러의 사기를 북돋는 매니저의 역할이 중요하다는 것이 그 논리다. 셀러에게 더 큰 동기를 부여하면 판매가 늘어난다. 당연히 성공한 대형 세일즈 매니저들 역시 동기 부여자로서의 역할에 큰 의미를 부여하리라는 것이 우리의 예상이었다. 하지만 놀랍게도 우리가 상담했던 매니저들 가운데 동기 부여에 관해 말한 사람은 찾아 보기 어려웠다. 이후 자세히 살펴보겠지만, 우리는 소형 세일즈와 대형 세

일즈의 중대한 차이를 파악하지 못한 상태였다. 소형 세일즈에 대단한 효력이 있는 동기 부여는 거래의 규모가 커지면 제대로 적용되지 않는다는 사실에 관해서는 앞으로 7장에서 논의할 예정이다. 대형 세일즈에서 동기 부여 자체가 중요하지 않다는 말은 아니다. 다만 대형 세일즈의 경우 효과적인 동기 부여를 하려면 전혀 다른 식의 접근이 필요하다는 뜻이다. 우리는 연구를 진행해 가면서 동기 부여에 관한 전통적인 접근법이 대형 세일즈에는 적합하지 않을 수 있다는 단서를 찾아냈다.

- **코칭의 핵심적 역할**: 세일즈에 관한 일반적인 통념 가운데 성공적인 매니저들에게도 인정을 받은 것은 한 가지였다. 위에서 언급한 성공한 유형의 매니저들은 코칭의 중요성에 대해서는 대체로 동의를 표시했다. 어쩌면 코칭이야말로 대형 세일즈와 소형 세일즈 매니저 모두에게 공통적으로 적용할 수 있는 요소인지도 모른다. 실제 흔히 간과되고 악용되는 경우가 있다고는 하지만, 코칭은 세일즈 관리 기술 중에서 단일 요소로서는 가장 중요한 사항이다. 사실 성공 사례를 조사하면서 코칭의 중요성이 가장 부각되었다는 점은 그리 놀랄만한 사실이 아니다. 다만 매니저들과 대화를 하던 중에 코칭 또한 대형 세일즈와 소형 세일즈에서 각각 다르게 쓰인다는 사실이 밝혀졌다. 소형 세일즈에서 코칭은 대부분 셀러들의 세일즈 기술을 개발하려는 의도로 쓰이는데 비해, 대형 세일즈에서 코칭의 주안점은 달랐다. 성공한 대형 세일즈 매니저의 경우 특히 고객 전략을 지도하는 측면에서 코칭에 더 많은 시간을 할애하고 있었다. 당시 우리는 소

형 세일즈와 대형 세일즈에서 코칭이 각각 다르게 적용된다는 점을 중요하게 생각하지 않고 사소한 것으로 취급했다. 결국 코칭은 코칭일 뿐이라고 생각했기 때문이었다. 세일즈 기술의 코칭에 뛰어난 매니저라면 전략 코칭도 잘 수행하는 것이 당연하리라고 막연하게 믿었다. 그러나 이 문제는 결코 간단하지 않았다. 기술 코칭(skills coaching)과 전략 코칭(strategy coaching)은 확연히 다른 문제였다. 매니저 중에는 기술 코칭에는 능하지만 전략 코칭에는 별 볼 일 없는 사람이 있었고, 그 반대인 경우도 종종 있었다. 각각의 코칭에 전혀 다른 방식의 기술이 요구된다는 것이 그 이유였다. 물론 매니저가 자신에게 주어진 과제를 얼마나 잘 이해하느냐에 따라 차이가 발생하기도 한다. 예를 들어, 마케팅 부서에서 세일즈 부서로 자리를 옮긴 매니저의 경우를 떠올려 보자. 마케팅 부서에서 쌓은 경험 덕분에 이 매니저는 제품의 가격 책정, 경쟁적 차별화 같은 전략적 요소에 대한 이해가 뛰어나고, 결과적으로 특정한 전략 분야를 코치하는데 유리하다. 하지만 제품을 직접 세일즈해 본 경험이 없으므로 세일즈 기술에 대해서는 잘 알지 못하고, 따라서 기술 코칭에는 상당한 애로가 있다. 한편 세일즈 기술이나 고객 전략을 이해하는 차원을 넘어서, 실제 기술 코칭과 전략 코칭을 구사하려면 더 많은 조건이 요구된다. 일례로 세일즈 기술을 코칭하려면, 제품을 세일즈하는 과정을 직접 보아야 한다. 셀러들과 함께 현장에 나가 고객과 상담하는 자리에서 고객에게 제품을 구입하도록 권유하는 과정을 지켜보아야 한다는 말이다. 반면에 전략 코칭을 실시하는 매니저는 고객의 근처에 거의 가지 않고도 효과적으로 코칭을 수행할 수 있다. 이 외에도 유능한 대형 세일즈 매니저가 되려면 반드시 이해해야 하는 중요한 차이점이 몇 가지가 더 있다. 전략 코칭과 기술 코칭은 각각 하나의 장으로 나눠 설명하기로 한다.

최초의 결론

세일즈 관리를 연구하던 초기에 우리는 이상적인 매니저의 유형을 찾는 데 실패했다. 그렇지만 적어도 연구에 필요한 결론은 몇 가지 끌어낼 수 있었다. 대형 세일즈 관리는 소형 세일즈 관리와는 전혀 다르게 접근해야 한다는 것이었다. 아울러 여러 종류의 책과 트레이닝 프로그램이 다루는 진부한 접근법은 대형 세일즈보다 소형 세일즈에 더 적합하다는 것도 분명해졌다. 결국 이러한 문제가 똑같이 반복된 셈이었다.

이미 우리는 10년 전에 당시 존재하던 세일즈 기술들이 소형 세일즈에서 비롯되었다는 사실을 알았고 우리가 연구하던 대형 세일즈에는 종래의 접근법이 통하지 않는다고 생각했다. 그런데 바로 그와 똑같은 문제가 세일즈 관리 영역에서도 나타난 것이었다. 아마도 대형 세일즈와 관련된 특이한 문제점을 인식한 사람이 아예 없거나, 혹은 있다고 해도 침묵을 지키고 있다고 믿을 수밖에 없었다. 우리는 조사를 진행해 가면서 효과적인 대형 세일즈 관리법을 주제로 한 책이 있는지를 묻는 세일즈 매니저들을 여러 차례 만났다. 사실 우리는 아무것도 아는 것이 없었다. 관련 자료를 찾아 보았지만 수도 적을 뿐더러 별로 도움도 안 되었다. 결국 우리는 이 문제를 스스로 해결하기로 결심했다.

이 책은 바로 그러한 노력의 산물이다. 이 책은 대형 세일즈에 종사하는 매니저들이 겪는 특정한 문제들에 초점을 맞춘 최초의 책이기도하다. 과거 그러한 주제를 다룬 책이 없었기 때문에, 미리 앞으로 다룰 사항들에 관해 간략히 소개하고 넘어가려 한다.

대형 세일즈의 생산성

소형 세일즈의 세일즈 생산성(sales productivity)을 높이는 방식은 대형 세일즈에는 별로 효과가 없다. 간단히 설명하자면 소형 세일즈의 경우, 셀러들을 열심히 뛰어다니게 하면, 즉 고객을 찾아 상담하는 건수를 늘리면 생산성은 높아진다. 그런데 대형 세일즈에서는 상담 건수를 늘려도 소형 세일즈만큼 생산성이 높아지지 않는다. 경우에 따라서는 열심히 뛰라고 독려하는 방식이 생산성 향상이 아닌 다른 심각한 문제를 야기하기도 한다. 다음 장에서 다루겠지만, 시카고의 한 회사에서는 대형 세일즈에 종사하는 셀러들을 독려하는 정책을 도입했다가 매출 감소를 겪었다. 열심히 일하라고 압력을 가했을 때 세일즈 실적이 향상되지 않고 오히려 감소되는 사례가 많다는 사실은 무언가 잘못된 점이 있다는 것을 시사한다.

기본적으로 소형 세일즈에서 적용하는 사고방식대로라면 매니저는 '상담 건수=세일즈 실적'이라는 단순한 공식을 믿어야 한다. 다음 장에서 자세히 다루겠지만 소형 세일즈에는 위의 공식이 사실임을 증명하는 사례가 많다. 실제로 저가 제품을 세일즈하는 경우, 매니저가 셀러들을 더 많이 뛰어다니게 함으로써 고객과의 상담 건수를 두 배나 늘릴 수 있었다. 그러자 상담 건수에 비례해 신상품의 판매 실적이 증가했고, 매출도 거의 90퍼센트나 오르는 결과를 낳았다. '상담 건수＝세일즈 실적'이라는 공식은 이 경우 분명한 효력을 발휘했다.

그런데 대형 세일즈에 그와 똑같은 방식을 적용했을 때 나온 결과는 무척이나 실망스러운 것이었다. 이유가 뭘까? 대형 세일즈에서는 (상담 건수를 늘리도록) 셀러를 독려하면 어디선가 허점이 생기게 된다. 비록 더 많은 상담이 그만큼의 판매 실적 증가로 이어지지 않는다고 해서, 매니저가 셀러들을 독려하는 것이 잘못된 일은 아니다. 하지만 안타깝게도 문제는 생각처럼 간단하지 않았다. 대형 세일즈에서는 열심히 일하라고 압력을 가했을 때 전혀 예상하지 못한 부작용이 일어나는 경우가 빈번했다.

예를 들면, 셀러들을 열심히 뛰어다니게 독려했을 때 그들은 중요한 대형 거래에 초점을 맞추기보다는 규모가 작고 손쉬운 거래에 열중하는 경향이 있었다. 우리는 활동 관리 제도를 새로 도입한 한 회사를 상대로 조사를 벌였다. 이 회사는 새 제도를 도입한 뒤 고객과의 상담 건수가 늘었고, 제품의 판매 건수도 늘었다. 그런데 그렇게 늘어난 거래들은 거의 일회성의 소규모 거래에 국한되었다. 새 제도를 도입한 이후 대형 거래 건수가 줄자 전체적으로 매출액이 감소하는 결과가 나타났다.

효율성과 효과성

열심히 일하도록 하는 것이 잘못이라면, 과연 어떤 방식이 옳을까? 다음 장에서 다루겠지만, 대형 세일즈에 성공하려면 열심히 일하기보다는 효과적으로 일하도록 해야 한다. 결국 매출을 늘리기 위한 시도로 셀러에게 열심히 뛰어다니라고 독려해서는 생산성 향상에 별 효과가 없다는 뜻이다. 이때 세일즈 생산성은 다음의 두 가지 요소로 구분해 살펴보는 것이 유용하다.

- 세일즈 효율성(sales efficiency): 적절한 시간 내에 최소의 비용을 들여 고객에 접근하는 방법에 관한 것이다.
- 세일즈 효과성(sales effectiveness): 고객에 접근하는 데 성공했을 때 판매 가능성을 극대화하는 방법에 관한 것이다.

몇 가지 중요한 예외 사항에 대해서는 따로 설명하겠지만, 우선 폭넓게 말해서 효율성은 열심히 일하는 것과 관련이 있고, 효과성은 효과적으로 일하는 것과 관련이 있다. 소형 세일즈는 세일즈 효율성을 높이면 생산성이 향상된다. 그런데 대형 세일즈는 세일즈 효율성만으로 생산성을 높일 수 없다. 더 많은 문을 두드리는 방법은 대형 세일즈보다 소형 세일즈의 생산성 향상에 도움이 된다. 대형 세일즈는 문을 두드려 그 문이 열렸을 때 어떻게 행동하는지에 따라 성공 여부가 판가름나며, 그것은 곧 세일즈 효과성의 문제이다. 효율성을 향상시키는 방식은 효과성을 향상시키는 방식과는 전혀 다르다. 효과성의 문제를 해결해야 할 때 효율성의 해법을 들이밀어 낭패를 보는 세일즈 조직들이 있는가 하면, 그 반대인 조직들도 있다. 한편 대형 세일즈에 종사하는 매니저가 '부지런한' 방식이 아닌 '효과적인' 방식을 적용해야 할 상황에서 의식적으로 부지런한 세일즈 방식을 고집해, 결과적으로 자신뿐 아니라 부하 직원인 셀러의 성공까지 가로막는 경우를 자주 접하면서 우리는 안타까움을 금할 수 없었다.

매니저의 세일즈 역할

대형 세일즈를 관리하는 매니저의 역할 또한 전통적 이론과는 차이가 있다. 소형 세일즈에서 과거 뛰어난 실적을 올렸던 셀러가 매니저로 승진한 다음에도 여전히 자신이 세일즈왕이었던 시절처럼 행동하는 것은 때로 소형 세일즈 관리의 고질적인 문제로 여겨진다. 한 대형 보험회사의 영업 부사장은 이런 말을 하기도 했다. "유능한 셀러는 당연히 훌륭한 매니저의 자질이 있다고 믿고서 그를 세일즈를 관리하는 위치로 승진시키는 경향이 있습니다. 그런데 그렇게 매니저가 된 사람은 과거 셀러였던 자신의 역할을 머릿속에서 떨쳐내지 못합니다. 세일즈와 관리가 각기 다른 고유의 영역에 속한다는 사실을 우리는 언제쯤 깨닫게 될까요? 제 생각에, 그 두 가지를 서로 구분하는 것이 양쪽 모두가 발전할 수 있는 길입니다."

그는 진실을 말했다. 우리는 저가 제품을 파는 한 회사를 대상으로 성공적인 세일즈 관리에 대해 조사했으며, 다음과 같은 사실을 알게 되었다.

- 가장 성공적인 매니저는 자신이 직접 세일즈에 나서지 않으며,

대신 셀러들의 활동을 관리하는 데 더욱 전념한다.

- 성공하지 못한 매니저는 고객과의 대면 세일즈에 더욱 적극적으로 관여한다. 그들은 세일즈 역할을 포기하지 못하는 것처럼 보인다.
- 셀러들은 매니저가 세일즈에 직접 관여하는 것을 좋아하지 않는다.

이 연구뿐 아니라 그 같은 다른 연구들에서도 고전적인 세일즈 관리 이론이 옳다는 것을 확인할 수 있었다. 매니저는 관리를 책임지고, 세일즈는 셀러에게 맡겨야 한다. 그런데 이러한 소형 세일즈 관리의 진실이 대형 세일즈에는 통하지 않았다. 규모가 큰 거래에서는 대면 세일즈를 포함한 세일즈의 전 과정에서 매니저가 중심적인 역할을 해야만 제대로 관리가 이루어진다. 다만 대형 세일즈라고 해도 매니저가 대면 세일즈 역할을 잘못 수행하거나, 단순하지만 중요한 원칙 몇 가지를 지키지 않으면 쉽게 방향이 어긋날 가능성이 있다.

대면 상담 개입의 원칙

대형 세일즈에서 매니저가 직접 고객을 대면하는 경우, 다음에 나오는 기본적인 원칙 다섯 가지를 지켜야 한다.

- 원칙 1. 매니저의 참석이 특별한 차별화를 가져올 수 있을 때 대면 세일즈에 관여한다.
- 원칙 2. 고객을 방문할 때 항상 셀러와 동행한다.
- 원칙 3. 셀러와의 동행 상담을 하기 전에 미리 구체적이고 명확

하게 서로의 역할을 분담한다.

- 원칙 4. 매니저 스스로 셀러를 적극적으로 지원하는 내부 셀러 (internal seller)가 되어야 한다.
- 원칙 5. 고객이 매니저에게 전적으로 의존할 가능성을 예방하기 위해 확실한 후퇴 전략을 마련한다.

이들 원칙에 대해서는 3장에서 더욱 자세히 알아볼 예정이며, 특히 매니저가 고객과 대면 상담을 하면서 빠지기 쉬운 함정을 어떻게 벗어날 수 있는지도 살펴볼 것이다.

세일즈 효과성 모델

세일즈에 관한 서적이나 트레이닝 프로그램을 다루는 기본적인 개념은 대부분 소형 세일즈에서 유래되었다. 1920년대 E. K. 스트롱(E. K. Strong, 일회성 세일즈 이론의 선구자)은 제품의 특성과 이점, 개방 질문과 한정 질문, 저항 처리, 클로징 기술에 대한 이론을 처음 소개했다. 이후 60년이 넘게 그가 제시한 개념들이 세일즈 기술의 핵심으로 전해졌다. 그런데 제품 및 서비스가 복잡해지고 일회성으로 그치지 않는 오늘날 세일즈의 경우, 그가 제시한 단순한 개념은 도움이 되지 않는다. 규모가 커지고 복잡해진 세일즈를 관리하고 세일즈 기술을 코칭하려면 그에 걸맞은 효과성 모델이 필요하다.

그러면 '효과성 모델(effectiveness model)'이란 무엇이고, 그것이 왜 중요한지 알아보자. 모델은 복잡한 현실 세계의 문제 요소들을 간단히 규정하고 각각의 요소가 서로 어떤 관계를 맺고 있는지를 보여주는 도구이다. 예를 들어 경제학자는 계량경제학 모형을 활용해, 혼란스럽고 복잡한 경제 변수들의 상호관계를 이해하고 경기후퇴의 시기와 정도를 예측한다. 기상학자는 기상 모델을 통해서 기후 변화를 예측한다. 의사도 모델을 활용하며, 엔지니어도 마찬가지다. 심지어 변호사까지도 각종 모델을 이용한다. 복잡하고 예측하기 힘든 요소들의 상호관계를 파악하는 모든 분야의 전문가들은 단순화된 모델을 활용해 각 구성 요소들이 서로 어떻게 맞물려 돌아가는지 파악한다. 현상이 너무 복잡하게 뒤엉켜 있을 때, 모델은 현상을 이해하는 필수적인 도구의 역할을 한다.

오늘날 더 복잡해진 엔지니어링이나 경제학, 의학 등의 전문 분야들은 사실 19세기까지만 해도 훨씬 간단했고 굳이 모델을 만들어 단순화시킬 필요가 없었다. 그런데 시대가 바뀌면서 이들 전문분야들은 과거보다 훨씬 복잡해졌고 모델의 중요성이 더욱 부각되었다.

100년 전 다른 전문 분야들이 도달했던 지점에 이제 세일즈도 들어섰다. 단순한 세일즈의 경우 복잡하지 않은 현상을 굳이 형식적인 모델로 나타낼 필요는 없다. 적어도 단순한 제품 세일즈라면 개인의 경험만으로도 나름의 이론을 충분히 제시할 수 있다.

하지만 세일즈의 복잡성이 증가된 대형 세일즈의 경우, 효과적인 세일즈의 진행 방법을 이해하기는 훨씬 어렵다. 표 1.1은 세일즈의 복잡성이 커졌을 때 모델이 왜 필요한지를 잘 보여준다. 소크라테스 이후로 사람들은 다른 사람을 설득할 때 자신의 의견을 제시하기보다는 질문을 하는 것이 더 효과적이라는 사실을 알게 되었다. 제품을 세일즈 하는 경우에도 고객에게 질문을 하는 것이 도움이 된다. 질문을 모델로 나타낼 필요가 있을까? 표에서 제일 간단한 형태의 모델은

| 표 1.1 | 탐색 기술에 대한 효과성 모델의 예

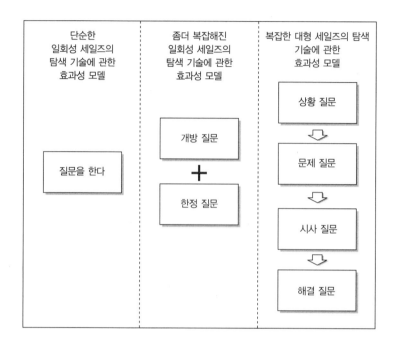

가장 오래되고 단순한 세일즈 효과성 모델이다. 그런데 1925년에 E. K. 스트롱이 이 모델을 변화시켰다. 그는 고객에게 단순히 질문을 하는 것만으로는 충분하지 않다고 생각해, 개방 질문과 한정 질문을 구분해야 한다고 주장했다. 따라서 모델은 좀더 정교해졌고, 언제 어떤 유형의 질문을 하는 것이 적절한지 문제 삼게 되었다.

그런데 대형 세일즈에서는 개방 질문과 한정 질문만으로 세일즈 효과성 모델을 충분히 제시할 수 없었다. 학자들은 뛰어난 셀러의 질문 유형을 네 가지로 구분해 새로운 모델을 제시했다.

- 상황 질문(Situation Question)： 고객이 처해 있는 구체적인 상황을 파악하기 위한 질문. 이 질문은 문제 질문의 배경이 된다.
- 문제 질문(Problem Question)： 고객이 처한 문제와 어려움, 불만 사항을 묻는 질문으로 자사 제품이나 서비스로 해결해 줄 수 있는 것에 초점을 둔다. 문제 질문은 시사 질문을 이끌어낸다.
- 시사 질문(Implication Question)： 고객의 현재 문제가 어떤 결과와 부정적인 영향을 가져오는지에 대한 질문. 고객이 문제의 절박성과 심각성을 인식하도록 함으로써 반응을 유도한다.
- 해결 질문(Need-Payoff Question)： 고객이 문제를 해결해서 얻을 수 있는 효용가치에 관한 질문.

효과성 모델뿐만 아니라 대형 세일즈와 관련된 여러 모델에 대해 우리는 이미 『당신의 세일즈에 SPIN을 걸어라』에서 자세히 설명했다. 이 책에서는 단지 대형 세일즈가 소형 세일즈와 다르고, 소형 세일즈에서보다 더욱 정교한 모델이 필요하다는 것을 예로 들기 위해 세일즈 효과성 모델을 제시했다. 당신은 "그렇다면 이것의 끝은 어디인가?"라고 물을지도 모른다. 우리는 단순히 질문을 하는 수준에서 개방 질문과 한정 질문을 구분하고, 더 나아가 네 가지 유형의 질문을 구분하는 수준까지 나아갔다. 정말로 복잡한 세일즈에서는 20가지 질문이 필요하지 않을까? 혹은 50가지? 물론 상황에 맞춰 모델은 다음 단계로 발전해간다. 모델은 실제를 단순화한 것이지 똑같이 묘사한 것이 아니다. 결국 현실이 단순하다면 우리는 모델을 필요로 하지 않을 것이다. 모델은 다음의 두 가지 요소 사이에서 적절한 균형을 찾아야 한다.

- 단순성(simplicity)：모델은 가능한 한 적은 구성 요소들로 이루어져야 한다. 그래야 쉽게 이해하고 기억하고 소통할 수 있다.
- 타당성(validity)：단순화된 구성 요소로 최대한 실제를 반영해야 한다.

복잡한 세일즈의 경우 단순성과 타당성이 결합된 더 나은 모델이 절실히 필요하다. 당신 자신의 효과성 모델을 고안하는 방법에 대해서는 4장에서 설명하기로 한다.

코칭의 중요성

실제 대형 세일즈에 종사하는 매니저라면 누구나 모델을 활용한다. 그 모델은 매니저 개인의 경험이나 관찰에서 나온 것일 수도 있고, 책이나 다른 트레이닝 프로그램에서 배운 것일 수도 있다. 효과적인 방식이 무엇이고, 셀러들을 어떻게 관리해야 하는지에 대해 매니저라면 누구라도 나름의 구상이 있게 마련이다. 굳이 효과성 모델이라는 이름을 붙이지 않더라도 그러한 구상은 셀러를 관리하고 업무 능력을 높이는 데 중요한 역할을 한다. 앞서 정의했던 단순성과 타당성을 결합한 효과성 모델을 매니저가 나름대로 구상했다면, 그는 이미 셀러들의 세일즈 효과성을 개발할 수 있는 중대한 첫 걸음을 뗀 셈이다. 물론 거기서 한 걸음 더 나아가려면 효과적인 업무 수행에 대한 구상을 행동으로 변환시켜야 한다. 바로 여기서 코칭이 등장한다.

코칭에는 기술 코칭과 전략 코칭이 있다고 이미 언급했다. 서로 다른 이 두 가지 유형의 코칭은 모두 세일즈의 효과성을 향상시키는 데 중요한 역할을 한다. 대개 소형 세일즈에서는 기술 코칭이 더 중요하다. 반면에 대형 세일즈에는 기술 코칭과 전략 코칭이 모두 중요하다. 이 두 유형의 코칭에 대해서는 각각 하나의 장으로 나눠 더욱 심도 있게 다루기로 한다. 여기서는 효과적인 코칭에 대한 일반적인 사항을 몇 가지 짚어보고자 한다.

코칭 대상이 적을수록 더 낫다

매니저의 지나친 욕심 때문에 코칭이 실패하는 경우가 있다. 기술이나 전략에 대해 코칭하는 것은 모두 시간을 요하는 과정인데, 코치인 매니저 자신이 성공적으로 다룰 수 있는 것 이상으로 욕심을 내기가 쉽다. 우리는 유능한 매니저가 코칭 대상을 줄이는 대신 각각에 대해서 집중도를 높인다는 사실을 발견했다. 기술 코칭의 경우, 셀러가 기술을 조금씩 점진적으로 배운다는 사실을 인식하는 것이 중요하다. 훌륭한 기술 코칭의 특징은 다음과 같다.

- 셀러 전체를 대상으로 피상적인 코칭을 하기보다는, 대상 인원을 줄이고 오히려 각각의 기술 숙련도를 높이는 방식을 택한다.
- 여러 가지 기술을 동시에 가르치는 것이 아니라, 한 번에 하나씩 지도한다.

한편 제대로 된 전략 코칭은 기술 코칭과는 다른 접근을 필요로 한다. 일례로 업무 성과에 영향을 미칠 수 있도록 깊이 있는 코칭을 수행하려면 전략 코칭의 대상인 셀러의 수를 제한하기보다는, 그들이 상대할 고객의 수를 제한할 필요가 있다. 그래야만 고객을 더 자세히 파악해 효과적인 고객 전략을 수립하고 검토할 수 있기 때문이다.

전략 코칭은 반복적이다

전략 코칭의 또 다른 특징은 매니저가 전략에 지속적으로 관여해야 진정한 가치를 발휘한다는 점이다. 매니저들 중에는 최초의 전략 회의에만 관심을 쏟는 이들이 많다. 그들은 셀러들과 함께 세부 사항을 정하고, 그러한 목표를 달성하기 위한 계획을 복잡하게 짜놓는다. 그리고 계획이 완성되면 더 이상 세일즈 과정에 관여하지 않는다. 올바른 전략 코칭을 위해서는 장황하고 세부적인 계획을 수립하는 데 시간을 온통 쏟아 부어서는 안 된다. 오히려 고객에 대한 정보가 늘어나고, 세일즈 과정이 새로운 국면을 맞을 때마다 반복해서 코칭을 수행해야 한다. 그 이유는 너무나 명백하다. 세일즈의 초기 단계에는 현실적인 세부 전략을 수립하기에 불분명한 점이 많다. 따라서 처음에 다소 엉성하고 볼품없는 계획을 짜더라도, 상담이 진전되어 가면서 고객과 세일즈 담당자, 경쟁사에 대한 정보가 추가되면 전략을 재검토하고, 계획을 수정하며 다듬는 것이 더 효과적이다.

코칭이 동기 부여 도구로 활용된다

소형 세일즈에서 셀러는 행동의 결과를 신속히 알 수 있다. 예를 들어 셀러가 세일즈 방식을 부분적으로 바꾸기로 결심했다고 하자. 그러한 변화가 적절하면 일주일이 지날 때쯤이면 판매가 늘고 수입도 늘 것이다. 그런데 대형 세일즈에서는 어떤 변화를 시도해도 그 성과를 눈으로 확인하려면 수개월이 걸린다. 소형 세일즈는 성과가 금방 드러나기 때문에 셀러에게 동기를 부여하기가 훨씬 쉽다. 변화의 결과가 며칠 안에 명백히 드러나므로 셀러의 사기도 쉽게 오르고, 변화도 쉽게 받아들이는 편이다. 반대로 가시적인 성과를 얻는 데 몇 개월이 걸릴지 알 수 없는 일을 하라고 누군가를 격려하기는 어렵다. 7장에서는 이와 같은 내용을 더욱 자세히 다룰 것이다. 대형 세일즈에서 코칭은 셀러에게 동기를 부여하는 중요한 기능을 수행한다.

대형 세일즈에서의 동기 부여

동기 부여는 복잡한 문제이다. 동기를 부여하는 가장 확실한 도구로 주로 성과급, 시상, 사기 진작 강연 등이 활용되는데, 그러한 방식은 셀러를 열심히 일하게 할 수는 있어도, 결코 효과적으로 일하게 만들지는 못한다. 가령 월급을 두 배로 늘려준다는 조건을 내걸고 하루 몇 시간씩 일을 더 하라든지, 혹은 한달에 다섯 건 이상 고객 상담을 더 하라고 설득하기는 어렵지 않다. 금전을 동기 부여 도구로 활용할 경우 확실히 사람을 더 열심히 일하게 만들 수는 있다. 그런데 봉급을 두 배, 혹은 네 배로 늘려준다고 해서 직원이 더 현명하게 일하리라고 장담할 수는 없다. 마음먹기에 따라 열심히 일할 수는 있지만, 대부분의 사람들은 이미 자신이 하는 일을 자기가 아는 한 가장 효과적으로 수행하고 있다고 믿기 때문이다. 불행히도, 대형 세일즈에서 발생하는 문제 대부분은 셀러가 열심히 일하지 않아서 발생하는 것이 아니다. 따라서 기존의 동기 부여 방식은 복잡한 대형 세일즈에는 그다지 효력이 없다. 7장에서 더 자세히 다루겠지만, 사람들을 효과적으로 일하게 만드는 동기 부여 방식은 따로 있다.

44

대형 세일즈 관리의 미래

지난 10년간 세일즈 분야는 더욱 복잡해졌고, 세일즈 관리 분야도 마찬가지다. 오늘날 새로운 시점에 접어든 대형 세일즈를 보면, 아마 역사상 처음으로 세일즈가 기존의 전문 분야에 필적할 정도의 복잡성과 기술을 요구하는 직업이 되었다고 말할 수 있다. 하지만 지난 10년 동안 일어난 변화만을 보고서 세일즈의 전부를 알아냈다고 장담하기에는 여전히 부족한 점이 많다. 향후 10년 동안 일어날 변화가 어쩌면 더 극적일 가능성이 있기 때문이다.

이미 시장 곳곳에서 판매자와 구매자의 관계를 규정한 새로운 개념이 등장하는 것을 볼 수 있다. 일례로 판매자와 구매자가 제휴 관계를 통해 더 긴밀하고 장기적인 협력 관계를 유지하고, 아울러 판매와 구매의 경계가 허물어지기도 한다. 고객사측이 판매자 회사의 제품 디자인팀에서 일하고, 판매자 회사의 서비스 직원이 고객사의 사무실에서 상근하기도 한다. 공동의 팀을 구성해서 기업 간의 회계, 관리, 설비 문제를 함께 처리하는 경우도 있다. 이러한 제휴 관계에서 과연 세일즈는 어떤 기능을 담당할까? 현재까지는 제휴 관계라는 발상 자체가 새롭기 때문에 전략적 제휴를 체결하고 관리하는 일은 전적으로 경영진에게 맡겨진다. 따라서 종종 세일즈 부서는 적극적인 역할을 하지 못한다. 하지만 제휴 관계를 맺은 두 기업 간의 교류를 세일즈 부서보다 더 잘 관리할 수 있는 곳이 있는가? 비록 많은 난관이 있겠지만, 그러한 일은 장차 세일즈 분야가 담당하게 될 흥미로운 영역이 될 것이다. 향후 기업들은 수익의 절반 이상을 제휴 관계를 통해 거둬들일 것이다. 기업들 간의 제휴 경향이 지속된다면, 제휴 협정을 체결하고 그것을 성공적으로 관리하는 기술을 가진 세일즈 매니저가 필요해질 것이다. 전략적 제휴 관계를 관리하는 것은 분명 오늘날 우리가 통상적으로 생각하는 '세일즈 관리'와는 다른 특별한 기술을 요구할 것이다.

대형 고객 세일즈에서 나타나는 또 다른 새로운 변화는 세일즈팀의 활용이다. 회계 회사나 컨설팅 회사, 광고, 은행, 금융 회사의 경우, 복합적인 세일즈 업무를 한 사람이 전부 처리할 수 없다. 결과적으로 세일즈 전략을 개발하고 수행하는 전략 세일즈 팀의 필요성이 더욱 커졌다. 이 팀을 관리하려면 복합적이고 정교한 기술이 요구된다. 단순한 팀웍 기술은 충분한 대답이 되지 못한다. 더 전략적인 기술들이 요구된다. 그것은 더 나은 기획 및 분석 도구의 개발, 공통의 전략적 용어, 그리고 세일즈 팀이 세일즈 주기의 각 단계에서 전략적 대안들을 평가하고 이해하도록 돕는 시스템이다.

이 책에서 다루는 모델, 개념, 발상은 현재의 세일즈 관리뿐만 아니라 미래의 도전적이고 흥미로운 세일즈 관리에도 타당하다. 이어지는 각 장에서 우리는 수년 동안 세계 유수의 세일즈 조직들과 함께 했던 우리의 경험을 독자들에게 전할 것이다. 우리가 최첨단 기업들의 도움으로 얻은 식견이 현재 대형 세일즈 관리를 담당하는 사람들과 장차 대형 세일즈 관리에 도전하는 사람들에게 도움이 되기를 바란다.

02

열심히 팔 것인가, 효과적으로 팔 것인가
세일즈 효율성과 효과성을 통한 생산성 향상

아침 7시 반, 전화벨이 울렸다. 수화기를 들었을 때 꽤 불안한 목소리가 들려왔다. "꼭 만났으면 합니다."라고 그는 말했다. "전 최근에 한 산업 설비 회사에서 150명의 셀러들을 관리하는 일을 맡았습니다. 업무를 시작할 당시 회사 매출은 꽤 저조한 편이었습니다. 지금까지 무엇이 잘못되었는지 분석해 보았는데, 드디어 어제 결과가 나왔습니다. 전 그것 때문에 밤새 한 잠도 못 잤습니다. 그에 관해 말씀드리고 싶은데, 언제쯤 괜찮으신지요?" 아침 7시 반에 전화를 걸어올 정도로 절박한 고객의 요청을 거절할 수는 없었다. 그래서 그날 늦게라도 만나기로 약속을 정했다. 나는 이 고객에게 줄 수 있는 만반의 대책을 내놓기 위해 직원 세 명을 데리고 약속 장소로 향했다. 근심에 가득 찬 고객을 기다리는 동안 우리 네 사람은 컨설턴트들이 즐겨하는 추리 게임을 했다. 우리는 서로 질문을 던졌다. "가장 큰 걱정거리가 뭘까?" "도대체 어떤 결과가 나왔기에 밤잠을 설쳤을까?" 대개 이런 식의 추리는 몇 분이 지나면 식상해지고 마는데, 이날 고객의 비행기가 연착하는 바람에 게임은 평소보다 오랫동안 계속되었다. 고객을 기다리며 시간을 허비하느니 차라리 게임을 좀더 진지하게 해 보자며 한 명이 제안을 했다. 우리는 고객의 문제에 관해 두 가지 질문을 하고, 각자 해답을 적어 보기로 했다. 고객의 당시 상황과 가장 가까운 답을 내는 사람에게 나머지 사람들이 저녁 식사를 사기로 했다. 질문 내용은 다음과 같았다.

- 그가 분석한 셀러의 문제점 가운데 가장 골치를 썩이는 문제는 무엇일까?
- 그가 스스로 다양한 해결책을 내놓을 텐데 우리가 단념시킬 수 없는 그만의 해결책이 무엇일까?

이후 알고 보니 우리 중 한 명이 가장 정확한 예측을 내놓았고, 나머지 세 사람은 흔쾌히 값비싼 식사를 대접했다. 질문에 대한 답은 다음과 같았다.

- 가장 골치 아픈 문제는 셀러들의 활동 수준이 매니저의 기대에 크게 미치지 못한다는 것이다.
- 그는 상담률을 늘리려고 시도할 것이고, 우리는 그의 고집을 꺾지 못할 것이다.

고전적 사례 연구

당시의 일을 돌이켜볼 때, 질문에 대한 답을 맞추기는 그리 어렵지 않았다. 그 고객의 이야기는 당장 셀러들의 생산성을 높여야 하는 수많은 세일즈 매니저들이 직면하는 전형적인 문제였기 때문이다. 사실 그의 사례는 너무나 전형적이어서, 세일즈 생산성 문제에 직면한 기업들이 어떤 식으로 사태를 분석하고 대처하는지 보여주는 연구 사례로 삼을 수 있다. 세일즈 실적이 나쁘면 회사는 새로운 매니저를 임명하는데, 우리의 고객도 그래서 새 일자리를 구한 셈이었다. 세일즈 생산성 향상이라는 절박한 과제에 직면한 그는 우선 상황을 파악하기 위해 셀러들의 활동을 분석하기 시작했다.

그는 처음엔 셀러들이 하루에 고객 서너 명을 만나는 줄 알고 있었다. 그런데 분석을 통해, 실제 셀러들이 만나는 고객이 하루에 두 명도 안 된다는 사실을 발견했다. 이 놀라운 결과를 접한 그는 예전의 다른 매니저들처럼 당황했다. 물론 그 문제를 해결하는 방법은 있었다. 바로 세일즈 활동을 증가시키는 것이다. 그는 상담 건수를 두 배로 늘리면 세일즈 생산성이 증가하리라고 예상했다. 우리는 그 방법이 소형 세일즈에 통하는 전략이고 대형 세일즈에서는 효과를 보기 어렵다고 말했지만, 그는 우리의 말을 듣지 않았다.

우리의 고객은 셀러들의 활동량을 높이기 위해 활동 관리를 실행하기로 마음을 먹었고, 우리로서는 그의 계획을 단념시킬 수 없었다. 그는 상담 건수에 대한 목표치를 정하고, 상담 보고 제도를 새로 도입해 매니저와 셀러 모두의 활동을 체크하고 평가하기 시작했다. 그러한 노력은 상담 건수를 늘리는 데 분명한 효과가 있었다. 그 후 몇 주가 지나자 셀러의 일평균 상담 건수는 세 건으로 늘었다. 그런데 판매 실적은 예상만큼 늘지 않았다. 6개월이 지나도 매출이 오를 기미가 없자, 그는 우리를 찾아와 다른 대안을 요구했다.

당신이 그의 처지에 있다고 생각해 보자. 판매를 증가시켜야 하는 과제를 안고 있는데, 셀러들은 하루에 고작 두 건의 상담을 처리하고 있다. 당신은 상담 건수를 두 배로 늘렸으면 한다. 과연 어떻게 해야 할까? 우리의 고객은 대부분의 매니저들처럼 세일즈 생산성에 관한 기본 상식으로 통하는 아래의 원칙을 한번도 의심한 적이 없었다.

상담 건수 증가 = 판매 실적 증가

셀러가 일주일에 아홉 건의 상담을 처리한다고 가정할 때, 그는 상담 건수를 일주일에 18에서 20건으로 늘리면 세일즈가 두 배로 증가하리라 예상했다. 우리가 그의 의중을 파고들었을 때 그는 "글쎄요, 정확히 두 배는 아니겠지만, 판매 실적이 꽤 증가하리라는 것은 분명하죠"라고 대답했다. 왜 그의 생각이 잘못되었을까? 겉보기에 그의 논리는 꽤 올바른 것처럼 보인다. 그런데 그 논리에는 심각한 결함이 있으며, 그 결함을 알려면 상담 건수와 판매 실적의 상관관계를 더 자세히 들여다볼 필요가 있다.

50

소형 세일즈에서 상담 건수와 판매 실적의 상관관계

'상담 건수 증가=판매 실적 증가' 라는 공식이 현실로 나타나는 사례를 알아보자. 플로리다 주에는 걸레, 빗자루, 수세미 같은 청소 용구를 판매하는 한 회사가 있다. 이 회사는 소매상에 물건을 공급하는 대신 셀러들을 통해 도심의 식당이나 사무실, 점포에 직접 제품을 판매한다. 이 회사의 뉴욕 지점에는 12명의 셀러가 있고, 이들을 관리하는 사람은 사장의 친척이었다. 세일즈 관리의 책임을 맡은 친척은 사실상 유명무실한 인물로 업무에 전혀 신경을 쓰지 않았다. 더구나 그는 셀러들이 있는 뉴욕이 아니라 플로리다 주에 주로 기거했다. 그는 이사회의 인내심을 자극했고, 결국 자리에서 물러나게 되었다.

그후 한때 뉴욕에서 셀러로 활동을 한 적이 있는 앞날이 유망한 젊은 여성 매니저가 후임을 맡아 세일즈 관리를 책임지게 되었다. 그녀가 매니저를 맡기 전까지 뉴욕의 셀러들은 기존의 거래처 유지 외에 하루 평균 6건의 신규 상담을 하고 있었다. 신규 상담 6건 가운데 거래가 성사되는 건수는 평균 2.5건이었다. 새 매니저는 셀러들의 상담 건수가 기대에 미치지 못한다고 생각하고, 그들의 활동을 독려하기로 마음을 먹었다. 그녀는 하루 평균 15건의 신규상담을 하도록 목표를 설정했다. 3개월이 지났을 때 이 매니저는 눈에 띄게 변화된 결과를 보여주는 도표를 제시했다. 표 2.1은 상담 건수를 두 배로 늘렸을 때 매출이 두 배 가까이 늘었다는 사실을 보여준다. 세일즈 상담 건수를 따지든지, 아니면 매출액을 따지든지 상관 없이 그러한 증가는 아주 획기적인 것이었다.

| 표 2.1 | 활동 수준 증가와 매출 상승

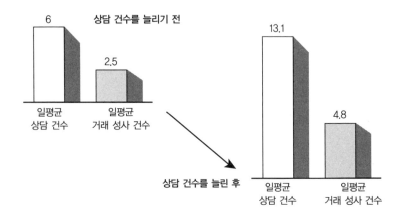

위험한 결론

위의 사례에서 도출된 결론은 무엇일까? 우선 위의 사례가 실제로
는 우연히 생긴 결과인지 아니면 정말 세일즈 매니저가 상담 건수를
늘리고 직원들을 독려하면 언제나 그런 결과를 가져올 수 있는지를
따져보아야 할 것이다. 물론 그 답은 분명히 제시되어 있다. 상담 건
수 증가가 직접적인 판매 실적 증가로 이어진다는 사실을 증명하는
자료들은 많다. 화장품 방문판매 회사, 자선기금을 모으는 비영리단
체, 혹은 청소용구 회사와 같은 다양한 세일즈 조직들로부터 그러한
사례들을 보아왔다. 이 각각의 사례들에는 매니저가 상담 건수를 증
가시킴으로써 판매를 획기적으로 늘린 증거들이 있다. 즉 이러한 사
례들은 상담 건수 증가가 판매 실적 증가로 이어진다는 인식을 뒷받

침하고 있으며, 따라서 수많은 매니저들이 세일즈 생산성을 높이기 위해서 상담 건수를 늘려야 한다고 믿는 것도 당연하다.

상담 건수 증가가 판매 실적 증가로 이어진다는 증거가 확실한데, 어째서 우리는 상담 건수를 늘리는 활동 관리를 하지 말라고 충고할까? 상담 건수 늘리기에 주력하는 방식을 왜 비판하는지 이해하려면, 상담 건수 증가가 판매 실적 증가로 이어진 사례들을 면밀히 관찰할 필요가 있다. 이 사례들에는 공통점이 있다. 바로 판매하는 제품의 단가가 저렴하다는 것이다. 청소용구나 방문판매 화장품의 경우, 거래 건당 평균 단가는 100달러도 되지 않았다. 아울러 셀러들은 하나같이 방문판매 방식으로 일하고 있었다. 이러한 소형 세일즈에서는 최대한 많은 문을 두드리는 것이 성공의 법칙이다.

우리 연구소의 한 직원은 자신의 삼촌이 1950년대에 진공청소기 방문판매 관리 일을 하였는데, 천국이 어떤 곳인지를 물었을 때 삼촌의 대답이 걸작이었다고 한다. "천국은 말이지, 양편에 문으로 빼곡히 들어찬 끝없이 긴 거리처럼 생겼단다." 아마 그의 삼촌은 더 많은 문을 두드리면 판매가 그만큼 늘어난다는 사실을 이해했던 모양이다. 상담 건수와 판매 실적의 직접적인 관계는 방문판매에만 국한되지 않는다. 소형 세일즈의 경우에도 상담 건수가 증가하면 판매 실적도 함께 증가한다. 즉 대부분의 소형 세일즈는 상담 건수가 늘어나면 거래가 성사되는 건수와 실적도 증가하는 것이다.

하지만 세일즈의 규모가 큰 경우 그 관계는 성립되지 않는다. 대형 세일즈에서는 천국의 모습이 결코 끝없이 긴 거리가 아닐 것이다. 사실 대형 세일즈에서는 상담 건수를 늘려도 판매 실적이 증가하는 예를 찾아 보기 어렵다.

대형 세일즈에서 상담 건수와
판매 실적의 상관관계

소형 세일즈는 상담 건수를 늘리면 매출이 증가하는 데 반해, 왜 대형 세일즈는 그러한 긍정적인 결과가 나오지 않을까? 기본적으로 그 이유는 두 가지이다.

- 세일즈 활동을 늘리는 전략은 소형 세일즈 경우처럼 열심히 일하는 것이 성공을 보장할 수 있을 때 효과를 볼 수 있다. 하지만 얼마나 효과적으로 일하는지에 따라 성공이 좌우되는 경우, 상담 건수를 늘리는 방식은 효과가 거의 없다.
- 매니저가 셀러들의 행동을 독려할 때, 그러한 노력이 바람직하지 못하고 예상하지 못한 부작용을 불러오는 경우가 많다. 소형 세일즈에서는 부작용이 발생해도 큰 손해가 없다. 그런데 대형 세일즈는 오히려 매출이 줄어들기까지 한다.

열심히 팔 것인가,
효과적으로 팔 것인가

셀러에게 열심히 뛰어다니라고 독려하기 전에, 먼저 가장 중요한 질문을 스스로 던져보아야 할 것이다. "열심히 팔 것인가, 아니면 더 효과적으로 팔 것인가?" 활동 관리는 대부분 셀러에게 더 열심히 움직이고, 상담 건수를 늘리라고 요구한다. 열심히 뛰어다니도록 독려하려면 우선 다음의 조건이 충족되어야 한다.

- 제품의 판매 단가가 낮다.
- 일회성 방문이나 거래로 세일즈가 종결된다.
- 기술이나 전략보다 활력과 열정이 성공의 열쇠이다.
- 세일즈 조직의 규모에 비해 미개척 시장이 매우 넓다.
- 셀러가 전력을 다하지 않는다는 증거가 확실하다.

처음 세 가지 조건은 대부분의 대형 세일즈와는 관계가 없다. 대형 세일즈는 판매 단가가 높고, 여러 번의 상담이 요구되며, 활력과 열정보다는 기술과 전략이 성공의 요소이다. 나머지 두 조건은 대형 세일즈와도 관련이 있다. 셀러의 수가 너무 적어 공략할 시장의 규모가 클 수도 있고, 또 셀러들의 노력이 충분하지 않다고 생각하는 대형 세일즈 매니저들도 많다. 그날 아침 7시 반에 불안한 마음에 전화를 걸었던 우리의 고객도 바로 그런 문제를 안고 있었다. 그는 이런 말까지 털어놓았다. "세일즈 매니저라면 하나같이 자기 셀러들이 게으르다고 불평할 겁니다. 그런데 우리 셀러들은 그 정도가 너무 심각해요. 도대체 사무실에 죽치고 앉아서 나갈 생각을 하지 않는다고요."

그 무렵 회사에서 신제품을 출시했다는 것 역시 그에게는 또 다른 다른 심각한 부담이었다. 그의 말에 의하면, "몇 달밖에 시간이 없어요. 다른 회사도 똑같은 제품을 내놓을 거니까요. 저로서는 셀러들의 목덜미를 잡아채서 고객이 있는 곳까지 끌고라도 가고 싶은 심정이에요. 안 그러면 좋은 기회조차 물거품이 돼 버릴 테니까요." 그는 활동 관리가 필요하다는 논리를 설득력 있게 피력했다. 셀러들의 활동

량이 적고, 두드려야 할 문은 수없이 많으니 말이다. 당연히 우리로서는 그의 생각을 단념시킬 수가 없었다.

활동 관리의 부작용

활동 관리가 필요하다는 증거가 있음에도 불구하고, 왜 우리는 그의 활동 관리 계획을 단념시키려 했을까? 그의 진단을 믿지 못해서 그런 것은 아니었다. 그의 견해에 반대를 표시한 근본적인 이유는 대형 세일즈에서는 활동 관리가 통하지 않기 때문이다. 우리는 그의 시도가 부정적 효과를 가져오리라 예상했다. 구체적으로, 상담 건수를 늘리려는 시도는 다음과 같은 문제를 발생시킬 가능성이 있었다.

- 소규모 세일즈 위주의 활동
- 서류 작업과 사무 작업의 증가
- 잘못된 목표 설정
- 우수한 셀러의 의욕 감퇴

활동 관리는 대개 뜻밖의 문제들을 불러오고, 그 결과 또한 너무 치명적이기 때문에 좀더 자세히 살펴볼 필요가 있다.

소규모 세일즈 위주의 활동

매니저가 부하 직원들의 활동량을 늘리려고 시도할 때, 특히 그러한 시도가 목표 설정, 상담 보고, 상담 추적과 같은 공식적인 시스템에 의해 뒷받침되면 셀러는 질적인 성과보다 양적인 실적에 주력하게 된다. 결국 셀러들은 복잡한 전략이 요구되는 거래보다, 손쉽게 달성할 수 있고 건수를 늘리기 쉬운 단가가 낮은 거래에 치중하게 된다. 이 예측은 단지 이론에 그치지 않는다. 소형 세일즈에 주력하는 경향과 그 폐해가 얼마나 심각한지를 여실히 보여주는 실제 사례들이 있다.

표 2.2는 시카고의 한 제조회사의 경우이다. 도표에서 나타난 것과 같이 이 회사는 판매 실적을 올리기 위해서 7월부터 활동 관리 제도를 도입했다. 이 조치는 고리타분한 것이었다. 상담 보고서와 활동 평가 양식을 매주 작성해서 제출하도록 했고, 상담 건수의 목표치가 제시되었다. 즉 대부분의 다른 회사들과 같은 활동 관리 방식을 도입한 것이다. 그 결과는 어땠을까? 새로운 제도를 도입한 지 5개월이 지났을 때 제품 주문 건수가 16퍼센트 증가한 점으로 보아, 새로운 활동 관리 제도가 세일즈 활동을 촉진했다는 것을 알 수 있다. 그런데 주문 건당 세일즈 단가는 어떨까? 평균 18퍼센트가 감소한 결과가 나왔다. 결과적으로 이 회사의 매출은 새로운 방식을 도입한 뒤 15퍼센트 감소했다.

활동 관리가 반드시 판매 실적을 감소시킨다는 뜻은 아니다. 그렇지만 위의 사례처럼 활동 관리 방식 때문에 셀러가 전략이 요구되는 대형 세일즈보다 쉽게 실적을 올릴 수 있는 소규모 거래만을 쫓는 상황이 발생할 수 있다는 것이다. 활동 관리가 세일즈에 실제로 어떤 영향을 미치는지에 대한 조사 자료를 찾기는 매우 어렵다. 대부분의 기업은 세일즈와 관련된 내부 자료 접근을 허용하지 않기 때문에 조

| 표 2.2 | 판매 건수는 증가했으나 매출이 감소한 사례

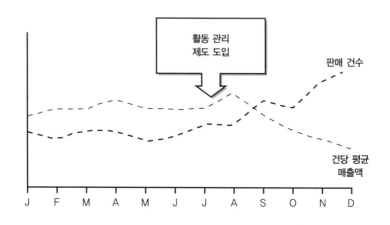

사를 진행하기 어려운 점이 있다. 표 2.2에 나온 시카고의 한 회사 역시 회사명을 밝히지 않고, 내용 일부를 변경한다는 조건으로 자료 활용을 허락받았다. 아무튼 정도의 차이가 있다고 해도, 활동 관리의 부정적 효과를 경험한 다른 회사를 찾기는 어렵지 않다. 우리가 만나본 경력이 풍부한 매니저들은 거의 하나같이 이런 말을 하고 있었다. 포장기계 생산 회사에서 세일즈 매니저로 있었던 한 사람의 말을 들어 보자.

제가 젊었을 때 새로운 상사가 부임한 적이 있었습니다. 상사는 정말 심하게 몰아붙이는 스타일이었어요. 상사의 좌우명은 "한 건 더"였죠. 아무리 열심히 일을 해도 상사의 눈에는 성이 차지 않았고, 늘 상담을 한 건이라도 더 하라고 몰아댔어요. 그래서 직원들

전부가 눈썹이 휘날리도록 뛰어다녔는데 어이없게도 판매 실적은 조금도 달라지지 않았어요. 사실상 더 떨어졌을지도 모릅니다.

누구나 이와 유사한 사례들을 알고 있을 것이다. 엄청나게 활동하고 노력해도 판매 실적에 변화가 없는 경우 말이다. 설상가상으로 열심히 뛰어다니라고 직원들을 독려해도 실제 그들이 더 많은 고객을 만난다는 보장은 없다. 똑같은 문을 여러 차례 두드리는 일도 발생하기 때문이다. 즉 상담 건수를 채워야 하니까 열심히 뛰어다니는 척하면서, 제품을 판매하거나 고객을 관리한다는 분명한 목적도 없이 기존 고객을 찾아가 성가시게 구는 경우도 있다.

고객으로서 우리도 활동 관리 시스템에 의한 과도한 방문의 피해를 본 적이 있다. 우리 회사의 주거래 은행이 새로운 세일즈 활동 관리 제도를 도입한 직후 은행 직원이 우리를 방문했다. 처음 방문했을 때는 잡담을 주고받으며 흔쾌히 두 시간을 보냈다. 3주 후 은행 직원은 다시 찾아왔다. 두 번째 방문 역시 상담의 목적을 알 수 없었는데 아무튼 두어 시간을 보내고 떠났을 때, 은행 직원이 왜 자꾸 찾아오는지 의아할 수밖에 없었다. 그 다음 달에 은행 직원은 또 전화를 걸어왔고 세 번째 상담 약속을 정했다. 아무래도 그때는 상담 자체가 내키지 않기 때문에 가급적 상담을 짧게 해달라고 요청해야 했다. 은행 직원이 방문했을 때, 앞서와 다름 없이 생산적이지 못한 상담이 되리라는 사실이 더욱 분명해졌다.

우리는 시치미를 떼고서 은행 직원에게 "요즘 혹시 은행에서 상담 방문을 몇 건씩 하라는 목표가 정해져 있습니까?"라고 물었다. 그때서야 그 직원은 새로운 활동 관리 제도가 도입되었다고 털어놓았다.

당시 7주 동안 세 번이나 우리를 찾아왔던 그 직원은 실제로 어떤 은행 상품도 세일즈하지 않았다. 고객의 입장에서 보면 그러한 은행 직원의 행동은 전혀 구입할 필요를 느끼지 못하는 제품을 무조건 팔러 와 끈질기게 매달리는 셀러만큼이나 짜증나는 것이었다.

활동 관리는 세일즈 활동을 활성화하는 상당한 힘을 지니고 있고, 그러한 힘이 세일즈 생산성을 한 단계 증가시킬 것처럼 보일 수도 있다. 예를 들어 그 은행의 경영진은 직원의 고객 방문 건수가 늘어나는 것을 새로운 제도가 자리 잡는 과정으로 보았을 수도 있다. 그런데 그러한 노력이 사실상 어긋난 방향으로 가는 경우가 종종 발생한다. 즉 단가가 저렴한 일회성 거래에 주력하거나, 아니면 과도한 상담 요청으로 고객을 짜증나게 할 수 있다. 안타깝게도 활동 관리가 '열의만 넘치고 방향을 잘못 잡는 경우' 대형 세일즈를 성사시키는 데 가장 중요한 요소인 장기적인 세일즈 전략에 대해서는 아예 관심을 돌려버리게 될 가능성도 있다.

서류 작업의 증가

활동 관리는 대부분 보고서 작성, 활동 평가와 같은 일정한 양식에 의존하기 때문에 서류 작업을 피할 수 없다. 세일즈 조직에서 서류 작업은 순전히 해악일 경우가 많다. 셀러들 가운데 특히 실적이 우수한 직원 역시 본능적으로 서류 작업에 대해 거부감을 가진다. 어쩌면 서류 작업의 폐해는 그 이상일 수도 있다. 고객에게 쏟는 노력과 회사의 내부 업무에 쏟는 노력을 비교해 보면 그 세일즈 조직의 건강성을 알 수 있다고 말할 정도다. 우리는 고객인 세일즈 조직들에게 끊임없이 "서류 작업을 절반으로 줄이십시오."라고 충고한다. 대부분의 상담 보고 제도는 미덥지 않은 측면이 있다. 즉 상담 보고서를 아무리 좋게 평가한다고 해도 그 중 다수가 거짓을 합리화하거나 아예 거짓말을 늘어놓은 것에 지나지 않기 때문이다. 실패를 정당화하고, 은폐하고, 변명하는 데 이용되는 보고서에 너무 많은 시간을 쏟는다는 것 또한 문제이다. 상담 보고서를 작성하는 데 들이는 노력의 절반을 새로운 계획을 세우는 데 쓴다면 실패의 이유를 적는 보고서의 양은 더욱 줄어들 것이다. IBM은 그동안 중요시했던 상담 보고 제도를 없애고, 대신 제품의 세일즈 계획을 수립하는 데 집중하기로 했다. 직원들이 환호성을 터뜨린 것은 보지 않아도 뻔한 일이었다.

지금까지 우리가 경험한 활동 관리는 대부분 필연적으로 서류 작업을 증가시키는 결과를 낳았다. 극단적인 예를 하나 들어 보자. 활동 관리 방식이 도입되면 셀러는 일상적인 업무 외에 따로 시간을 들여 보고서를 작성해야 한다. 보고서 작성에 걸리는 시간은 세일즈를 위해 뛰어다니는 시간의 10퍼센트를 넘으며 세일즈 생산성 측면에서 바람직하지 못한 결과를 가져왔다. 극단적이지 않은 경우라고 해도 활동 관리의 대부분은 불가피한 서류 작업을 부추기고, 셀러로서는 고객에게 바쳐야 할 시간과 정력을 나눠서 쓸 수밖에 없다. 요약하면, 대형 세일즈의 세일즈 생산성을 높이고 싶다면 계획과 전략, 그리고 고객에게 더욱 중점을 둬야 한다. 상담 보고서와 각종 서류 작업, 실적의 합리화, 상식을 벗어난 모든 잡다한 일은 최대한 줄여야 한다. 그렇지 않으면 세일즈를 관리하는 일은 그 자체의 무게를 견디지 못해 물에 가라앉고 말 것이다.

주의해야 할 사항은 그뿐만이 아니다. 우리와 상담했던 세일즈 매니저들 가운데는 모든 보고서가 전산화되었기 때문에 서류 작업에 관한 한 아무런 문제가 없다고 말하는 이도 있었다. 선적 회사에서 일하는 한 여성 세일즈 매니저는 "이제 모든 보고 사항을 컴퓨터로 볼 수 있어요. 전산으로 처리하기 때문에 불필요한 서류 작업은 더 이상 없어요"라고 말했다. 그런데 그녀의 직원들은 그다지 만족하지 못한 모양이었다. "모양만 바꿨지 구닥다리 그대로예요. 화면에 글자를 입력하지만, 직접 글로 적을 때와 걸리는 시간은 똑같은 걸요."라고 말하는 셀러가 있었으니 말이다.

잘못된 목표 설정

셀러들을 열심히 뛰어다니게 만드는 활동 관리로 인해 나타나는 특이한 현상이 있다. 어째서 그런 일이 발생하는지는 알 수 없지만, 그것이 드물지 않다는 점에서 주의를 기울일 필요가 있다. 대부분의 조직은 셀러의 수행력을 미덥지 않게 보기 때문에 활동 관리 방식을 도입한다. 그들의 초점은 노골적으로 더 많은 세일즈를 클로징하는 데 있다. 결과적으로는 고객의 의사결정이 가까워진 세일즈에 가장 많은 관심을 보인다. 매니저는 상담 보고서를 훑으면서 클로징이 필요한 상담을 찾고, 셀러가 상담을 클로징하게 도우며, 만일 중요한 건이라면 셀러와 동행해서 직접 최종 결정을 위한 상담에 나선다.

매니저가 클로징 상담에 유독 관심을 갖기 때문에 자연히 세일즈 초기의 상담에는 그만큼 신경을 덜 쓰는 경향이 나타난다. 그러면 무엇이 잘못된 것일까? 매니저가 더 많은 세일즈를 클로징하는 데 성공한다면, 클로징 상담에 관심을 쏟는 것이 매니저가 세일즈 생산성에 기여하는 최선의 방법이 아닐까? 세일즈 생산성이 단지 클로징되는 세일즈의 건수와 규모만으로 결정되는 단순한 세일즈에서는 그 말이 옳을 수 있다. 하지만 대형 세일즈에는 매니저들이 종종 간과하는 또 다른 중요한 요소가 있다. 그것은 바로 한 건의 거래를 성사시키는 데 필요한 총 상담 횟수이다.

세일즈 사이클에서의 상담 횟수가 성사된 거래 건수보다 세일즈 생산성에 더 큰 영향을 미친다는 것을 보여주는 사례가 있다. 몇 년 전 다국적 기업인 한 컴퓨터 회사에서 우리에게 상담을 요청했다. 그들은 "저희가 이번에 출시한 미니 컴퓨터는 5년 전 출시한 대형 컴퓨터의 기능을 전부 갖추고 있으면서도 가격은 10분의 1밖에 안 됩니다."라며 설명을 시작했다. 사실 그 말을 듣고서 무엇이 문제인지는 알 수 없었다. 그들의 설명은 다음과 같이 이어졌다. "컴퓨터 가격에는 문제가 없습니다. 다만 세일즈 방식에 문제가 있습니다. 저희 셀러들은 과거 대형 컴퓨터를 팔던 사람들입니다. 하지만 셀러들은 새로운 제품을 세일즈하면서 판매 방식을 조금도 바꾸지 않았습니다. 미니 컴퓨터를 세일즈하면서 평균 일곱 차례 상담을 하거든요. 예전에 대형 컴퓨터를 팔 때는 그래도 이익을 남길 수가 있었습니다. 그런데 미니 컴퓨터 한 대를 팔면서 고객을 일곱 번씩이나 찾아다니니 이윤이 남을 리가 없죠." 이 경우 생산성의 문제는 성사된 거래 건수가 아닌 각각의 거래를 클로징하는 데 소요되는 자원의 양이었다. 우리는 그들을 돕기로 결정하고, 세일즈 사이클의 길이를 결정하는 요소가 무엇인지 조사했다. 표 2.3은 그러한 요소를 보여준다.

우리는 거래를 성사시키는 데 필요한 상담 횟수를 조사하면서, 매니저가 세일즈 사이클의 어느 시점에 상담에 참여하는지 조사했다.

| 표 2.3 | 매니저가 상담에 참여했을 때 나타나는 영향

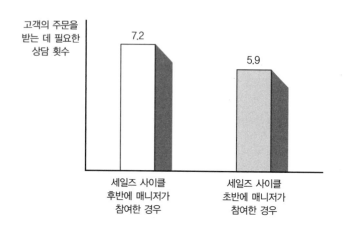

매니저가 세일즈 사이클 후반의 클로징 상담에 참여하는 경우, 초반에 참여할 때보다 세일즈는 더 길어졌고, 생산성은 떨어졌다. 과연이 결과는 무엇을 의미할까? 우리는 그 결과를 다음과 같이 해석했다. 매니저가 상담에 참여하는 것은 그것이 세일즈 사이클의 초반부이든 후반부이든 관계 없이 매니저가 노력을 하고 있다는 신호이다. 그런데 매니저가 세일즈 사이클 후반부의 클로징 상담에 관심을 보이면 상담 초기에 관심을 보일 때보다 세일즈 사이클이 길어진다. 왜그럴까? 그 이유는 아주 분명하다. 매니저가 아무리 실력이 좋아도, 고객을 상대로 상담이 일곱 차례나 이미 진행된 상태에서 매니저가할 수 있는 일은 고작해야 여덟 번째 상담을 진행하는 것일 뿐이다. 잘못된 거래를 처음으로 되돌릴 수도 없다. 만일 매니저가 여덟 번째 상담에만 관심을 가지면 거래가 완전히 성사되는 것도 여덟 번째 상

담 후의 일이 된다.

반대로 세일즈 초기에 매니저가 관심을 보이는 경우, 세일즈가 더 나은 출발을 하게 할 수 있고, 그 덕분에 셀러들은 세일즈 사이클을 획기적으로 줄일 수 있다. 즉 매니저가 세일즈 초기 과정에 관심을 기울이면 대형 세일즈 생산성의 핵심 요소 중 하나인 세일즈 사이클의 길이에 더 큰 영향을 미칠 수 있다.

따라서 우리는 활동 관리 방식이 주로 세일즈 사이클의 후반부 상담에 관심을 갖도록 한다는 점에 대해서 우려할 수밖에 없다. 물론 모든 잘못을 활동 관리의 탓으로 돌리는 것은 잘못이다. 활동 관리를 통해 오히려 세일즈 초기에 더욱 관심을 갖고 계획을 수정해가는 것도 가능한 일이다. 그런데 불행하게도 그런 예를 찾기는 어려웠다. 매니저는 셀러들이 열심히 일하도록 조치를 취하고, 그후에는 관심의 대부분을 세일즈 사이클 후반부의 상담에만 쏟고 있었다.

우수한 셀러의 의욕 감퇴

활동 관리의 의도하지 않은 마지막 부작용은 그것이 우수한 셀러와의 심각한 마찰을 초래할 수 있다는 사실이다. 뛰어난 능력을 지닌 셀러는 구속받는 것을 상당히 못마땅하게 여긴다. "당신의 목표는 하루 네 건의 상담을 하는 것입니다."라거나 "상담 보고서를 꼭 작성하시오."라는 명령을 이들은 지독히 싫어한다. 우수한 셀러들 대부분은 그러한 보고 제도 자체가 성가시고 비생산적이라고 여긴다. 심지어 경영진이 셀러의 전문성을 신뢰하지 못하는 징표라고까지 생각한다. 다른 어떤 식으로도 셀러의 의욕을 그렇게 감퇴시키기는 어려울 것이다. 능력이 출중한 셀러라면 마음껏 일하게 해주는 다른 경쟁사로 옮기는 것이 차라리 낫다고 생각할지도 모른다.

제록스 사를 대상으로 셀러들의 이직 사유를 조사했을 때, 뛰어난 셀러가 각종 제약에 대해 반감을 느낀다는 점을 더욱 분명히 알 수 있었다. 우리는 직원들의 퇴직 상담 보고서를 분석해, 직장을 옮기는 주된 이유 다섯 가지를 분석했다.

- **보상**: 급여에 대한 불만족
- **업무 만족**: 현 업무에 대한 불만
- **관계**: 상사나 동료와의 문제
- **비전**: 진급이나 자기 발전의 기회
- **제약**: 비생산적이거나 제약을 가하는 관리 시스템과 통제

그런 다음 실적이 우수한 셀러와 실적이 저조한 셀러의 이직 사유를 비교했다. 표 2.4는 우수한 셀러가 직장을 옮기는 가장 주된 이유가 '제약(restriction)'에 대한 불만이라는 사실을 보여준다. 우수한 셀러가 느끼는 제약 중에서 가장 많이 언급된 것은 활동 관리와 보고 제도였다. 한편 실적이 저조한 셀러는 주로 보상과 비전, 관계의 문제 때문에 직장을 떠나고 있었다. 이들은 활동 관리와 같은 제약에 대해서는 별로 문제 삼지 않았다. 우리는 이 조사결과를 토대로 상담률을 높이기 위해 우수한 셀러의 활동에 제약을 가하는 제도를 도입하는 것은 상당히 위험하다는 점을 제록스에 알렸다.

66

| 표 2.4 | 회사를 떠나는 이유

순위	우수한 셀러	순위	우수하지 않은 셀러
1	**제약**	1	보상
2	업무 만족	2	비전
3	비전	3	업무 만족
4	보상	4	관계
5	관계	4	**제약**

활동 관리에 대한 경고

우리는 대형 세일즈의 세일즈 생산성을 높이기 위해서 활동 관리 방식을 도입하는 것에 대해 아주 비판적이다. 활동 관리는 우수한 셀러의 의욕을 떨어뜨리고, 대형 세일즈보다 소형 세일즈에 주력하게 만든다는 점을 지금까지 살펴보았다. 아울러 보고서 작성이나 서류 작업이 쓸데없는 시간 낭비가 되기 쉽다는 점도 알 수 있었다. 바로 이러한 이유들 때문에 셀러들의 행동을 엄격히 관리함으로써 생산성을 향상시키려고 한 시도들은 대부분 실패로 돌아갔다.

그렇지만 활동 관리가 애초부터 잘못된 선택은 아니다. 활동 관리를 하는 경우와 아무런 관리를 하지 않는 경우 중에서 하나를 선택한다면 당연히 활동 관리의 손을 들어줄 것이다. 다만 활동 관리는 적절히 이뤄져야 한다. 세일즈 활동에 대한 통제가 지나쳐 애초의 목적조차 잊어버렸을 때 문제가 발생하기 때문이다. 우리는 '상담 건수 증가=판매 실적 증가'라는 활동 관리의 기본 공식에 원칙적인 제동을 걸었지만, 반대로 상담 건수를 줄인다고 해서 실적이 증가한다고는 더더욱 생각할 수 없다. 분명 그럴 가능성은 없다. 만약 상담 건수가 적을수록 실적이 증가한다면 논리적으로 따져볼 때 아예 상담을 하지 않는 것이 실적을 높이는 제일 좋은 방법이어야 할 것이다. 현실적으로 대형 세일즈에서 상담 건수와 판매 실적의 관계는 소형 세일즈에서보다도 훨씬 복잡하다. 따라서 오직 상담 건수를 늘려서 판매 실적을 높이려는 전략 자체는 너무나 단순한 생각이며, 그러한 시도가 성공을 거둔 사례도 찾아 보기 어렵다.

열심히 일할 것인가, 효과적으로 일할 것인가

지금까지 살펴보았듯이, 판매 실적 향상을 위해서는 기본적으로 열심히 일하는 것이 옳은지, 아니면 효과적으로 일하는 것이 옳은지 스스로 질문을 던져보아야 한다. 일반적으로 대형 세일즈에서는 효과적으로 일하도록 하는 방식이 옳으며, 그것이 사실 이 책에서 전반적으로 다루는 주제이기도 하다. 하지만 앞서 우리를 찾아온 고객의 예처럼 때로는 열심히 일하는 데 초점을 맞춰야 할 경우도 있다. 우리의 고객은 자신의 직원들이 부지런하지 않다고 판단할 충분한 근거가 있다고 생각했다. 매니저라면 누구라도 그런 생각을 할 수 있다. 어쨌든 셀러를 열심히 뛰어다니게 만들 방법을 찾고 통제를 할 생각이라면, 잠시 동작을 멈추고 그렇게 판단하도록 만든 증거를 세밀히 검토할 필요가 있다.

직원들의 고객 상담 건수가 기대에 미치지 못한다고 해도 함부로 활동 관리 방식을 적용해서는 안 된다는 뜻이다. 정보통신 업종에 종사하는 우리의 친구인 더그 맥네어(Doug McNair)는 이런 말을 한 적이 있다. "가망고객(prospect)은 매우 소중한 존재이다. 목적 없이 무작정 뛰어다니면 가망고객은 어느 순간에 사라져버린다." 우리는 수년 동안 십여 곳의 세일즈 조직을 대상으로 셀러의 활동 수준과 상담 건수를 분석했다. 분석이 끝나고 그 결과를 접한 관리자는 거의 대부분 기겁을 하고 낙담을 하는데, 셀러의 상담 활동 수준이 실제 그들의 기대치에 미치지 못하기 때문이다. 사실 관리자의 기대치보다 더 많은 상담을 수행하는 셀러를 찾아볼 수 있으리라고는 상상하기 어렵다. 세일즈 조직의 관리자는 자신들의 기대에 미치지 못하는 셀러의 활동 수준을 접하게 되면 언제나 손쉽고 새로운 도구를 강구한다. 그런데 그것은 하나같이 앞서 언급했던 부작용을 초래하는 조치들이었다. 그들은 '상담 건수 증가=판매 실적 증가' 라는 공식을 한 번도 의심하지 않았다.

'상담 건수 증가 = 판매 실적 증가' 는 사실일까?

'상담 건수 증가=판매 실적 증가' 라는 공식이 각자의 상황에 맞게 적용할 수 있는지의 여부를 알 수 있을까? 앞서 살펴본 바와 같이 상담활동과 판매가 서로 비례하는 세일즈도 존재한다. 한편 그렇지 않은 경우도 있다. 활동 관리가 실제 셀러들에게 도움이 될 가능성이 있는지를 미리 예측하는 방법은 없을까? 물론 이러한 물음에는 정답이 없어 보인다. 활동 관리가 판매 실적을 높이는지 판단하려면 우선

| 표 2.5 | 고가 자본재 세일즈 조직에서의 상담 건수와 판매 실적의 관계

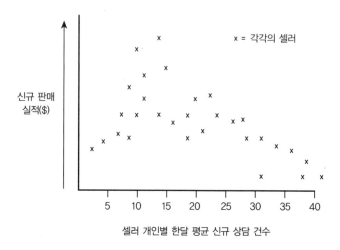

엄격한 활동 관리 방식을 적용해본 후 결과를 지켜보는 수밖에 없다고 말하는 세일즈 조직들이 대부분이다.

다행히 '상담 건수 증가=판매 실적 증가'라는 공식을 그나마 손쉽게 검증할 수 있는 방법은 있다. 가장 간단한 방법은 다음과 같다.

- 가장 실적이 좋은 셀러(전체의 약 15퍼센트)를 골라 그들이 지난 한달 동안 상담을 몇 건이나 처리했는지 분석한다.
- 같은 기간 나머지 셀러의 평균 상담 건수를 조사한다.
- 그 차이를 비교한다. 실적이 좋은 셀러가 나머지 셀러보다 상담 건수가 많으면 활동 관리가 실적 향상에 도움이 될 가능성이 있다. 즉 상담 건수 증가가 실적 향상으로 이어질 수 있다는 의미

| 표 2.6 | 저가 사무용품 세일즈 조직에서의 상담 건수와 판매 실적의 관계

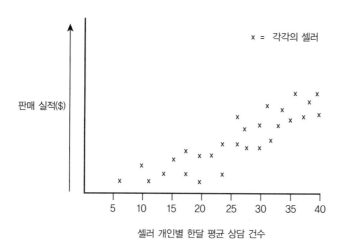

이다. 그런데 대형 세일즈에서는 대부분 실적이 좋은 셀러의 상담 건수가 평균 상담 건수보다 적으며, 따라서 활동 관리 방식을 도입해 판매 실적을 극적으로 향상시킬 가능성은 거의 없다.

지금 말한 방식은 어디까지나 주먹구구식에 불과하다. 상담 건수와 판매 실적의 관계를 더욱 정확히 분석하려면 이 책의 부록과 표 2.5를 참고하자. 자본재를 파는 셀러 30명을 대상으로 한 조사에서 실적이 좋은 셀러는 한달 평균 7건에서 14건의 상담을 처리했다. 한편 나머지 셀러는 평균 22건의 상담을 처리했다. 본래 이 회사의 경영진은 상담 건수가 늘면 판매 실적이 증가하리라 막연히 생각했고, 따라서 활동 관리를 실시하려고 했다. 그런데 실제 내용을 분석한 결과, 상담 건수와 판매 실적 사이에 직접적인 관련이 없는 것으로 나타났다. 우리는 경영진을 설득해, 열심히 일하게 만드는 방식보다는 효과적으로 일하는 방법을 개발하는 데 초점을 맞추도록 했다.

상담 건수 증가가 판매 실적 향상으로 이어지는 경우

한편 표 2.5와 같은 형식인 표 2.6은 고전적인 소형 세일즈를 조사한 결과이다. 조사 대상이 된 세일즈 기업은 사무용품을 판매하는 회사였다. 표 2.6에서는 앞서 살펴본 자본재의 세일즈 현황과는 다른 점을 발견할 수 있다.

- 판매 실적이 우수한 셀러는 대체로 나머지 셀러보다 평균 상담 건수가 많다.
- 전체 28명의 셀러 중 실적이 우수한 상위 5명의 한달 평균 상담 건수는 70건이고, 나머지 셀러는 평균 55건에 불과했다.

표 2.6에서는 셀러의 활동이 곧 실적을 좌우한다는 것을 알 수 있다. '상담 건수 증가＝판매 실적 증가'라는 등식은 이때 성립한다.

셀러들의 활동 성과를 분석하라. 만약 상담 건수가 많은 직원의 실적이 실제로 높으면 당신은 활동 관리 방식에 힘을 쏟을 충분한 근거를 갖게 된다. 다만 상담 건수를 늘려서 실적을 올릴 수 있다고 확신하더라도, 앞서 거론했던 소형 세일즈 위주의 활동, 서류 작업의 만연 같은 부작용을 최소화하도록 노력해야 한다.

| 표 2.7 | 세일즈 생산성의 두 가지 구성 요소

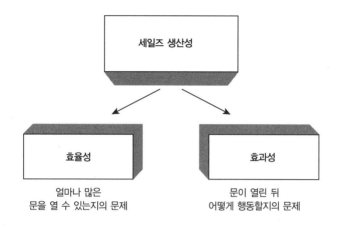

세일즈 효율성과 효과성

앞서 살펴본 사례들은 세일즈 생산성과 관련된 중대한 진리를 담고 있다. 소형 세일즈의 세일즈 생산성을 높이고 실적을 증가시키는 도구가 반드시 대형 세일즈에서도 똑같은 효과를 가져오지는 않는다는 것이다. 활동 관리는 그 단적인 예에 속한다. 소형 세일즈에서는 셀러의 활동을 독려해 상담 건수를 증가시키는 것이 실적 향상의 지름길이다. 열심히 일하면 성공한다는 공식이 성립한다.

하지만 대형 세일즈에서 성공의 열쇠는 효과적으로 일하는 것이다. 제품 세일즈를 위해 좀더 열심히 뛰도록 강요하는 활동 관리가 대형 세일즈에서 성공을 거둔 경우는 거의 없다. 왜 대형 세일즈에서 이러한 차이가 발생하는지, 실제 대형 세일즈의 판매 실적을 향상시키려면 어떻게 행동해야 하는지를 알기 위해서 우선 '세일즈 효율성'과 '세일즈 효과성'이라는 두 가지 용어의 개념부터 파악하도록 하자. 표 2.7에 등장하는 세일즈 효율성과 세일즈 효과성은 세일즈 생산성을 구성하는 두 가지 요소이다.

세일즈 분야에서는 이 두 용어가 오랫동안 사용되어 왔기 때문에 당신은 그것이 익숙하게 느껴질 수도 있다. 그렇지만 그 의미는 다양하게 쓰이므로 우선 그 정의부터 새롭게 짚어 볼 필요가 있다.

- 세일즈 효율성(sales efficiency): 적절한 시간 내에 최소의 비용을 들여 고객에 접근하는 방법에 관한 것이다.
- 세일즈 효과성(sales effectiveness): 고객에 접근하는 데 성공했을 때 판매 가능성을 극대화하는 방법에 관한 것이다.

효율성과 효과성의 구별은 세일즈 생산성을 이해하고 개발하는 데 큰 효용성을 가지고 있다. 맥킨지와 특히 존 드 빈센티스(John De Vincentis)는 이 문제에 있어 우리의 사고를 명확히 하는 데 도움을 주었다.

효율성, 효과성, 세일즈 규모

저가의 제품을 판매하는 세일즈 조직은 다수의 고객을 상대로 소형 세일즈를 하는 것이 일반적이다. 반대로 대형 세일즈는 고객의 수는 비교적 적지만, 세일즈의 규모는 훨씬 크다. 제품을 구매할 가능성이 있는 잠재 고객의 수는 세일즈를 수행하는 기업이 효율성과 효과성 가운데 어느 것에 주력해야 할지를 알려주는 중요한 요소이다.

극단적인 예를 하나 들어 보자. 민간 항공기를 제작하는 보잉 사의 고객은 전 세계에 몇백 명밖에 되지 않는다. 따라서 보잉사에 세일즈 효율성은 전혀 문제가 되지 않는다. 보잉 사는 전 세계 잠재 고객들을 이미 알고 있고 그들과 접촉하고 있다. 그들의 문제는 문패를 확인하고 문을 두드리는 일이 아니다. 보잉 사에게 있어 성공은 문을 열고 들어가 고객을 만난 다음 어떻게 행동하느냐, 즉 세일즈 효과성에 달려 있다.

이와는 대조적인 사례로, 팩시밀리가 처음 등장했을 때 우리를 찾아온 한 팩스기기 업체가 있었다. 당시 우리는 그들에게 "제품의 판매 대상은 누구입니까?"라고 솔직히 물었다. 팩스기기 회사 측은 "전 세계 팩스기기 시장에는 수억 명 이상의 고객이 있습니다. 다만 우리 세일즈 팀이 잠재 고객들을 모두 찾아갈 수 있는지가 문제입니다."라고 말했다. 양쪽에 문이 끝없이 길게 늘어선 거리와 같은 시장이 있다면 바로 이 경우를 두고 한 말일 것이다. 잠재 고객의 수가 무한정한 경우 성공의 열쇠는 '효율성'이다. 엄격한 활동 관리 방식을 적용하고, 상담 건수를 최대한 늘리는 것이 이 시장에서 성공할 수 있는 비결이다. 표 2.8에서처럼 개별 셀러가 상대해야 할 고객의 수가 많고 세일즈 단가가 낮은 경우에는 효율성에 초점을 맞추어야 가장 큰 성과를 거둘 수 있다. 그 이유에 대해서는 앞서 이미 언급했다. 셀러가 상대할 잠재 고객이 많다면 효율성을 개발해야 더 많은 문을 열 수 있기 때문이다. 소형 세일즈에서는 셀러의 기술과 전략이 크게 요구되지 않는다는 점 또한 효율성이 효과성보다 중요한 이유이다. 결론적으로, 소형 세일즈는 거래를 성사시키기가 그다지 어렵지 않기

| 표 2.8 | 세일즈 효과성과 고객의 특성

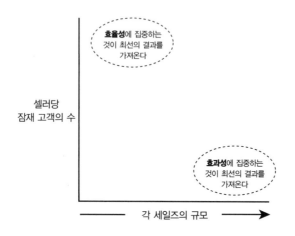

때문에 세일즈 기술 향상과 같은 효과성의 개발로 얻을 수 있는 효과
는 대형 세일즈보다 작다.

문제는 간단하지 않다

이 책은 대형 세일즈에 관한 것이므로, 당연히 우리의 일차적인 관
심사는 효과성을 개발하는 방법에 있다. 우리는 열심히 세일즈하는
방법보다 효과적으로 세일즈하는 방법에 주목한다. 그런데 모든 일
을 그렇게 간단하게 볼 수만은 없다. 소형 세일즈는 효율성만을 문제
삼고, 대형 세일즈는 효과성만 문제 삼는다고 생각하면 오산이다. 이
를 증명하는 몇 가지 사례를 알아보자.

76

사례 연구: 의사와의 상담 시간 늘리기

제약업계의 한 세일즈 조직과 일했을 때 우리는 이들이 하는 세일즈의 성격이 거의 고전적인 소형 세일즈에 가깝다고 생각했다. 그들의 셀러들은 정해진 각자의 구역 내 병원 의사 수백 명을 만나 자사의 약품에 대해 관심을 갖도록 유도했다. 셀러가 하루에 만나는 의사는 보통 7명 정도였는데, 의사 한 사람을 대면하는 시간은 고작 3분밖에 되지 않았다. 따라서 하루 7건의 상담을 처리하는 일을 그다지 과중한 일로 보기는 어려웠다. 그래서 회사 측은 하루에 의사와 접촉하는 시간이 20여 분밖에 되지 않는다는 점을 들어 셀러의 업무 방식을 비효율적이라고 생각했다. 제약 업계가 아무리 사정이 좋다고 해도 이 경우에 효율성의 문제가 심각하다는 점을 부인할 수는 없었다. 한편, 셀러가 하루 7명의 의사를 만나지만 저가 약품의 판매량은 상당한 수준이었다. 회사 측은 하루에 셀러가 의사와 대면하는 시간이 20여 분밖에 되지 않으므로 셀러의 상담 건수를 늘리는 활동 관리 제도를 시행하면 판매 실적을 높일 수 있으리라고 믿었다.

그런데 실상을 자세히 들여다보면 문제는 그리 간단치 않았다. 의사라는 직업은 매우 바쁜 직종에 속하고, 아무리 게으른 의사라도 최소한 바쁜 척하게 마련이었다. 셀러가 미리 약속한 시간에 병원에 도착하더라도 의사를 기다리는 데 소요되는 시간이 평균 30분이나 되었다. 이 시간은 셀러의 재량으로 단축시킬 수 없었다. 하루 7건의 상담을 처리하는 데 그 중 3시간 반은 어쩔 수 없이 의사를 기다리는 시간이었고, 병원들을 돌아다니는 데에도 3시간 가량이 소비되었기 때문에 사실상 효율성을 높여 생산성을 증가시킬 수 있는 여지는 거의 없었다.

우리는 다른 접근 방식을 취하기로 했다. 우리의 분석에 따르면 의사와의 상담 시간이 평균 3분밖에 되지 않는다는 사실에서 추가적인 문제가 발견되었다. 의사는 바쁜 사람이라는 인식이 일반적이므로 대부분의 셀러는 의사를 만나서 제품의 특성과 장점이 적힌 목록을 펼쳐 보이는 데 3분이라는 시간을 다 쓰고 있었다. 그런 다음 각종 약품의 샘플을 남겨두고 서둘러 다음 장소로 이동해서 다시 30분을 기다려야 했다. 고민을 거듭한 끝에 우리는 효율성을 높이는 방법만으로는 의사와의 상담 시간을 늘릴 수 없다고 판단했고, 효과성을 향상시키는 방법을 써보기로 했다. 우리는 셀러가 제품의 특성과 장점을 알리는 데 주력하지 말고, 질문을 이용하는 세일즈 기술을 쓰도록 지도했다. 즉 상담의 효과성을 향상시키는 시도를 했다.

그 결과 셀러의 세일즈 방식이 바뀌자 의사들의 태도도 달라졌다. 의사는 우리가 시도했던 새로운 상담 방식이 더 유익하고 흥미롭다고 느꼈고, 셀러와의 상담에 시간을 더 할애했다. 예전에 3분이었던 상담 시간은 평균 8분으로 늘어났다. 새로운 방식을 도입한 뒤, 효율성 측면에서 하루 상담 7건에는 변함이 없었지만, 대신 상담의 효과성은 높아졌고, 의사를 대면하는 시간도 20여분에서 50여분으로 늘어나는 성과를 거두었다.

사례 연구: 효율성의 문제는 효과성을 저해한다

위의 제약회사 사례는 명백히 세일즈 효율성에 문제가 있는 것으로 보이는 소형 세일즈가 실제는 효과성에 문제가 있다는 사실을 보여준다. 한편 그 반대의 경우도 있다. 대형 세일즈에서 분명히 효과성에 결함이 있는 것으로 여겨지는 문제가 효율성을 개발함으로써 해결되기도 한다.

한 다국적 컴퓨터 회사의 예를 살펴보자. 이 회사의 평균 세일즈 규모는 수십만 달러에 달했다. 세일즈 사이클도 복잡했다. 겉으로 보기에도 효율성보다는 효과성이 더 중요할 것으로 여겨졌다. 우리가 처음 이 회사와 접촉한 시기는 판매가 감소하기 시작한 단계로 경쟁 업체 때문에 시장 점유율도 줄어드는 상황이었다. 이 회사와의 거래를 거절한 고객사들을 만나 본 결과 우리는 이 회사의 제품이 기술적으로 우월하고 지원 서비스도 뛰어나다는 사실을 알게 되었다. 그런데도 이들이 고객을 잃은 것은 경쟁사가 세일즈를 더 잘 했기 때문이라는 것이 기존 고객들의 공통된 의견이었다. 이는 우리가 보아왔던 것처럼 세일즈 효과성의 문제처럼 보였다.

그런데 조사를 진행해 보니 사정이 좀 다른 것을 발견했다. 그동안 이 회사의 셀러들은 제품의 구매 결정권을 가졌던 전산 부서와 상담의 80퍼센트를 하고 있었다. 그런데 언제부터인가 컴퓨터 구입에 관한 의사결정권이 여러 부서들로 이전되고 있었다. 즉 전산 시스템을 구입할 때 전산 담당자가 아닌 다른 부서의 입김이 더 세진 것이었다. 이 사실을 진작에 간파한 경쟁사들에서는 그들의 세일즈 전략을 수정했다. 즉, 전산 부서에만 국한하지 않고, 제품 구매에 영향을 줄 수 있는 다른 부서에까지 상담을 실시한 것이었다.

그런데 우리 측 컴퓨터 회사의 셀러들은 그런 중요한 부서들과는 상담을 하지 않았다. 그 이유가 뭐였을까? 이후 밝혀진 바에 따르면, 그들이 고객사 내부에 구매 결정권을 가진 다른 부서가 따로 있다는 사실을 몰랐던 것은 아니었다. 그것은 순전히 효율성의 문제였다. 각각의 셀러들이 너무 많은 고객사들을 상대하고 있었기 때문에 고객사의 전산 부서만을 접촉할 수밖에 없었다. 그들에게는 전산 부서 외의 다른 부서를 만날 충분한 시간 여유가 없었다.

결국 세일즈 기술이나 고객 전략 훈련 같은 전형적인 효과성의 개발 방식으로는 문제를 해결할 수 없었다. 오히려 셀러가 전담하는 고객의 수를 줄여줌으로써 판매를 다시 끌어올릴 수 있었다. 시간 여유가 생기자 셀러는 고객사를 상대하는 시간을 늘렸고, 제품 구매에 영향을 줄 가능성이 있는 다른 부서까지 접촉할 수 있게 되었다. 구역을 나눠 전담시키는 문제는 전형적인 효율성의 사안이다. 이 사례에서는 효율성의 해결책을 통해 겉보기에 효과성 문제로 여겨졌던 상황을 반전시킬 수 있었다.

기타 진단 도구

이처럼 주의를 요하는 사례가 몇몇 존재하지만, 대부분의 소형 세일즈는 효율성을 개발할 때 생산성이 향상된다. 그리고 대형 세일즈에서는 대개 효과성이 성공의 열쇠이다. 다만 좀더 복잡한 경우를 짚어볼 필요가 있다. 만약 세일즈의 규모가 중간쯤이면 어떻게 할까? 대형 세일즈는 아니지만, 비교적 고가의 제품을 판매하고 고객과의 상담도 여러 차례 진행해야 하는 경우, 전적인 소형 세일즈로 보기 어려울 수도 있다. 중간 규모의 세일즈는 효율성이나 효과성, 두 가지 가운데 하나의 방식으로만 생산성 향상을 꾀하기는 어렵다.

제록스의 계열사 가운데 한 곳이 바로 그랬다. 중간 가격대의 복사기를 판매하는 이 계열사는 개인에서부터 기업에 이르기까지 다양한 고객을 상대하고 있었다. 셀러는 전부 40명이었는데, 각자가 담당 구역을 정해서 활동하고 있었다. 셀러의 지역은 회사를 설립할 당시 정해둔 것으로 그 후 5년이 지난 상태였다.

이 회사에서 우리에게 도움을 요청한 이유는 물론 판매 실적이 아주 저조했기 때문이었다. 그들은 활동 관리 방식을 엄격히 시행했다가 낭패를 보고 말았다. 그들의 활동 관리는 앞서 언급했던 심각한 부작용을 모두 낳았다. 서류 작업이 만연해 세일즈에 지장을 주기 일쑤였고, 실적이 가장 좋은 셀러 5명 가운데 세 명은 이미 회사를 떠나고 없었다. 성사 건수는 약간 증가했지만, 전체적인 매출은 감소했다. 상황이 나빠질수록 회사는 셀러들의 상담 보고서 제출에 더욱 열을 올렸다. 이 회사의 활동 관리 방식은 우리가 다뤄 본 여러 사례 중에서도 최악의 경우였다. 상담 보고서를 철한 초록색 파일은 그 자체로 악명이 자자했으며 직원들의 반발도 대단했다. 한 셀러는 이런 말까지 털어놓았다. "관리자들이 보고서를 처음 몇 장밖에 안 본다는 건 누구나 아는 사실입니다. 그래서 우리는 보고서의 7쪽부터는 대충 가상의 고객과 상담을 했다는 식으로 채웠죠. 한 번은 보고서 8쪽에 IBM 회장을 만나 상담을 했다고 적었는데 눈치를 챈 사람이 아무도 없었죠. 물론 너무 바빠서 보고서를 읽을 시간이 없었겠죠."

그래도 이 회사의 상담 보고 제도 덕에 우리는 방대한 상담 자료를 확보할 수 있었다. 우리는 허위 상담 부분을 가려낸다면 이 자료를 통해 이 회사가 효율성과 효과성 중 어느 문제에 직면에 있는지 확인해 볼 수 있으리라 생각했다. 우리는 즉시 두 가지 조치에 들어갔다. 먼저 경영진을 설득해 상담 보고서 작성을 한달 동안 중지하고, 셀러들이 세일즈 자체에 더 전념하도록 해줄 것을 요청했다. 물론 우리의 요청은 셀러들의 환호성을 자아내기에 충분했다. 그런 다음 우리는 상담 보고서를 실어갈 트럭 한 대를 준비했고, 기존의 자료를 모두 우리의 사무실로 옮겼다. 사무실로 돌아와서 우리 모두는 한숨을 내쉬었고, 조사를 어디서부터 시작할지 논의에 들어갔다.

"우리가 효율성의 문제를 갖고 있는지, 아니면 효과성의 문제를 갖고 있는지 먼저 판단해야 할 것 같아요. 처음 접근이 잘못되면 일을 그르칠 가능성이 크니까요." 하지만 거의 천 톤이나 되는 상담 자료를 가지고 어떻게 그 문제를 판단할 수 있을까? 의기소침한 분위기 속에서 커피 잔과 푸념은 늘어 갔지만 결국 우리는 문제를 해결하는 데 도움이 될 간단하면서도 유용한 두 가지 진단 도구를 생각해냈다. 물론 우리는 혁신가가 아니며, 이 도구도 독창적인 것이 아니었다. 이미 전 세계의 세일즈 매니저들이 이 도구를 다양하게 변형시켜 활용하고 있다는 것을 우리도 알고 있었다. 우리는 우선 효율성의 문제가 존재하는지 진단해 보기로 했다. 첫 번째 도구는 '가망 고객 대 잠재 고객 비율'이었다.

$$효율성율: \frac{잠재\ 고객\ 수(두드리지\ 않은\ 문의\ 수)}{가망\ 고객\ 수(열고\ 들어가\ 세일즈\ 기회를\ 포착한\ 문의\ 수)}$$

가망 고객 대 잠재 고객 비율은 어떤 지역의 세일즈 잠재력을 나타낸다. 잠재 고객 수가 가망 고객 수보다 많은 지역은 셀러의 활동이 미진하다는 것을 의미한다. '잠재 고객'은 셀러의 방문을 아직 받지 않은 고객으로, 거기에는 세일즈 기회가 있을 수 있다. 잠재 고객은 전화번호부나 기업인 인명 사전을 통해 미리 확인할 수 있다. 확인 작업을 거치더라도 잠재 고객이 제품을 구입할지의 여부는 알 수 없다. 다만 아직 셀러가 문을 두드리지 않았다는 사실만은 분명하며, 이후 고객을 실제 만났을 때 어떤 결과가 나올지는 알 수 없다.

반면 '가망 고객'은 알려진 고객이다. 셀러가 이미 방문을 해서 구매 가능성을 엿볼 정도로 어느 정도 문이 열린 고객이다. 제록스 계열사의 가망 고객 대 잠재 고객 비율을 확인했을 때 다음과 같은 사실이 드러났다.

- 도심 지역은 지난 5년간 셀러들의 활동이 왕성했지만, 판매는 감소하고 있으며, 가망 고객과 비교할 때 잠재 고객이 거의 없는 상태였다. 즉 제록스 셀러들이 이미 대부분의 문을 두드려 본 상태였다.
- 교외 지역은 잠재 고객 수가 가망 고객 수보다 세 배나 많았다. 그 지역에서 세일즈 활동을 시작한 이래 사업이 계속 성장한 것은 지역 자체가 꽤 넓다는 사실을 의미했다. 셀러들로서는 시간상 모든 고객들을 방문할 수 없었다. 따라서 교외 지역은 효율성 문제를 갖고 있었다.
- 구역을 다시 조정하여 시내 구역을 확대하고 교외 구역을 축소함으로써 우리는 효율성의 향상을 가져올 수 있었다.

덧붙이자면, 우리가 효율성 향상을 위해 활동 관리가 아니라 구역 재조정 방식을 택했다는 사실을 눈여겨 보아야 할 것이다.

효과성 문제 진단

가망 고객 대 잠재 고객 비율을 조사해 셀러 각자가 담당하는 불균등한 지역의 크기를 조정했는데, 그것은 어디까지나 효율성 향상에 도움이 되는 조치였다. 그런데 효율성은 세일즈 생산성 문제를 해결하는 방안의 일부에 불과하다고 우리는 생각했다. 왜냐하면 제록스의 계열사와 같은 중간 규모의 세일즈 조직에는 대개 효과성의 문제가 있기 때문이었다.

$$\text{효과성율} : \frac{\text{상담 건수(셀러의 총 상담 건수)}}{\text{주문 건수(상담 후 고객의 주문 건수)}}$$

효과성 문제가 있는지를 진단하는 우리의 도구는 '주문 건수 대 상담 건수 비율'이다. 상담 보고서를 분석하면서 우리는 셀러가 기존 고객의 문제를 해결하기 위해서가 아니라 판매를 목적으로 한 총 상담 건수를 조사했다. 그런 다음 상담 이후 실제 고객의 주문으로 이어진 건수를 파악했다. 표 2.9에서 보듯이 그 비율은 아주 폭넓게 나타났다. 어떤 셀러는 상담을 10건도 하기 전에 주문을 받아내는데 반해, 세일즈를 성사시키려면 서른 번이나 상담을 해야 하는 셀러도 있었다.

한편 우리는 이들과 유사한 다른 세일즈 조직의 주문 건수 대 상담 건수 비율도 따져보았다. 제록스의 계열사는 주문 한 건을 성사시키는 데 다른 세일즈 조직들보다 평균 20퍼센트나 많은 상담을 하고 있

| 표 2.9 | 효과성의 문제를 보여주는 주문 건수 대비 상담 건수 비율

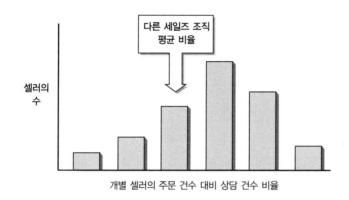

개별 셀러의 주문 건수 대비 상담 건수 비율

었다. 그들에게는 효과성의 문제가 있는 것처럼 보였다. 효과성을 향상시키려면 고전적인 기술 두 가지(코칭과 트레이닝)에 투자해야 했다. 우리는 매니저들을 통해서 주문 건수 대 상담 건수 비율이 평균보다 높은 셀러를 대상으로 (우리가 앞으로 다룰 예정인) 세일즈 효과성 모델을 이용한 교육을 실시했다. 그 후 6개월이 채 지나기도 전에 주문 건수 대 상담 건수 비율이 떨어졌는데, 과거 한 건의 주문을 받아내는 데 평균 22건의 상담을 하던 것이 13건으로 줄어들었다. 아울러 회사 전체의 판매 실적도 상당히 증가하는 성과가 나타났다. 다만 안타까운 점은 그렇게 나아진 실적이 효과성에 있어 주문 건수 대 상담 건수 비율의 변화로 인한 것인지, 아니면 효율성 향상이나 기타 매니저의 행동 변화로 인한 것인지를 측정할 기회가 없었다는 점이다. 세일즈 생산성 변화의 원인을 밝히는 문제는 무척 까다로우며,

이와 관련된 내용은 『당신의 세일즈에 SPIN을 걸어라』에 더욱 자세히 설명되어 있다.

주문 건수 대 상담 건수 비율의 한계

상황이 다음과 같을 때는 주문 건수 대 상담 건수 비율을 활용해 효과성 문제를 진단하는 것이 유용하다.

- 판매 단위가 작아 개별 셀러가 한 해 판매하는 제품 수량이 많은 경우. 정확한 수량을 제시할 수는 없지만 대략적으로 셀러 개인이 한 해 동안 15개 이하의 제품을 판매한다면 주문 건수 대 상담 건수 비율을 활용하기에 적합하지 않다.
- 제품들의 가격 차이가 크지 않은 경우. 제록스의 예를 들면 제품 가격은 1만 5천 달러에서 6만 달러 사이였다. 즉 단가가 비싼 제품이 싼 제품의 네 배밖에 되지 않았다. 일반적으로 주문 건수 대 상담 건수 비율은 고가 제품과 저가 제품의 가격 비율이 6:1을 넘지 않는 경우에 적용하기 알맞다. 비율이 그 이상인 경우, 다른 요소를 추가적으로 고려해야 하며 주문 건수 대 상담 건수 비율을 따지기보다는 세일즈 규모를 반영하는 방법을 써야 한다.

대부분의 대형 세일즈는 위 두 조건을 모두 충족시키지 못하기 때문에 고가의 세일즈를 하는 경우에는 표 2.5에서처럼 판매 규모에 기초한(volume-based) 방법이 더 나은 접근이다.

86

진단에서 실행으로

이 책의 주제는 대형 세일즈에 관한 것이므로 매니저 각자가 세일즈 효과성을 향상시킬 수 있는 방법에 대해 살펴볼 것이다. 다음 장부터는 세일즈 효과성을 향상시키는 데 도움을 되는 방법들, 즉 트레이닝, 코칭, 고객 전략에 관한 내용이 소개될 것이다. 효율성을 높이는 방법에 대해서는 앞으로 더 이상 언급하지 않을 예정이다. 효율성을 높이는 것은 대형 세일즈의 생산성 향상에는 크게 기여하지 않기 때문이다. 더구나 효율성을 높이는 일은 매니저의 몫이라기보다는 조직 전체의 문제인 경우가 많다. 제록스 사의 경우를 보더라도 구역을 지정하고, 기존의 활동 관리 제도를 폐지하는 것은 매니저 권한 밖의 일이었다. 반면에 효과성의 문제는 매니저 개인에게 상당한 재량이 주어져 있다. 매니저는 셀러를 코치하고 지도할 수 있으며, 고객 전략에 영향을 주고, 셀러에게 조언을 하거나 동기를 부여할 수도 있다. 효율성 문제는 조직 상부의 결정에 종속되지만, 효과성은 완전히 셀러와 매니저의 몫이다. 효과성은 고객과 상호작용하는 모든 차원에서 제기된다.

그렇다면 효과성이 왜 때때로 세일즈 생산성 향상에 심대한 영향을 미치는지를 이해하기 위해 효과성과 효율성의 차이를 좀더 자세히 살펴보자. 표 2.10에서처럼, 세일즈 효율성에 영향을 주는 행동은 대부분 조직 전체의 차원에서 이루어지고, 톱 다운 식으로 전달된다. 오늘 오후에 상부에서 결정을 내리면 내일 아침부터 당장 수행이 이루어진다. 제록스 사의 사례를 보았듯 활동 관리의 폐지는 계열사의 매니저와 본사의 고위 간부진이 참석한 가운데 결정이 이루어졌다.

| 표 2.10 | 효율성과 효과성의 추진 방식

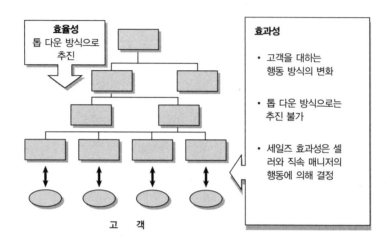

구역을 재조정한 것도 역시 그 자리에서였다. 24시간이 채 지나기도 전에 회의의 결정은 즉시 효력을 발휘했다. 셀러에게는 새로운 담당 구역이 할당되었고, 상담 보고서 작성은 중단되었다.

효율성과는 달리 세일즈 효과성에 관한 결정은 상부에서 이루어지거나 즉각 이행될 수 없다. 효과성 향상이 나타나려면 셀러가 과거와는 다른 방식으로 고객을 대해야만 한다. 효과성은 주로 새로운 기술을 익히는 방식으로 적용되며, 기술을 익히려면 오랜 시간이 걸린다. 제록스 사의 경우에도 세일즈 매니저와 모든 셀러들이 6개월 동안 함께 노력을 기울인 덕분에 가시적인 성과를 낼 수 있었다.

효율성을 높이는 조치는 조직의 상부에서 하부로 전달되며, 효과성을 향상시키는 조치보다 신속하고 과감하게 이루어진다. 당연히 대부분의 고위 관리자는 효율성 전략에 더 큰 매력을 느낀다. 한편 또 다른 매력도 있다. 바로 쉽다는 점이다. 효율성을 높이는 방식은 주로 열심히 일하도록 하는 식이다. 즉 셀러가 이미 하고 있는 일의 양을 늘린다. 한편 효과성을 높이려면 행동의 방식을 바꾸어야 한다. '더 많이'가 아니라 '더 낫게' 하는 것이다.

우리는 농담 삼아, 회사 사장의 책상 한 쪽에 버튼이 하나 있는데 거기에는 '더 많이 버튼(the more button)'이라고 쓰여있다고 말한다. 고위 관리자는 판매가 저조하다 싶을 때 셀러를 독려하고 상담 건수를 늘리려고, 혹은 더 열심히 뛰어다니게 해서 매출을 늘리려고 그 버튼을 누른다. "정말 좋은 결과를 기대한다면, '더 낫게 버튼(the better button)'을 눌러야 옳다."라고 우리는 말한다. 수년 동안 우리는 수많은 고위 관리자들이 계속해서 '더 많이 버튼'을 눌러대는 것을 보았고, 어쩌면 그들에게 '더 낫게 버튼'은 아예 없는 모양이라고까지 생각하게 되었다.

한 번은 폭풍우 때문에 뉴욕에서 발이 묶인 적이 있었다. 당시 우리는 〈포춘〉에서 선정한 100대 기업에 속하는 한 회사의 간부실에서 그 회사 부사장을 만나기 위해 대기하는 중이었다. 부사장은 날씨 때문에 제 시간에 도착하지 못하고 있었다. 우리는 외떨어진 간부실 이곳저곳을 어슬렁거리다가, 우연히 사장의 집무실을 발견했다. 혹시라도 사장의 책상에 '더 많이 버튼'이 부착되어 있지 않을까 하는 호기심에 끌려 우리는 안으로 들어갔다. 그리고 책상 아래쪽 한 귀퉁이에 빨간 색의 작은 버튼이 있는 것을 발견했다. 아마도 회의가 너무 길어질 때 비서로 하여금 회의를 중단시키도록 신호를 보내는 버튼일 것이다. 하지만 우리는 그 유명한 '더 많이 버튼'을 실제로 보았다고 사람들에게 신나게 이야기할 수 있었다. 안타깝게도 너무나 자주 '더 많이 버튼'을 누르는 식으로만 세일즈 생산성을 높이려고 한다. 세일즈 효과성을 높이려고 한다면 '더 낫게 버튼'을 눌러야 하지만 그 사장의 책상에는 달려 있지 않았다.

세일즈 효율성에
대한 결론

우리가 세일즈 효율성을 높이는 방법보다 세일즈 효과성을 향상시키는 방법에 더 주목하는 이유는 불균형을 바로잡기 위해서이다. 고위 관리자들 가운데 세일즈 효과성에 관심을 보였던 사람은 지금까지 거의 없었다. 반대로 효율성은 본래의 가치보다 훨씬 더 많은 관심의 대상이었다. 그 이유는 간단하다. 효율성은 경영진의 결정에 의해 위로부터 도입될 수 있고 신속하게 이행될 수 있기 때문이다. 효과성의 문제를 해결해야 할 때, 효율성 향상에 적합한 활동 관리를 시행하는 것도 어쩌면 그런 이유 때문이다.

이러한 불균형을 바로잡고, 효과성의 문제를 풀 수 있는 유용한 해법을 제시하자는 것이 우리의 희망사항이다. 앞으로 심각한 세일즈 문제를 풀 수 있는 열쇠가 '더 많이 버튼'보다는 '더 낫게 버튼'이기를 바란다. 오늘날 많은 세일즈 매니저들은 사실상 '더 많이 버튼'이 효력을 발휘하던 시대를 살아왔다. 그런데 이제 '더 많이 버튼'을 눌러서는 더 이상 만족스러운 효과를 보기 어렵다. 세월이 흐를수록 그 효력은 더욱 떨어질 것이다.

| 표 2.11 | 세일즈 효율성과 효과성의 구분

	세일즈 효율성	세일즈 효과성
정의	적절한 시간과 최소의 비용으로 적절한 고객들을 만나는 방법	일단 고객을 만났을 때 기술을 사용해 거래 가능성을 극대화하는 것
전형적인 실적 향상 방식	다음과 같은 방식으로 더 열심히 일하게 한다. • 시간 관리 • 성과급 제도 • 상담 보고서 작성 • 활동 관리 시스템 • 구역 나누기	다음과 같은 방식으로 더 효과적으로 일하게 한다. • 코칭 • 세일즈 기술 훈련 • 고객 전략 및 고객 조사 • 효과성 모델, 틀(framework), 도구(tool)
전형적인 측정 도구	• 시장 점유율 • 상담 건수 • 상담 건당 비용	• 거래 성공률 • 거래의 반복 정도 • 적정 이윤

그렇다고 해서 모든 효율성 향상 수단을 생각없이 '더 많이 버튼'을 누르는 조치로 단정짓는 것은 아니다. 그것은 사실이 아니다. 효율성을 향상시키는 수단이 대형 세일즈의 생산성을 향상시킨 예도 없지 않다. 맥킨지의 연구 자료는 세일즈 효율성에 대한 진지하고 체계적인 접근이 생산성 향상을 가져올 수 있다는 점을 밝히고 있다. 다만 맥킨지 역시 인정하지 않을 수 없는 사실은 그러한 결과가 소형 세일즈이면서 막대한 수의 잠재 고객이 있는 조건에서 효과를 본다는 점이다. 대형 세일즈의 경우, 효과성을 향상시키는 노력이야말로 가장 큰 이득을 가져온다는 점 또한 분명하다.

요약

이 장에서 우리는 세일즈 생산성을 구성하는 두 가지 요소인 세일즈 효율성과 세일즈 효과성에 대해 살펴보았고, 표 2.11은 그 내용을 요약한 것이다. 우리의 주장은 다음과 같다.

- 일반적으로 대형 세일즈의 성공은 세일즈 효율성보다 세일즈 효과성에 더 큰 영향을 받는다.
- 효율성이 부족해 세일즈 효과성을 향상시키려는 시도가 저지되거나 방해받는 경우가 있다.
- 활동 관리 방식과 같은 효율성을 높이는 많은 조치들이 의도하지 않았던 부작용을 일으키고, 대형 세일즈의 생산성 향상을 가로막는 것으로 밝혀졌다.
- 효율성은 고위 관리자의 조치에 의해 과감하고 신속하게 영향을 받는다. 반면 효과성은 코칭이나 트레이닝 같은 장기적인 방식을 통해서 모든 셀러의 차원에서 개발되어야 한다.
- 효율성은 대체로 조직 전체의 사안이지만, 효과성은 언제나 관리자의 몫이다. 고위 관리자는 효율성을 결정하는 전략을 세울 수 있지만, 세일즈 효과성에 가장 큰 영향을 미치는 것은 현장에 있는 하위 관리자들이다.

이 책의 나머지 부분은 세일즈 효과성을 향상시키는 방법에 중점을 두고 있다. 대형 세일즈에 종사하는 세일즈 매니저가 셀러의 생산성을 높이기 위해 활용할 수 있는 도구와 기술을 살펴볼 것이다.

03

세일즈 매니저가 직접 세일즈를 해야 하는가
셀러로서 매니저의 역할

제록스의 계열사 한 곳에서 세일즈 책임자가 신임 세일즈 매니저들을 대상으로 강연을 한 적이 있다. "여러분 모두는 과거 셀러 시절에 성공을 거두었던 사람들입니다. 그런데 과거에 성공을 거두었다는 이유 때문에 앞으로 여러분은 이 일을 그만둬야 할지도 모릅니다." 그는 세일즈 매니저들이 그의 말을 이해할 수 있도록 잠시 뜸을 들였다. 웅성대는 소리가 잦아들자 강연은 다시 이어졌다. "여러분 가운데 3분의 1은 내년 이맘때쯤이면 우리 곁을 떠나 있을 겁니다. 실패를 경험하는 분도 있을 겁니다. 여러분이 실패하는 이유는 바로 세일즈 업무에서 벗어나지 못하기 때문일 것입니다. 저의 조언은 이렇습니다. 이제 여러분은 매니저라는 사실을 명심하십시오. 세일즈는 여러분의 부하 직원들이 할 일입니다. 여러분의 몫이 아닙니다. 셀러는 세일즈를 하고, 매니저는 관리를 합니다. 명심하십시오. 개를 키우는 주인이 개를 놔두고 대신 짖어서는 안 됩니다."

그의 강연이 끝났을 때 가장 크게 오랫동안 박수를 친 것은 바로 우리들이었다. 그의 말이 구구절절 옳다는 것을 보여주는 증거는 널려 있고, 우리는 그 사실을 알고 있었다. 우리는 그간의 연구를 통해 그의 말뜻과 일치하는 결과를 내놓았다.

- 성공적인 매니저는 세일즈 상담에 직접 관여하지 않는 반면 성공하지 못한 매니저는 여전히 고객을 대면하는 상담에 열을 올린다.
- 고객과의 대면 세일즈에 적극적으로 관여하는 매니저는 종종 부하 직원들로부터 원성을 산다. 매니저의 행동 가운데 가장 마음에 안 드는 것이 무엇인지 물었을 때, 매니저가 셀러처럼 행동하는 것을 그만둬야 한다고 말한 셀러가 가장 많았다.

강연이 끝나자 방금 강연을 마친 세일즈 책임자가 우리에게 다가와 조언을 구했다. "어떻게 하면 매니저를 세일즈 업무에서 떨어뜨려 놓을 수 있을까요? 방금 보셨듯이, 저는 매니저가 셀러가 아니라는 점을 각인시키려고 다방면으로 애를 썼습니다. 그런데도 여전히 그들은 셀러와 동행해 상담에 나가고 그 중 절반은 직접 상담을 도맡으며 세일즈가 자신의 본업인 양 행동합니다."

우리는 그의 말뜻을 알았다. 두어 달 전 우리는 셀러의 이직 사유를 기록한 퇴직 상담 자료를 조사한 일이 있었다. 우리가 검토한 자료 가운데는 그 문제와 관련된 내용이 있었다. 회사를 떠나는 셀러의 자질에 관해 담당 매니저가 기술하는 난에는 "그의 세일즈 실력이 아주 부족하다."라는 평이 적혀 있었다. 그러나 그 아래에 해당 셀러가 직접 적은 내용은 달랐다. "저의 매니저는 여섯 번이나 저와 동행해 상담을 나갔습니다. 매번 매니저가 상담에 나섰기 때문에 저는 고객에게 말을 건넬 기회가 없었습니다. 매니저가 저의 세일즈 기술을 어떻게 평가할지 모르겠습니다. 매니저는 제가 세일즈하는 것을 본 적이 없으니까요. 하지만 전 매니저가 세일즈하는 것을 보았고 그에 대해선 말하고 싶지 않습니다."

바로 이러한 증거가 있기 때문에 우리는 그 세일즈 책임자의 견해를 지지할 수밖에 없었다. 세일즈 매니저가 명심해야 할 가장 중요한 말을 꼽으라면 "관리를 하고, 세일즈는 그만두라."는 것이다. 이후 6개월간 우리는 이 회사의 세일즈 매니저들에게 이러한 메시지를 전달하는 데 주력했다. 우리는 강연을 하고 코칭을 했으며 부탁을 하기도 했다. 아무튼 그러한 노력은 결실을 맺었다. 세일즈 실적이 올랐고 매니저와 셀러의 관계도 좋아진 것으로 나타났다. 사실 제록스 계열사에서 있었던 이 경험을 바탕으로 우리는 전 세계를 상대로 세일즈 관리에 성공하려면 "관리를 하되 세일즈는 그만두라."라고 말할 수 있게 되었다.

대형 세일즈에서 매니저의 세일즈 역할

이제 이 책의 전반적인 내용에 익숙해진 독자라면 아마 이런 질문을 던질 것이다. "그렇다면 제록스의 세일즈는 어떤 종류에 속하는가? 역시 대형 세일즈인가?"라고 말이다. 좋은 질문이다. 당시 제록스의 이 계열사는 소형 복사기를 판매하고 있었다. 이들은 단지 한 차례 고객을 방문함으로써 거래를 성사시키는 경우가 많았고, 대부분의 상담은 의사결정권을 지닌 고객 한 명을 만나 기계 한 대를 파는 식이었다. 바꿔 말하면 아주 고전적인 소형 세일즈였던 것이다. 그때를 돌아 보면 우리가 제록스에 던진 충고는 사실 저가의 제품을 판매하는 경우에나 적절한 효력을 발휘하는 것이었다. 그 후 대형 세일즈를 하는 조직을 상대로 같은 충고를 던졌을 때 우리는 문제가 단순하지 않다는 사실을 재빨리 깨달았다. 허니웰(Honeywell)의 한 매니저는 이렇게 말했다. "저희 팀이 9개월에 걸쳐 진행해 온 수백만 달러 규모의 세일즈에 매니저인 제가 관여하지 말라는 것은 아기가 태어나는데 산모는 빠지라는 말과 같습니다."

사실 대형 세일즈에서는 매니저가 세일즈에 활발히 관여해야 한다. 소형 세일즈에서는 매니저가 거래에 관여하면 해가 되고 생산성이 떨어진다는 증거가 많다. 그러나 대형 세일즈에서는 다르다. 고객과의 대면을 꺼리는 매니저는 위험을 초래할 가능성이 크다. 대형 세일즈의 경우, 셀러 대신 매니저가 직접 나서야 하는 상황이 많다. 다만 매니저가 세일즈에 개입하는 방식은 과거 셀러일 때의 방식과는 달라야 한다. 세일즈 역할을 맡은 매니저에게는 더 새롭고 받아들이기 까다로운 요구가 뒤따른다. 이 장에서는 세일즈 매니저의 적극적인 세일즈 역할과 그로 인해 초래될 가능성이 있는 몇몇 실수들에 대해 알아볼 것이다.

96

흔히 발생하는 실수들

대면 세일즈에 적극적으로 관여하는 것은 성공적인 세일즈 관리를 결정하는 중요 요소라고 말할 수 있다. 그런데 지금까지 우리는 고객과 직접 대면하고도 거래를 성사시키지 못하는 불운한 세일즈 매니저들을 자주 보았다. 직접 세일즈에 뛰어들지만 도움을 주기보다는 방해를 하는 매니저들이 너무 많았다. 무엇을 잘못한 것일까? 그런 상황이 발생하는 까닭은 바로 그들이 매니저가 되기 전까지 오랫동안 행동해 온 방식에서 찾을 수 있었다. 매니저들 가운데 대형 세일즈로 경력을 쌓은 사람은 거의 없었다. 대부분의 매니저는 소형 세일즈를 통해 처음 업계에 발을 들였고, 저가의 제품 세일즈에 성공을 거둔 덕택에 대형 세일즈를 하는 위치까지 오를 수 있었다. 불행하게도 과거 소형 세일즈를 하면서 익힌 대면 세일즈 습관이 대형 세일즈를 하는 현재까지 영향을 미친 것이다. 수많은 매니저들이 과거 소형 세일즈에 종사하던 셀러 시절의 세일즈 방식을 지금까지도 별 생각 없이 활용함으로써 스스로에게 심각한 상처를 주고 있다.

실패하는 4가지 매니저 유형

소형 세일즈의 사고방식이 대형 세일즈에 해를 입히는 양상은 다각적으로 나타난다. 이는 『당신의 세일즈에 SPIN을 걸어라』에서 언급한 구체적인 행동의 문제에서부터 전반적인 세일즈 역할이라는 복잡한 문제에 이르기까지 다양하다. 우리는 대형 세일즈에 부적절하게 적용된 소형 세일즈의 사고방식을 보여주는 매니저의 세일즈 유형들을 관찰했다. 그것들은 다음과 같다.

- 소방관(firefighter)
- 저항 해결사(objection handler)
- 특혜 제공자(exception maker)
- 클로징 해결사(supercloser)

이 4가지 유형은 매니저가 과거 소형 세일즈에서의 습관대로 행동하는 것이 대형 세일즈의 성공을 가로막는다는 것을 여실히 보여준다. 그렇다면 이제 이 유형들이 왜 대형 세일즈에 치명적인지 간략하게 살펴보도록 하자.

소방관

왕성한 활력을 지닌 소방관 유형은 특성상 언제나 세일즈에 관여할 기회를 찾는다. 따라서 별 문제가 없는 상황이라고 하더라도 늘 현장에 나와 남은 불씨를 모조리 제거하려고 애쓴다. 소방관의 사전에는 계획이나 전략과 같은 용어는 빠져 있다. 결과적으로 소방관은 반응적이고, 고객의 문제에 따라 우선 순위를 결정한다.

소형 세일즈를 관리하는 소방관 유형의 매니저는 겉보기에 아주 유능한 것처럼 보일지 모른다. 활력이 넘쳐 언제나 자신이 직접 나서서 일을 처리하기 때문에 셀러나 고객 모두에게 존경을 받을 가능성도 있다. 안타까운 점은 소형 세일즈에서 수많은 고객을 매니저 한 사람이 모두 감당할 수는 없다는 점이다. 결론적으로 소방관은 한 번에 한 군데밖에 있을 수 없으며, 고객의 수가 많으면 그만큼 그의 역할은 줄어든다. 세일즈의 규모가 작고 고객의 수가 제한된 경우 소방관 유형은 아주 효과적이다. 제한된 고객을 상대로 한 소형 세일즈에서 소방관 유형이 성공적이라는 사실을 알아차린 매니저는 대형 세일즈 매니저가 된 후에도 똑같은 방식을 고수하려는 유혹에 빠지기 쉽다. 소방관 매니저를 반대하는 가장 큰 이유는 그들이 동시에 여러 곳의 일을 처리할 수 없다는 점 때문이다. 대형 세일즈는 대개 고객의 수가 적으므로 논리적으로는 소방관 유형이 효과적으로 보일지도 모른다.

하지만 불행히도 대형 세일즈에서 소방관은 큰 쓸모가 없을 수도 있다. 〈포춘〉에서 선정한 500대 기업 중 한 곳과 일을 하면서 우리는 소방관 유형의 매니저가 회사의 고위 관리직에 승진한 경우를 보았다. 그는 10대 초반에 처음 세일즈에 발을 들여놓았고, 이후 중고차, 취사도구, 복사기기 세일즈를 하다가 고위직의 세일즈 관리자가 되었다. 그는 전형적인 소형 세일즈 경력을 쌓아 온 인물이었다.

그가 새로운 직책에 오른 다음 제일 먼저 한 일은 회사의 최대 고객 10명에 관한 주간 보고서를 요청한 것이었다. 일이 제대로 돌아가지 않는다거나, 세일즈가 진척되지 않는다고 느낄 때, 그가 직접 나서서 고객을 방문했다. 해당 고객과 관련된 복잡한 사안에 대해 충분히 이해하지 못한 상태에서 개입하다보니, 그는 수개월 간 쌓아 온 셀러들의 노력을 훼손시켰고, 한번은 그의 간섭에 대한 항의 표시로 실력이 뛰어난 셀러 한 명이 회사를 그만두기까지 했다.

이러한 예는 극단적인 경우에 속하는데, 아무튼 어느 조직에서든지 소형 세일즈에서 익힌 행동방식을 계속 고집하는 소방관 유형의 매니저를 찾기는 어렵지 않다. 우리와 함께 일한 대형 세일즈 조직들에도 하나같이 이런 소방관들이 있었다. 이들 소방관 중 일부는 숨은 방화범인 경우도 있었다. 이들은 세일즈에 관여하려는 욕구가 너무 강한 나머지 스스로 문제를 일으켜 고객을 상대로 그것을 처리하면서 만족감을 느꼈다.

우리는 실제로 소방관이 방화범으로 변하는 것을 보기도 했다. 산업용 저울을 파는 한 회사의 세일즈 트레이닝 프로그램을 진행할 때였다. 교육을 시작한지 이틀 째 되던 날, 교육 참가자 중 두 사람이 사라졌다. 두 사람은 나중에 다시 나타났고, 중요한 고객과의 마찰을 해결하느라 어쩔 수 없이 교육에 빠져야했다고 해명했다. 이들 셀러는 평상시 소방관 유형의 매니저를 최대한 그 고객으로부터 떨어뜨려 놓았다고 한다. 그런데 두 사람이 교육 프로그램을 들으러 온 사이에 매니저가 고객에게 전화를 걸어 진행 상황을 물었다는 것이다.

그 고객은 새로 나온 저울의 눈금에 미세한 오차가 있다고 말했다. 그 말이 나오고 몇 분도 채 지나지 않아 매니저는 엔지니어 두 명을 즉시 소집해 고객을 찾아갔다는 것이다. 매니저는 고객을 만난 자리에서 문제가 된 저울을 당장 철수시키고 신형에 비해 정밀도가 떨어지는 구형 저울을 대신 갖다 놓기로 결정했다.

교육에 참석했던 셀러는 다음과 같은 사실을 털어놓았다. "매니저가 몰랐던 것은 새 모델이 테스트용으로 제작되었다는 점이었습니다. 테스트가 성공했으면 고객은 추가로 15대의 저울을 구매했을 겁니다. 매니저가 테스트용 모델을 완전히 철수시켜서 세일즈에 막대한 타격을 가한 셈이에요. 우리가 고객에게 연락하자 담당자는 왜 저울을 도로 가져갔는지 이해할 수가 없다고 하면서 결함은 사소한 것이었고, 거의 다 고친 상태였다고 말했습니다."

저항 해결사

저항 해결사 유형의 매니저는 고객은 항상 저항이라는 일련의 장애물을 세우며, 셀러는 그것을 예측하고 극복해야 한다고 여긴다. 고객과의 상담을 준비할 때 그들의 첫 번째 질문은 종종 "고객이 어떤 식으로 이의를 제기할까?"이다. 고객과 마주했을 때 고객의 어려운 질문에 영리한 답변을 제공하는 것이 그들의 특기이며, 세일즈 기술을 통해 극복할 수 있는 까다로운 문제를 제기하는 고객들을 좋아한다. 이 유형도 앞서 소방관 유형과 마찬가지로 소형 세일즈에서는 유능해 보이지만 대형 세일즈에는 그리 적절하지 못하다.

우리는 조사의 일부로서, 우리에게 컨설팅을 의뢰한 회사가 왜 대형 세일즈 거래를 놓쳤는지에 대한 이유를 찾기 위해 그 회사의 고객들을 인터뷰하는 시간을 갖는다. 고객들은 종종 "제품은 좋았지만 기분이 좋지 않았어요."라는 대답을 하곤 했다. 좀더 알아 보니, 기분이 좋지 않았다는 것은 그 고객이 마치 경쟁자처럼 취급되었다는 것을 의미했다. 고객 가운데 이런 말을 한 사람도 있었다. "세일즈를 하는 것이 마치 점수따기 게임처럼 보였어요. 그러니까 우리를 상대로 말싸움을 하면서 경쟁하는 거죠. 아주 똑똑한 사람들이고, 우리의 질문에 대한 답변도 나무랄 데가 없었어요. 하지만 우리를 이기려고 든다는 인상을 떨쳐버릴 수 없더군요."

소방관 유형이 스스로 불을 질러 자신의 존재를 내보이듯, 저항 해결사 유형은 저항을 극복하기 위해 저항을 유도한다. 우리는 고객과 만난 자리에서 저항 해결사 유형의 매니저가 스스로 고객보다 똑똑하다는 것을 보여주려고 불필요한 문제를 제기하거나, 자신의 세일즈 기술을 과시하는 것을 보았고, 속으로 혀를 찰 수밖에 없었다.

의료 시스템 회사의 매니저 한 사람은 자신의 저항 처리 기술에 상당한 자부심을 갖고 있었다. 그는 우리에게 이렇게 말했다. "저희의 새로운 기기는 기술 면에서 상당히 앞서있는데, 다만 소프트웨어에 버그(bug)가 몇개 있습니다. 즉 신뢰성에서 저항에 부닥칠 수 있다는 뜻이죠. 다른 사람에게는 그것이 어려울지 몰라도 저는 그런 신뢰성 문제를 처리하는 데 아주 능숙합니다. 제가 직원들과 함께 상담에 나갈 경우 언제나 신뢰성에 대한 저항을 처리합니다."

그런데 그의 직원이 들려준 말은 달랐다. "매니저와 함께 상담에 나가지만 사실 고객은 제품의 신뢰성에 대해서는 조금도 관심이 없습니다. 그런데 매니저가 나서서 '사장님, 소프트웨어의 버그 문제때문에 염려가 되시죠.' 라고 말해요. 그리고는 스스로 그 문제에 대해 답변을 하고 버그가 큰 문제가 아니라는 점을 해명합니다. 그런 해명이 인상적으로 여겨질 수도 있지만, 저로서는 도대체 쓸데없는 문제 제기로 오히려 고객을 불안하게 하고 제품 신뢰성에 더 큰 의문을 갖게 하는 건 아닐까 하는 생각을 떨칠 수가 없어요."

특혜 제공자

대형 세일즈의 성공을 가로막는 또 하나의 유형은 특혜 제공자이다. 이 유형의 매니저는 고객과 상담을 하는 동안 셀러가 제공할 수 없는 특혜를 베푸는 경향이 있다. 특혜 제공자 유형은 제품 값을 깎아 주거나, 고객에게 다른 특별한 약속을 제시하기도 한다. 이것이 문제가 되는가? 소형 세일즈의 매니저는 의례 그런 식으로 행동한다. 예를 들어 자동차 세일즈의 경우 세일즈 매니저가 특혜 제공자로 행동하는 것이 관행이다. 셀러는 "매니저에게 이야기해 보겠습니다."라는 말을 남기고 뒷문으로 사라진다. 몇 분 뒤 매니저가 나타나 이렇게 말한다. "본래 이런 조건으로는 판맷하지 않습니다만, 저희가 손님께만 예외로 기본 가격에 스티어링 핸들을 포함시키도록 하겠습니다." 소형 세일즈에서는 특혜 제공자인 매니저가 환영을 받으며, 특히 가격이나 사양을 협상하는 경우에는 더욱 그렇다.

그런데 왜 대형 세일즈에는 이 유형이 통하지 않을까? 근본적인 이유는 특혜 제공자인 매니저가 셀러의 신뢰성을 떨어뜨리기 때문이다. 매니저에게 양보를 받아낼 수 있는데, 셀러에게는 그럴 수 없다면 고객은 셀러를 어떤 눈으로 바라볼까? 아마 고객은 매니저와 셀러를 비교하고, 셀러가 융통성이 없고 덜 협조적이라고 생각할 가능성이 많다. 따라서 셀러와 고객의 관계는 어떻게 될까? 결국 셀러의 신뢰성은 크게 떨어지고 말 것이다.

나중에 살펴보겠지만, 대형 세일즈의 매니저가 지켜야 할 가장 중요한 원칙은 셀러의 신뢰성을 보장해주는 것이며, 신뢰성을 허무는 일을 해서는 절대 안 된다. 유능한 매니저는 고객에게 혜택을 주거나 좋을 소식을 알려주는 일을 항상 셀러의 몫으로 돌린다.

우리의 경험상, 고객들이 오직 자신하고만 이야기하려고 해서 고객들로부터 벗어날 수 없다고 매니저가 불평하는 것은 그가 특혜 제공자 유형의 매니저임을 나타내는 분명한 징표이다. 만일 예전에 매니저와 상담을 해서 가격 할인이나 예외적인 혜택을 받은 경험이 있다면, 당연히 고객은 계속 매니저를 상대하려고 할 것이다.

클로징 해결사
소형 세일즈에 쓰이는 행동 방식이 부적절하게 대형 세일즈까지 이어진 마지막 유형은 바로 클로징 해결사이다. 이 유형의 매니저는 항상 마지막에 등장해 모든 일을 마무리 지으려고 하며, 거래가 종결되는 시점에 과도한 주의를 기울인다. 이 유형은 소형 세일즈에서도 그다지 바람직하다고 볼 수 없다. 대형 세일즈에서 클로징을 강조하는 것은 많은 심각한 문제를 야기한다.

예를 들어, 대형 세일즈의 경우 대부분 20차례의 상담 끝에 한 건 미만의 주문을 받아낼 수 있다. 따라서 매니저가 그 중 오직 5퍼센트의 상담에만 주의를 집중하면 나머지 95퍼센트의 상담은 소홀히 취급될 수밖에 없다. 많은 매니저들이 실제 믿는 것처럼 클로징 상담이 가장 중요한 것이 사실이라면 문제가 없겠지만 그것은 사실이 아니다. 오히려 우리의 연구에 의하면 거래의 성사 여부는 클로징 상담이 아닌 세일즈 초기의 상담에 의해 더 크게 좌우된다.

매니저가 클로징 상담에 지나친 관심을 쏟는 것은 물론 바람직하지 못하지만, 매니저가 세일즈를 종결짓는 데 직접 나서겠다고 고집을 부리는 것은 더 심각한 문제를 초래한다. 제록스를 상대로 연구를 진행하면서 그러한 행동 방식이 셀러에게 얼마나 큰 분노를 자아내는지 확인할 수 있었다. 매니저가 직접 나서서 세일즈를 종결지으려 하는 것에 대해 셀러들의 불만은 아주 컸다. 더욱이, 매니저는 쉽사리 승리자가 될 수 없는 것처럼 보였다. 매니저가 세일즈를 성공적으로 종결지으면 셀러는 이렇게 말할 것이다. "내가 수개월 간 공을 들여놓았는데, 매니저가 마지막 순간에 나서서 모든 성과를 가로챘어." 반대로 매니저의 관여가 실패로 끝나는 경우 셀러는 또 이렇게 말할 것이다. "매니저의 부족한 세일즈 기술 때문에 이번 세일즈를 놓치고 말았어." 따라서 클로징 해결사 역할은 매우 위험하며, 설사 성공한다할지라도 실패자가 되고만다.

클로징 해결사를 비난하기는 쉽다. 사실 클로징 해결사 역할을 함으로써 불이익이 많은데, 왜 똑똑한 매니저들이 그런 식으로 행동하는지를 이해하기 어렵다. 여전히 대형 세일즈 매니저들 중에는 클로징 해결사들이 많다. 이 중에는 자신의 뜻과 상관없이 클로징을 책임지는 경우도 상당수 있다. 즉 상사의 압력으로 어쩔 수 없이 그런 역할을 맡는 것이다.

우리는 한 컴퓨터 회사의 세일즈 매니저에게 코칭 기술에 관한 교육을 한 적이 있었다. 그의 사무실에서 우리는 가급적 클로징 상담에 지나치게 관여하지 말라는 조언을 했다. 회의가 진행 중인 그때 전화벨이 울렸다. 매니저는 전화를 받아 수화기를 들고서 잠자코 있다가 몇 마디를 대꾸를 하고서는 힘없이 수화기를 내려놓았다. 그는 우리에게 이렇게 말했다. "상사 전화입니다. 제 셀러 가운데 한 명이 고객과의 클로징 미팅에 들어가는데, 제가 참석해 클로징을 하라고 하는군요. 아무래도 오늘은 클로징 상담에 참석하지 말라는 조언을 하시기에 알맞은 날이 아닌 것 같습니다." 우리는 그를 위로할 수밖에 없었다. 하지만 성공적인 대형 세일즈 매니저가 되려면 클로징 해결사의 역할을 강요하는 상사의 압력에 맞설 수 있어야 한다.

성공적이지 않은 세일즈 매니저 유형들에는 공통점이 있다. 어떤 경우든 매니저가 부주의로 셀러의 권위와 위신을 훼손한다는 점이다. 이후 우리는 그와는 반대되는 행동, 즉 고객에 대한 셀러의 영향력을 키워줌으로써 성공을 거두는 경우를 살펴볼 것이다. 우선 매니저가 대면 세일즈에 생산적이고 성공적으로 관여하는 보편적인 원칙에 대해서 알아보자.

대면 세일즈에 관여할 때 지켜야 할 원칙

대형 세일즈 매니저가 대면 세일즈에 관여할 경우, 다음에 나오는
다섯 가지 기본 원칙을 지켜야 한다.

- 원칙 1: 자신의 참석이 특별한 차별화를 부여할 수 있을 때만 대
면 세일즈에 관여한다.
- 원칙 2: 셀러가 없는 상태에서 혼자서 고객과 상담하지 않는다.
- 원칙 3: 동행상담을 하기 전, 셀러와 미리 구체적이고 명확하게
서로의 역할을 분담한다.
- 원칙 4: 셀러를 위한 적극적인 내부 셀러(internal seller)가 되어
야 한다.
- 원칙 5: 고객이 매니저에게만 전적으로 의존할 가능성을 예방하
기 위해 확실한 후퇴 전략을 마련한다.

그러면 이제 이러한 원칙들을 하나씩 자세히 살펴보고, 왜 이러한
원칙이 필요한지, 어째서 이런 원칙이 대면 세일즈에 관여하는 매니
저의 성공에 영향을 미치는지 알아보도록 하자.

원칙 1. 특별한 차별성을 부여한다

대부분의 세일즈 매니저는 셀러 시절에 우수한 실적을 쌓음으로써
매니저의 자리에 오를 수 있었다. 따라서 대부분은 뛰어난 셀러들 정
도의 능력을 갖추고 있다(혹은 실력이 부족한 세일즈 매니저라도 자신의
능력이 셀러보다 뛰어나다고 믿는다). 결국 대면 세일즈에 지나치게 관

여하는 매니저는 자신의 존재가 거래의 성사 확률을 높인다고 믿기 쉽다. (대개 대형 세일즈의 경우이지만) 매니저로서는 거래의 규모가 클 때 셀러를 믿고 중요한 상담을 전적으로 내맡기는 위험을 감수하기가 어렵다. 한편 정확한 조사 결과가 나와 있지는 않지만 수년 간 대형 세일즈 상담을 지켜본 경험에 따르면, 매니저가 관여하는 대면 상담 수를 절반으로 줄이면 그 효과가 두 배로 나타나리라는 점을 우리는 확신할 수 있다. 더구나 매니저가 앞서 언급했던 실패하는 네 가지 역할 중 하나에 속한다면 그것은 더욱 의심할 바 없는 진실이다.

매니저가 세일즈 상담에 직접 관여할지의 여부를 판단할 때는 제일 먼저 '특별한 차별성'을 제공할 수 있는지 따져야 한다. 매니저의 관여가 적절하다면 다음과 같은 효과를 기대할 수 있다.

- 특별하다: 협상 권한 같이 셀러가 제공할 수 없는 어떤 것을 매니저가 제공하는 경우
- 차별성을 부여한다: 세일즈 사이클의 특정 시점에 매니저가 직접 참여한 결과로서 거래의 성사 여부가 판가름나는 경우

특별한 차별성을 부여하는 가장 흔한 예는, 셀러 혼자서는 고객사 내부의 의사결정권을 지닌 상급자에게 직접 접근할 수 없는 경우이다. 세일즈 매니저가 상담에 참여할 때 고객측 담당자는 자신의 상급자를 상담에 끌어들이는 데 동의할 가능성이 커진다. 이 때 매니저는 셀러가 할 수 없는 일을 해냄으로써 차별성을 부여한다. 마찬가지로, 세일즈 경쟁이 치열한 상황에서 매니저가 최종 입찰에 참여해 자신의 경험을 더함으로써 특별한 차별성을 부여하고, 하마터면 실패로

돌아갈 거래의 성공 가능성을 높일 수도 있다. 상황이 이렇다면 매니저의 세일즈 관여는 특별한 차별성을 부여하고, 결국 거래의 성사에 큰 영향을 미친다고 말할 수 있다.

특별한 차별성이 반드시 상담에 국한될 필요는 없다. 매니저가 상담에 참여함으로써 이후 업무를 추진하는 데 더 유리한 여건을 조성할 수도 있다. 예를 들어, 매니저가 상담에 직접 참여함으로써 고객이 요구하는 특수한 조건을 더욱 잘 이해할 수 있고, 이후 회사에 돌아 온 뒤 사내의 생산부서나 서비스 부서에 효과적으로 의견을 전달할 수 있다. 이 때 매니저는 회사 내 다른 부서로 상담 내용을 전달하는 중개자 역할을 함으로써 거래 성사에 특별한 기여를 하게 된다.

그러나 현실적으로 많은 매니저들은 거래에 관여함으로써 셀러보다 좀더 빠르고, 유리한 조건으로 거래를 성사시키는 데 치중한다. 이 경우 매니저는 특별한 차별성을 부여하지 못한다. 그럴 바에야 차라리 셀러에게 일을 맡기고 매니저는 물러나 있는 것이 더 현명하다는 사실을 우리는 경험을 통해 알게 되었다.

최근 우리는 제지 가공업체의 대형 세일즈를 담당하는 세일즈 매니저들을 대상으로 간단한 조사를 실시했다. 먼저 그들이 고객을 직접 대면한 최근 상담 10건을 기재하도록 했다. 그런 다음 각각의 상담에 그들이 관여해서 특별한 차별성을 부여한 경우가 몇 건이었는지 솔직하게 답하도록 했다. 그들의 자체적인 판단에 따르면 특별한 차별성을 부여한 경우는 40퍼센트에 미치지 못했다. 그 외 나머지 상담은 그들이 관여해서 거래가 더 원활히 이루어지게 했지만, 그것이 차별성을 부여할 정도는 아니었다. 이와 동일한 실험은 누구나 스스로 해볼 수 있다. 먼저 최근 고객을 방문해 상담에 직접 참여한 사례

10건을 나열해 보자. 그런 다음 그 각각의 상담에 대해 다음의 두 가지 질문을 던져 보자.

- 셀러 혼자서도 거래를 성사시킬 수 있었을까?
  성사시킬 수 있었다면 당신의 관여는 특별하다고 보기 어렵다.
- 내가 상담에 참여했기 때문에 상담의 결과에 중대한 변화를 가져왔는가?
  중대한 변화가 없었다면 차별성을 부여했다고 볼 수 없다.

특별한 차별성 테스트를 통과한 상담이 50퍼센트 미만이라면 매니저는 현재 대면 세일즈에 과도하게 관여하고 있을 가능성이 크다. 그런데 왜 우리는 매니저가 특별한 차별성을 가져오는 경우에만 세일즈에 관여해야 한다고 강조할까? 그 이유는 다음과 같다.

- 대형 세일즈를 담당하는 매니저들 대부분은 과중한 업무에 시달리고 있고, 따라서 계획, 전략, 코칭 같은 자신들의 중요한 임무를 소홀히 하고 있다. 매니저가 빠져도 될 상담에 공을 들이는 것은 시간을 낭비하는 것이다.

- 앞에서 지적한 바와 같이, 본의 아니게 셀러의 위신을 깎아내리기가 아주 쉽다. 매니저가 고객과의 상담에 일상적으로 관여한다면 셀러에 대한 고객의 신뢰도는 순식간에 떨어진다. 고객은 매니저가 셀러를 믿지 못하거나 셀러의 능력이 부족하기 때문에 매니저가 간섭한다고 생각할 것이다.

- 매니저가 고객과 자주 접촉하면 할수록, 매니저의 관여가 상담에 긍정적인 효과를 줄 가능성은 줄어든다. 예를 들어 셀러가 혼자서 고객 측 상사와의 만남을 주선해 달라고 고객을 설득할 명분 자체가 사라진다. 매니저가 직급이 낮은 고객 측 담당자를 자주 만난다면, 그 직원은 굳이 자신의 상사를 상담에 불러낼 이유가 없다고 생각할 것이다.

- 매니저가 세일즈에 깊숙이 관여한다면 나중에 발을 빼기가 더욱 어려워진다. 고객이 매니저와 이야기를 나누는 데 익숙하다면, 부하 직원인 셀러와는 상담 자체를 꺼릴 것이다. 결국 매니저가 고객의 사소한 불만과 요청을 모두 들어주어야 하는 처지가 되고 만다. 웨스트 코스트 사의 부사장은 우리에게 수년 전 자신의 고객이었던 미드웨스트라는 소매업체에 대해 불평을 털어놓았다. 그는 그동안 여러 차례 승진을 했고 세일즈에는 더 이상 관여하지 않는 위치에 있지만 여전히 그 업체로부터 전화를 받는다고 말했다. "달아날 수는 있어도 숨을 수는 없어요. 한 번 들어가면 평생 빠져나올 수 없습니다."라고 그는 말했다.

요약하면, 중요하지 않은 세일즈에는 절대 관여하지 않아야 한다는 것이 첫째 원칙이다. 종종 셀러가 손쉽게 세일즈할 목적으로 그다지 중요하지 않은 상담에 매니저를 끌어들이려 한다는 점을 명심하자. 매니저가 상담에 관여하면, 설사 그 거래가 실패로 끝나더라도 셀러는 책임질 일이 없다. 반대로 거래가 성사되면 셀러에게는 이득이 된다. 셀러가 매니저를 끌어들여서 손해 볼 일은 없다. 매니저가 자신이 빠져도 될 상담에 관여하는 것은 스스로의 가치를 떨어뜨려 셀러의 성공을 돕는 것에 지나지 않는다. 매니저는 셀러와 확실하고 분명하게 의사소통을 하고, 자신이 정말 특별한 차별성을 부여할 수 있을 때에만 대면 상담에 나서야 한다. 그래야만 대부분의 대형 세일 즈 매니저들을 괴롭히는 불필요한 세일즈의 짐을 덜어낼 수 있다.

원칙 2. 셀러가 없는 상태에서 혼자서 상담하지 않는다

대부분의 매니저는 상담에 참여할 때 누군가를 데리고 나가야 한 다는 단순한 원칙에 동의한다. 셀러가 없으면 상담에 나가지 말아야 할 명백한 이유들이 있다.

- 셀러가 고객 활동의 중심이 되어야 하며, 셀러가 없는 상태에서 매니저가 상담을 할 경우 셀러의 신뢰성은 당연히 떨어진다.

- 셀러가 없는 상태에서 상담을 한 경우 매니저는 따로 귀중한 시 간을 들여 상담 내용을 셀러에게 설명해야 한다. 시간 여유가 있다고 하더라도 매니저가 결정적인 사항을 빼놓고 말하지 않 거나, 본의 아니게 내용을 왜곡하는 일도 발생할 위험이 있다.

- 매니저가 단독으로 상담에 임한 경우, 고객 측 담당자는 셀러와 매니저 각각에게 다른 말을 할 가능성도 있다. "셀러 분이 특별 납기 조건을 제시했는데…" 혹은 "지난 주 매니저를 만났는데 즉시 설치해주기로 약속했습니다…"라는 식의 말을 종종 고객 으로부터 듣는 경우가 있다. 이러한 말 바꾸기를 예방하기 위해

서라도 매니저 단독으로 상담에 참여하지 않아야 한다.

- 정의상, 매니저가 관여하는 상담은 꽤 중요한 것이고, 따라서 복잡한 사안들이 논의될 것이다. 매니저가 상담에 참석해 세일 즈를 하면서 동시에 관련 사항을 기록하기는 쉽지 않다. 따라서 상담 내용을 기록하고 세부적인 사항을 일깨워줄 사람을 빼놓 고 혼자 상담에 나가는 것은 위험할 수 있다.

이러한 이유들에도 불구하고, 많은 세일즈 매니저들이 계속 단독 으로 고객을 찾아간다. 담당 셀러와의 일정이 맞지 않거나 셀러가 휴 가를 떠났을 수도 있다. 어쩌면 매니저가 고객을 개인적으로 수년간 접촉해 왔을 수도 있다. 이유야 어쨌든, 매니저가 단독으로 고객을 만나는 것은 매우 위험하다. 매니저는 어떤 경우에도 혼자서 상담해 서는 안 된다. 셀러가 참석하기 어렵다면 상담 일정을 다시 잡는 편 이 낫다. 일정을 변경하기 어렵다면 다른 누구라도 대동하는 것이 낫 다. 상담에 다른 사람을 대동하면 그가 아주 신참일지라도 유용한 역 할을 할 수 있다.

원칙 3. 셀러와 구체적이고 명확하게 역할 분담을 한다

우리는 매니저와 셀러의 사전 미팅에 수백 번이나 참석했다. 일반 적으로 유능한 매니저가 사전 미팅을 주관하면 참석자들 각자가 자 신의 세일즈 전략을 펼쳐 보이는 유익한 자리가 된다. 그들은 "이번 상담의 목적이 뭐지?" "우리의 약점은 뭘까?" "상대가 계약 이행의 문제를 제기하면 어떻게 대처해야 하지?" 등과 같은 질문을 던지고 의견을 주고 받는다. 그런 다음 논의는 매니저와 셀러가 상담에서 맡아야 할 각자의 역할에 대한 문제로 넘어간다.

고객을 만났을 때 누가 어떤 식으로 서로를 소개할지에 대해서도 논의가 있게 마련이다. 그런데 세일즈에 관한 역할 분담에 대해 진지한 논의가 나올 즈음이면, 더 이상 논의거리가 없어지고 만다. "내가 먼저 말을 꺼낼 테니, 그 다음은 상황에 맞춰 대응하자."라는 것이 세일즈 역할을 분담할 때 공통적으로 나타나는 대부분의 결론이다.

매니저와 셀러가 함께 상담에 나서는 경우 세일즈 역할의 분담처럼 소홀히 여겨지고 오해되는 것은 없다. 두 사람이 같이 상담에 나가면서 누가 어떤 시점에 무슨 말로 상담을 주도할지에 대해 명확히 정하지 않는 것은 분명 위험하다. 어쩌면 매니저가 세일즈 역할 정하기를 주저하는 것처럼 보이는 것은 효과적이지 않았던 역할 설정에 대한 안 좋은 경험 때문일 수 있다.

이는 충분히 있을 수 있는 일이며, 역할 설정은 주의를 요한다. 어떤 저자들은 행동 역할(behavioral roles)을 정해야 한다고 말한다. 가령 한 명은 좋은 역을 맡고 다른 한 명은 악한 역을 수행해야 한다는 것이다. 또는 한 사람은 전문가(specialist)처럼, 다른 한 사람은 비전문가(generalist)처럼 행세해야 한다고도 말한다. 우리의 경험에 따르면 그러한 역할 설정은 그 역할이 정상적이고 자연스러운 행동 방식인 한해서만 효과가 있다. 따라서 서로의 역할을 설정하더라도 역할 연기에 빠져서는 안 된다.

거짓행세는 단순한 일회성 거래에서나 통한다. 예를 들어 중고차 판매의 경우, 셀러와 매니저가 좋은 역과 악한 역을 연기하는 것이 매우 성공적임을 보여주는 수많은 일화들이 있다. 그렇지만 고객과 지속적으로 관계를 이어가야 하는 대형 세일즈에서 그런 방식은 아주 위험하다. 장기적인 관점에서 보면 속임수나 거짓행세는 고객과의 관계에 치명적인 손상을 입힐 것이 틀림없다. 그러므로 고객을 상대로 거짓행세나 역할 연기 게임을 하게 만드는 역할 구분은 피해야한다.

역할 연기를 해서 안 된다면 그러면 어떻게 해야 할까? 우선 각자의 행동 유형을 정하는 것이 아니라, 매니저와 셀러가 상담에 참여하는 정도와 유형을 정의하는 것이다. 바로 이런 식으로, 생산적이지못한 역할 연기 게임에 빠지지 않고, 단순하고 효과적으로 동행 상담을 위한 역할 설정을 할 수 있다. 어떤 역할 연기도 포함하지 않지만참여 수준을 구체적으로 나타내는 역할의 세 가지 예를 알아보자.

코치: 경험이 풍부한 셀러와 같이 상담에 나간다고 가정하자. 이런셀러는 혼자서도 능숙하게 상담을 이끌 수 있기 때문에, 상담에 관여하는 매니저의 첫 번째 원칙인 특별한 차별성을 부여할 일은 없다. 이 경우 매니저는 세일즈에 전혀 개입하지 않아도 된다. 그렇다면 매니저가 상담에 참여하는 이유는 뭘까? 이때 매니저는 셀러를 코칭할전반적인 책임을 지고 상담에 참여한다. 코칭은 대형 세일즈에서 빼놓을 수 없이 중요한 관리 도구이며, 코칭의 대상이 반드시 유능하고숙련된 셀러인 것은 아니다. 매니저는 셀러의 경험과 숙련도에 맞춰적절한 코칭을 할 수 있고, 또 그렇게 해야 한다.

여기에서 코칭을 하나의 역할로 선정하는 것은 코칭 역할이 매니저가 셀러와 동행할 뿐 적극적으로 대면상담에 관여하지 않는 것을정당화하기 때문이다. 상담에 나가기 전에 미리 이러한 역할에 합의함으로써 당신은 셀러가 상담을 주도하고 매니저는 곁에서 지켜보는 역할을 맡는다는 것을 분명히 해야 한다. 매니저와 셀러는 서로가 상담에 참여하는 정도를 알고 있으며, 상담의 내용과 형식, 계속 여부에 대해 현장에서 셀러가 책임을 진다는 전제 위에서 상담을 계획할 수 있다.

기록자(scribe): 위와는 정반대로, 매니저가 핵심 고객을 만나는 중요한 자리에서 특별한 차별성을 주기 위해 직접 셀러 역할을 맡는 경우를 생각해 볼 수 있다. 혼자서 상담에 임하지 말라는 원칙에 따라 매니저는 신입 셀러를 데리고 상담에 참여한다. 이때 신입 셀러는 어떤 일을 할까? 그렇게 중요한 상담 자리에서는 매니저가 신입 셀러에게 세일즈 역할을 맡기지 않을 것이다. 이때 신입 셀러는 기록자의 역할을 수행한다. 이 경우 매니저가 적극적으로 상담에 관여하고 세일즈를 주도한다. 신입 셀러는 전적으로 상담 내용을 기록하는 역할을 수행한다.

화제 주도자(topic leader): 앞서 예를 든 코치와 기록자는 극단적인 경우에 속한다. 하나는 셀러가 혼자 상담을 이끌 만큼 노련한 경우이고, 다른 하나는 셀러의 경험 부족으로 상담에 아예 끼어들지 못하는 경우이다. 그렇다면 상담의 일정 부분을 다룰 능력이 있는 셀러와 함께 동행 상담을 한다면 어떻게 해야 할까? 이때 대부분의 매니저와 셀러는 상황에 맞춰 해 보자며 무작정 상담에 나선다. 우리는 지금까지 그러한 무대책 방식이 심각한 재앙을 불러오는 것을 자주 보아왔기 때문에 그 방식은 절대 피해야 한다고 충고한다. 그 대신 상담에 등장하는 화제에 따라 논의를 이끄는 사람이 누가 될지 정하는 방식을 추천한다.

매니저는 우선 특별한 차별성을 부여한다는 원칙에 따라 상담 계획을 수립해야 한다. 고객과 이야기 나눌 사안 가운데 매니저가 특별한 차별성을 부여할 수 있는 사안은 어떤 것일까? 셀러와 함께 상담을 할 때 매니저는 특별한 차별성을 부여할 사안을 담당하고, 셀러는 그 외 나머지 사안을 책임지면 된다. 물론 전혀 예상하지 못한 사안이 나왔을 때 누가 논의를 이끌지에 대해서도 미리 계획을 세워야 한다. 예를 들어 예상하지 못했던 사안에 대해서는 셀러가 대부분 대처하기로 약속을 정하고, 혹시 셀러의 사정이 여의치 않다면 매니저에게 신호를 보내 매니저가 그 사안에 대처하는 식으로 말이다.

그런데 상담 화제에 관해 그렇게 정교한 계획을 반드시 짜야 할까? 매니저들 중에는 자신과 셀러가 모두 유능하기 때문에 그런 역할 분담은 필요가 없다고 주장하는 사람이 있다. 역할 분담을 하지 않아도 동행 상담에 무리가 없을 거라는 그들의 자신감은 과연 타당한 것인가? 물론 매니저가 어떤 셀러와 몇 년을 가까이 지냈고, 각자가 담당할 사안을 군이 나누지 않아도 효과적으로 상담을 진행할 수 있을 정도로 능숙할 수 있다. 하지만 그렇게 되려면 몇 년이 걸린다.

부하 셀러와 동행 상담을 하면서 임시응변으로 대응할 수 있고, 그래서 두 사람 모두 상담에 기여하며, 각자가 서로를 지원할 수 있다고 믿는 사람들이 있다. 때로는 그런 방식이 극적인 성공을 가져오기도 한다. 그러나 안타깝게도 그러한 시도는 각각의 셀러가 서로를 방해하게 되고 대화가 깊이 있는 수준에 도달하지 못하기 때문에 실패하고 만다. 두 사람의 손발이 척척 들어맞지 않거나 함께 세일즈를 한 경험이 없다면 동시에 세일즈를 하는 것은 좋지 않다. 따라서 두 사람은 각자 상담에서 어떤 사안을 맡을지 미리 합의해야 한다.

요약하면, 이 세 번째 원칙은 상담에서 공동의 역할을 신중하고 체계적으로 계획하는 것이다. 연기를 하는 역할이 아니라, 상담 중에 누가 어느 지점에서 논의를 이끌어야 할지를 알게 하는 역할의 정의에 초점을 맞추는 것이다.

원칙 4. 셀러를 위한 적극적인 내부 세일즈를 해야 한다

세일즈 방법을 가르치는 대부분의 책과 프로그램은 세일즈를 고객을 상대로 벌이는 행동으로만 규정한다. 그런데 최근 몇 년 동안 대형 세일즈를 연구하는 사람들은, 매니저가 자신의 회사를 상대로 벌이는 '내부' 세일즈가 매우 중요하다는 사실을 알아냈다. 단순한 세일즈의 경우 내부 세일즈를 하지 않아도 성공 가능성은 충분하다. 예를 들어, '방문 판매'와 같은 소형 세일즈의 매니저의 경우 일주일마다 창고에 두 통의 전화를 걸고, 몇 가지 필요한 서류들을 제출하는 것이 세일즈를 할 때 회사 내부적으로 필요한 작업의 전부이다.

하지만 대형 세일즈에 종사하는 매니저는 조직 내부의 결정에 영향을 미치기 위해 대부분의 시간을 보낸다. 예를 들어, 그들은 신속한 배송을 요구하고, 특별한 예외를 주장하며, 기술 부서의 지원을 받기 위해 애쓴다. 매니저의 적극적인 노력이 없으면 이러한 사항들은 성취되기 어렵다.

1장의 대형 정보통신 회사를 상대로 한 연구에서 우리는 성공적인 세일즈 매니저의 역할을 세 가지로 구분했다. 그 중 '관계 구축가형' 매니저는 관계를 형성하고 인맥을 활용하는 데 뛰어나다. 앞서 살펴본 바와 같이 이 역할의 매니저는 대면 세일즈에 적극적으로 관여하지는 않는다. 대신 무대 뒤편에서 인맥을 활용해 자신과 셀러의 업무를 원활히 수행하고, 세일즈 과정에 나타나는 장애물을 극복한다. 관계 구축가형 매니저는 특히 조직 내부에서 사람들과의 원활한 관계를 이용해 자신의 목표를 달성한다. 당시 조사를 하면서 우리는 그들의 성공이 단지 우리의 조사 대상이었던 정보통신 회사 내부의 강력한 관료제 때문일지도 모른다고 생각했다. '보통'의 조직에서는 내부 시스템을 다루는 기술이 성공에 덜 필수적일 수 있기 때문이다. 어쩌면 나이를 먹고 경험이 쌓여감에 따라 우리가 시니컬해졌을 수도 있지만, 우리가 함께 일했던 대부분의 조직들은 고객의 요구를 수용하기 거부하는 복잡한 장벽을 내부적으로 쌓아두고 있었다. 유능한 대형 세일즈 매니저가 되려면 자신의 셀러와 고객을 위해 일이 이루어지도록 적극적이고 능숙하게 내부 세일즈를 할 수 있어야 한다.

만약 이러한 견해가 지극히 타당하게 여겨진다면, 잠시 생각을 해 보자. 우리는 지금까지 고객을 상대하는 뛰어난 세일즈 기술을 지닌 세일즈 매니저들을 수없이 지켜보았는데, 사실 그들은 자신이 속한 조직의 내부로부터 가용한 자원과 협력을 얻기 위해서 자신의 세일즈 기술을 전혀 사용하지 않고 있었다.

우리가 대형 세일즈 매니저를 대상으로 트레이닝 프로그램을 운영할 때 한번은 이런 적이 있었다. 당시 우리가 다룬 주제는 내부 세일즈의 중요성에 관한 것이었다. 세일즈 관리를 위한 트레이닝 기간에 휴식 시간이 되면 매니저들은 모두가 전화 통화를 하느라 바빴다. 우리는 옆을 지나다가 어쩔 수 없이 한 매니저의 통화를 엿듣게 되었다. 그는 제품 배송을 지연시킨 공장 책임자에게 언성을 높이고 있었고, 한편 그 옆의 다른 매니저도 기술 지원 부서와 말다툼을 하고 있었다. 바로 10분전에 우리가 회사 내부의 협력을 얻기 위해서는 권위나 욕설보다는 세일즈 기술을 활용해야 한다는 당연한 생각을 이야기했을 때 그 두 사람도 고객을 끄떡였다. 늘 그렇지만 당연한 생각이 종종 가장 실행하기 어렵다. 많은 매니저들이 고객을 제외하고는 어느 누구에게도 자신의 세일즈 기술을 발휘하지 않는다는 사실은 정말 놀라울 따름이다.

고객을 대할 때 발휘하는 세일즈 기술을 회사 내에서도 발휘하는지에 대해 스스로 자문해 보자. 만일 자신의 셀러와 고객에게 도움을 주려고 한다면 매니저는 그가 속한 조직 내에서 자신의 세일즈 실력을 발휘해야 할 것이다. IBM에 소속된 한 성공적인 세일즈맨은 "제가 성공할 수 있었던 것은 IBM을 저의 최대 고객으로 대했기 때문입니다."라고 말하기도 했다.

매니저가 자신이 감당할 수 없을 정도의 과도한 요구를 고객으로부터 수용해야 하는 처지에 있다면 내부 세일즈 역할은 특히 중요할 것이다. 그런 입장에 처한 매니저라면 누구나 느끼는 것이겠지만, 고객의 불만이 때로 심각한 문제를 일으키기도 한다. 우리가 한 정보처리 회사와 일할 당시 이 회사는 다른 경쟁사보다 수년이나 앞선 새로운 제품을 출시하게 되었다. 제품을 출시한 지 몇 주가 채 지나기도 전에 그들은 1년치 판매 목표를 초과 달성했다. 이후 세일즈 매니저들은 새로운 고객을 유치하는 문제로 어려움을 겪지 않았다. 오히려 제품을 기다리는 성질 급한 고객들의 불만을 해소하는 것이 더 큰 문제였다. 이 기간 동안 성공적으로 자신의 역할을 수행한 매니저는 내부 세일즈 기술이 뛰어난 사람들이었다. 이들은 제품 할당을 결정하는 사내 미팅에 적극적으로 참석했고, 과중한 업무로 지친 기술자들을 설득해 배송 일정을 지키는 데 각별히 신경 쓰도록 만들었다.

원칙 5. 후퇴 전략을 세워 고객의 의존성을 차단한다

이혼 전문 변호사의 말에 따르면, 일반적으로 관계를 맺는 것보다 관계를 끊는 것이 더 어렵다고 한다. 매니저가 대형 세일즈에 적극적으로 관여할수록 거래가 성사된 후 고객과의 관계에서 빠져나오기가 더욱 어려워진다. 사소한 고객의 요구가 과거 매니저가 고객을 상대했다는 이유로 계속 이어지고 매니저는 업무 시간의 절반 이상을 그러한 요청을 해결하는 데 쏟는 경우를 우리는 흔히 보아왔다.

우리는 대형 세일즈 매니저를 대상으로 교육 프로그램을 진행하면서 가끔씩 매니저가 가장 힘들게 여기는 문제를 다루는 시간을 갖는다. 그때 등장하는 첫 번째 문제는 놀랍게도 고객이 조직 내 다른 누구와도 상대하기를 거부하고 오직 매니저에게만 요구를 들어달라고 하는 것이다. 국제 회계 사무소에서 일하는 한 매니저는 이렇게 말했다. "정말 미칠 지경입니다. 10년 동안 거래가 없었던 고객이 전화를 걸어 와서는 아주 사소한 문제까지 물어봅니다. 책상에 놓인 관련 서적만 봐도 충분히 해결할 수 있는 문제인데 말이죠. 그런데도 전화를 받지 않을 수는 없어요. 도대체 어떻게 해야 할까요?"

이런 문제에 대해 우리가 매니저에게 줄 수 있는 답변은 아주 고지식한 것일 수밖에 없었다. 고객과 관계를 맺기 전에 그 문제를 예상했어야 했다고 말이다. 이미 도움이 되기에는 글렀지만, 아무튼 그 충고는 진실을 담고 있다. 고객이 매니저 개인에게 의존하는 것을 예방하려면 서로의 관계가 굳어지기 전에 먼저 행동을 취해야 한다.

그러면 어떻게 적절한 시점에서 고객과의 관계를 점잖게 끊고, 다른 사람에게 그 관계를 넘겨줄 수 있을지에 대해 알아보자. 고객과의 관계에서 성공적으로 빠져나오면서 동시에 고객을 행복한 상태로 남겨두는 매니저들은 아래의 세 가지를 실천하는 것으로 보인다.

단독으로 고객을 상대하지 않는다: 매니저의 세일즈 원칙 두 번째에서 보았듯이 매니저가 고객과의 상담에 임할 때는 누군가와 같이 가는 것이 현명한 방법이다. 매니저와 동행한 셀러가 고객과 독립적인 관계를 맺을 수 있도록 함으로서 매니저는 한결 자연스럽게 고객과 멀어질 수 있다. 한편 그 효과를 더욱 증진시키려면 동행한 셀러에게 상담 이후의 후속 조치까지 맡기는 것이 좋다. 즉 상담 이후에 서신을 주고받거나 샘플을 보낸다든지, 추가적인 미팅을 계획하는 일을 맡기면 된다.

셀러의 위상을 높여준다: 고객에게서 멀어지는 후퇴 전략의 기본은 고객이 매니저 개인보다 계약 자체에 더 많은 가치를 부여하도록 하는 것이다. 성공적으로 후퇴하려면 매니저는 무엇보다 고객에 대한 신뢰성과 가치의 측면에서 셀러의 위상을 높여주어야 한다. 이 장의 마지막 단락에서 그러한 가장 효과적인 방법들을 논의할 예정이며, 그것은 곧 매니저의 효과적인 세일즈 역할에 대한 내용이기도 하다.

매니저가 일을 성사되게 하는 인물로 비춰지면 안 된다: 만약 셀러가 할 수 없는 일을 매니저는 할 수 있다고 고객이 믿는다면 이 고객은 매니저에 대한 의존심을 버리지 못할 것이다. 우리와 거래하는 한 인쇄소에서 최근 매니저의 잘못된 행동을 경험한 적이 있다. 당시 우리는 급박하게 책을 인쇄해야 했고, 보통 4주가 걸리는 그 일을 2주 안에 끝내야만 했다. 인쇄소 담당 직원은 제작 일정상 기한에 맞춰 책을 내기 어렵다고 말했다. 우리는 다시 그 직원에게 급박한 사정을 설명했고, 이후 몇 차례나 전화를 걸어서 인쇄를 겨우 1주일 앞당기겠다는 약속을 받아냈다. 하지만 그것으로는 충분하지 않았다. 절박한 상황이라 우리는 인쇄소의 매니저에게 전화를 걸었고, 그는 "2주 내에 마쳐야 한다면 제가 처리해드리겠습니다."라고 말했다. 매니저는 자신이 충분히 그 일을 해낼 수 있다고 생각한 모양이었다. 결국 그는 우리의 기대를 저버리지 않았다. 그런데 우리의 관점에서 보면 이 매니저는 치명적인 실수를 한 셈이었다. 앞으로 우리가 무슨 일을 하려고 하면 아마도 담당 직원을 건너뛰어 직접 매니저에게 연락을 취할 가능성이 커졌다. 그 매니저는 자신이 불가능한 일도 해낼 수 있다는 인상을 우리에게 심어주는 큰 실수를 저지른 것이다. 결과적으로 앞으로 우리가 그를 가만히 내버려두지 않을 것이기 때문이다.

그렇다면 매니저로서 그가 어떻게 행동해야 가장 바람직했을까? 그가 현명한 사람이었다면 그는 담당 직원이 우리에게 제작 일정을 맞추기 위해 열심히 노력하고 있으므로 한 시간 안에 연락을 주겠다고 말했을 것이다. 그런 다음 그는 담당 직원에게 2주 내에 제작하도록 지시를 내리고, 우리에게 연락하도록 시켰을 것이다. 특히 담당 직원에게 2주 내에 제작을 완료하는 일이 전적으로 그의 책임에 속한다는 점을 분명히 알리도록 하고, 매니저인 자신이 전화를 받은 것과는 전혀 상관없이 일이 진행되었다는 점을 강조하게 했을 것이다. 일이 그런 식으로 진행되었으면 우리는 담당 직원이 모든 일을 성사되게 했다고 믿고 앞으로도 그와 계속해서 접촉을 시도했을 것이다.

이 이야기의 교훈은 불가능한 일을 해내는 능력이 매니저의 어깨를 짓누를지도 모른다는 사실이다. 허니웰 사에 근무하는 한 노련한 매니저는 우리에게 이렇게 말하기도 했다. "매니저인 저보다 셀러의 영향력이 더 크다는 사실을 고객에게 확신시킨 덕분에 저는 적어도 하루에 두 시간을 벌고 있는 셈입니다."

매니저의 효과적인 세일즈 역할

지금까지는 매니저가 대면 세일즈에 관여할 때 지켜야 할 원칙에 대해 살펴보았다. 이제 마지막으로 성공적인 세일즈 역할이 어떤 것인지에 대해 알아보자. 우선 우리가 다루는 이 역할들의 공통점에 주목하자. 우선 매니저가 성공적인 세일즈 역할을 수행하려면 대면 세일즈 관여함으로써 셀러의 위신과 신뢰성을 높여주어야 한다. 실패한 매니저의 역할은 정확히 그 반대라는 점은 앞선 사례에서 이미 드러났다. 소방관, 저항 해결사, 특혜 제공자, 클로징 해결사는 하나같이 고객 앞에서 셀러를 깎아내리는 식이었다.

성공적인 매니저 역할에는 또 다른 공통점이 있다. 이들은 매니저가 염두에 둬야 할 너무나 중요한 첫 번째 원칙(특별한 차별성을 부여한다)을 적절히 활용했다. 모든 경우에, 매니저의 직접 관여가 없이는 쉽게 일어나지 않았을 어떤 일이 고객 측에서 일어나도록 하는 역할을 선택했다. 대면 상담에서 다섯 가지 성공적인 매니저 역할은 다음과 같다.

- 기반 구축자(Foundation Builder)
- 접근 지렛대 (Access Creator)
- 팀 조정자(Team Coordinator)
- 기술 코치(Skills Coach)
- 협상가(Negotiator)

이 각각의 역할들에서 매니저가 어떻게 특별한 차별성을 부여하고, 셀러의 위신을 세워주었는지 주목하도록 하자.

기반 구축자

앞 장에서 우리는 대형 컴퓨터 회사를 상대로 실시한 세일즈 생산성 연구에 대해 설명했다. 당시 우리는 세일즈 사이클을 단축시키는 요소가 무엇인지에 대해 말했다. 그 컴퓨터 회사는 하드웨어의 가격이 낮아진 상황에서 세일즈 사이클이 너무 길어 상당한 이윤의 압박을 받았다. 당시 우리의 과제는 어째서 경우에 따라 세일즈 사이클의 길이가 서로 다른지, 세일즈 사이클을 단축하는 방법이 있는지를 알아내는 것이었고, 그렇게 해서 세일즈 비용을 절감하는 것이었다.

우리는 수십 가지의 변수를 적용해 조사를 진행했는데 대부분은 본래 목적과는 상관이 없었다. 다만 매니저의 세일즈 역할에 관한 조사에서 한 가지 성과를 거두었다면, 매니저가 세일즈에 관여하는 시점에 관한 것이었다. 이 자료는 상당히 놀라운 것이었다. 예전까지 우리는 클로징 상담을 강조하는 매니저가 세일즈 사이클을 단축하는 것으로 예상했고, 따라서 매니저의 세일즈 관여는 주로 클로징이 가까운 시점에 이루어지는 것으로만 여겼다.

그런데 결과는 정반대였다. 우리는 세일즈 매니저가 세일즈 사이클의 초반부에 상담에 관여할 때 세일즈 사이클이 단축된다는 사실을 깨달았다. 과거의 경우를 돌아 보면 그 결과는 어쩌면 당연하다고도 생각할 수도 있었다. 결국 앞서도 말했지만 고객과 이미 7번 상담을 한 후에 매니저가 관여한다면 제아무리 유능한 매니저라고 해도 세일즈 사이클을 7번의 상담 이하로 떨어뜨릴 수는 없기 때문이다. 반대로 매니저가 세일즈 사이클의 초반에 관여할 경우, 세일즈에 요구되는 기반을 확고히 다지는 데 도움을 주고, 따라서 전반적인 세일즈의 진행 속도는 빨라진다. 기반 구축자 역할에 대해 처음 깨닫게 해준 것은 바로 이 연구조사 덕분이었다. 이후 우리는 대형 세일즈에 성공을 거둔 매니저들이 세일즈 사이클이 처음부터 제대로 진행되게 하는 데 많은 노력을 기울이는 것을 보게 되었다. 특히 성공적인 매니저들은 아래의 결정적인 두 가지 요소에 중점을 두고 있었고, 세일즈 초반부를 제대로 관리함으로써 세일즈 사이클이 훨씬 원활히 진행되도록 했다.

- 셀러가 고객의 잠재적 니즈를 개발하고, 자사 제품과 서비스가 그러한 요구를 가장 잘 해결해줄 수 있다는 사실을 알리는 데 도움을 준다.
- 셀러가 경쟁사와는 차별된 영역에서 가치를 전달할 수 있게 돕는다. 세일즈 초반에 나타나기 쉬운 실수, 즉 경쟁사의 추격을 용이하게 하는 정보 유출을 피하게 한다.

당연히 이러한 노력은 대면 세일즈에만 국한되지 않는다. 그 노력의 상당 부분은 세일즈 사이클의 초반에 셀러가 전략을 계획하고 검토하고, 형성하는 일을 돕는 데 쓰여진다. 여기에서 간과하지 말아야 할 사항은 세일즈를 위한 어떠한 노력도 튼튼한 기반을 다지는 것만큼 중요하지 않다는 점이다. 혹시라도 셀러와 같이 상담에 임할 경우 매니저는 세일즈가 진행될 기반을 튼튼히 하는 데 도움을 줌으로써 세일즈 사이클의 후반 클로징 상담에 주의를 기울일 때보다 세일즈 생산성을 높이는 데 훨씬 크게 기여할 수 있다.

접근 지렛대

매니저의 지위를 지렛대로 삼는 특별한 방법 중 하나는 고객사 내의 높은 직급의 담당자에게 접근하는 수단으로 그것을 활용하는 것이다. 셀러는 매니저가 상담에 참여한다는 조건을 제시해 고객사의 간부를 상담에 참여하도록 권유할 수 있다. 여기서 한 가지 주의해야 할 점은, 매니저라는 지위 덕분에 고객사 간부와의 접촉이 용이해졌지만, 그렇다고 해서 매니저가 상담에 직접 끼어들어 셀러의 위신을 깎아내리는 행동을 해서는 안 된다는 사실이다. 예를 들어 상담에 참여한 매니저가 모든 논의에 관여하거나, 셀러를 보조적인 위치에 놓으려고 하는 것은 옳지 않다.

사실 상담에 참여하는 매니저는 아주 위태로운 역할을 맡는 셈이다. 매니저가 참여한다는 조건으로 미팅을 가졌다면 당연히 고객은 매니저가 중심에 서서 적극적인 역할을 해주기를 기대할 것이다. 현실적으로 침묵만을 지키고 있을 수는 없다. 한편으로 매니저는 셀러의 위신을 깎아내려서도 안 된다. 그렇기 때문에 미팅을 하기 전에 미리 셀러가 논의를 주도하는 사안에 대해 계획을 짜야 한다. 가령 셀러에게 논의의 중심이 되는 제품을 소개하는 책임을 맡기는 것도 좋은 생각이다. 아울러 매니저가 특별한 제안이나 양보를 하려고 한다면 그것이 매니저가 아닌 셀러의 입을 통해서 나오도록 하는 것이 중요하다.

팀 조정자

가끔은 고객을 상대하는 일이 문제가 아니라, 매니저가 속한 조직 내에서 자원을 적절히 모으고 종합하는 일이 더 큰 문제인 경우가 있다. 대부분의 매니저는 기술 지원, 마케팅, 서비스, 재무 부서 같은 여러 지원 부서의 협조를 얻어내야 하는 도전에 직면한다. 대형 세일즈에서는 세일즈 부서만이 아니라 다른 내부 부서들도 거의 대부분 고객을 상대한다. 종종 이 부서들은 세일즈 노력에 도움이 안 되거나 피해를 주는 식으로 행동하기도 한다. 사실 그것은 놀라운 일이 아니다. 어느 재무 부서 직원도 세일즈 노력이나 고객 만족에 대한 기여 정도로 평가받지 않기 때문이다. 다른 부서 직원들이 고객을 대할 때 세일즈 부서의 요구가 아니라 자기 부서의 일반적인 목표에 따라 행동하는 것은 당연한 일이다.

매니저라면 부서간 조정이 필요한 사안을 다룰 때 셀러보다 유리한 위치에 있다. 일례로 기술 부서에서는 셀러와 동행하는 고객 미팅에는 참석하려고 하지 않을 것이다. 그렇지만 매니저는 기술 부서의 담당자에게 함께 미팅에 나가자고 설득하는 데 자신의 지위를 이용할 수 있다. 미팅에서 매니저가 팀 조정자의 역할을 맡는다면 자신이 세일즈 부서의 매니저가 아닌 '회사'를 대표한다는 생각을 갖는 것이 중요하다. 세일즈는 셀러에게 맡겨야 한다. 매니저가 회사의 대표로 행동할 경우 두 가지를 얻을 수 있다. 우선 세일즈 역할을 떠맡음으로써 셀러의 위상을 깎아내리지 않는다. 또한 조직 전체의 관점에서 행동함으로써 타 부서의 협력을 끌어내기가 훨씬 용이하다.

기업들에서 고객 만족에 대한 관심이 높아져감에 따라, 기업의 내부 부서들도 고객과 그들의 니즈의 중요성에 새롭게 초점을 맞추고 있다. 하지만 고객을 상대하는 기술을 제대로 연마하지 않은 다른 부서들은 세일즈를 돕기보다 오히려 세일즈를 방해할 수 있다. 세일즈 매니저가 팀 조정자의 역할을 맡은 경우, 회사 내 타 부서도 고객의 문제를 해결하는 데 기여한다는 사실을 고객에게 보여줄 수 있는 특별한 위치에 있게 된다.

최근 몇 년간 경영 분야에 새롭게 등장한 가장 특별한 변화로, 고객사와 제조사가 서로 전략적 제휴 관계를 맺는 것을 들 수 있다. 이 경우, 개개의 거래보다는 서로의 관계가 더 중요시된다. 고객사와 제조사는 각각의 대표들로 제휴 팀을 구성하고, 정기적으로 만나 관계를 점검하고, 제휴 업무가 원활히 진행되도록 한다. 어떤 회사는 장차 자신들의 매출 가운데 절반 이상이 제휴한 상대 회사를 통해서 발생하리라 예상한다. 그런데 이상하게도 제휴 팀 내에서 세일즈 부서는 온전한 자리를 잡지 못하고 있다. 우리는 마케팅이나 금융, 기획, 생산 부서 매니저가 회사를 대표하는 것을 보아왔다. 하지만 세일즈 부서 매니저가 팀의 조정자 역할을 맡는 것이 가장 논리적이다. 우리는 미래에 세일즈 매니저가 제휴 팀의 조정자로 더 많은 활약을 할 것으로 기대한다.

기술 코치

기술 코치의 역할은 대형 고객을 상대로 한 세일즈 관리의 성공에 있어 너무나 중심적이고 핵심적이기 때문에 별도의 장을 마련해서 다루려고 한다. 기술 코칭은 엄격히 말해서 세일즈 자체와는 상관이 없다. 기술 코칭을 올바로 하려면 상담의 와중에도 세일즈에서 한 걸음 떨어져 있어야 한다는 사실에 대해 6장에서 다룰 예정이다. 앞으로 살펴보겠지만, 코칭은 매니저가 셀러와 상담 중에 있었던 일을 의논하는 것 이상을 의미한다. 대형 세일즈에서 코칭은 기술뿐만 아니라 전략도 다룬다. 코칭은 일련의 복잡한 활동으로 제대로만 이루어지면 세일즈 효과성을 획기적으로 향상시킬 수 있다. 대형 세일즈의 셀러들을 위한 매니저를 선발하려면 어떤 기술을 가장 중요하게 봐야하느냐는 물음에 우리는 제일 먼저 코칭을 떠올린다.

훌륭한 코치는 최고로 효율적인 시스템보다 대형 세일즈 팀의 성과에 더 큰 영향을 미칠 수 있다. 앞 장에서 이미 살펴본 바와 같이, 대형 세일즈에서는 효율성보다는 효과성이 더 중요하기 때문이다. 경영진이 지시한다고 효과성이 개발되지는 않는다. 효과성은 꾸준히 개발되는 것이고, 코칭을 필요로 한다.

코칭에 대해서는 이후 더욱 자세히 다룰 예정이다. 우선 지금은 코칭의 한 가지 측면, 즉 대면 세일즈 기술을 개발하는 데 있어 코치의 역할에 초점을 맞추고자 한다. 이 장에서 기술 코칭에만 주목하는 이유는 다음과 같다. 우리는 자신의 사무실 밖으로 나가거나 고객을 만나지 않고도, 셀러가 효과적인 고객 전략을 개발하도록 돕는 뛰어난 전략 코치들을 보아왔다. 그러나 기술 코칭을 하려면 항상 대면 세일즈에 참여해야 한다. 세일즈 코치만 그런 것은 아니다. 기술 코칭은 그것이 어떤 종류의 것이든, 가령 골프나 노래, 혹은 비행기 조정일 경우라도 지도를 받는 사람의 행동을 관찰하고 분석해서 코칭해야 한다.

기술을 지도하기 위해서는 실제 그 기술이 어떤 식으로 수행되는지 지켜보아야 한다. 기술 코칭을 하는 사람이 사무실에 앉아 있어서는 안 될 일이다. 세일즈 기술을 지도할 생각이라면 셀러와 함께 상담에 참여해야 한다. 이것이 우리가 대면 상담에서 세일즈 매니저의 역할에 기술 코칭을 포함시킨 이유이다.

제록스를 상대로 실시한 조사에서 우리는 기술 코칭에 관한 흥미로운 결론을 얻을 수 있었다. 우리가 대상으로 삼은 매니저들은 동행 상담을 통해 부하 직원의 세일즈 기술을 개발하는 데 성공한 사람들이었다. 우리는 그들의 코칭 전략을 실적이 저조했던 다른 매니저의 전략과 비교해 보았다. 즉 어떤 방식의 코칭이 가장 효과적인지를 알려고 했던 것이다. 조사 결과 두 가지 차이점이 드러났다.

• 효과적인 코칭에 실패한 매니저의 관심은 거의 언제나 상담이 끝난 후의 논의에만 집중되어 있었다. 이들은 상담을 계획하는 과정에 별로 관여하지 않았고, 상담이 끝난 후 상담 내용을 검토하는 방식으로 코칭 전략을 구사했다. 반대로 효과적인 코칭을 실시한 매니저는 상담 후 내용을 검토하는 시간과 맞먹는 시간을 들여 상담을 계획했다.

• 실적이 저조한 매니저는 주로 코칭과 세일즈 역할을 병행하려는 경향이 있었다. 그들은 고객과의 대면 상담에 적극적으로 개

입하려 했다. 효과적인 코칭을 한 매니저는 그와 반대로 세일즈나 코칭, 두 가지 가운데 하나의 역할에만 충실하려고 했다. 이들은 한 자리에서 두 가지 역할을 동시에 하지 않았다. 혹시라도 상담에 개입할 일이 발생하면 그때부터 코칭은 하지 않았다.

이 결과는 효과적인 기술 코칭을 수행하려는 매니저에게 어떤 교훈을 줄까? 우리는 매니저의 역할이 분명하고 특정적이어야 한다는 점에 주목했다. 코칭과 세일즈라는 두 가지를 모두 하려고 하면 둘 중 어느 것도 제대로 수행하기 어렵다. 매니저가 코치 역할을 맡기로 결심했다면 세일즈에는 적극적으로 관여하지 않아야 한다.

이에 대해 많은 매니저들이 상담의 결정적인 순간에 잠시 세일즈에 개입했다가 다시 한발 물러나 코치 역할을 계속 수행하는 것이 가능하다고 주장한다. 우리의 경험에 따르면 그런 발상은 매력적이지만 현실과는 동떨어진 것이다. 매니저가 중요한 순간에 상담에 개입해서 세일즈 역할을 수행하면, 대개 고객은 계속해서 매니저와 이야기하는 것이 더 유익하다고 생각하게 되고, 셀러가 아닌 매니저에게 말하기 시작한다. 그렇게 되면 매니저는 어쩔 수 없이 상담에 말려들어 이후 코칭 역할을 수행하기는 거의 불가능해진다. 게다가 매니저가 세일즈에 관여하면, 그 과정에서 전혀 예기치 않게 셀러의 신뢰성을 깎아내릴 수 있다.

한편, 매니저가 대화에 잠깐 끼어들었다가 다시 쉽게 빠져나올 수 있다면, 그것은 별로 중요하지 않은 사안이라 볼 수 있고, 그럴 바에야 아예 셀러에게 맡겨 두는 편이 좋을 것이다. 서로 다른 두 가지 역할을 겸하는 것은 말로는 쉽지만 실제로는 제대로 하기 어렵다.

협상가

매니저는 마지막으로 협상가로서 특별한 차별성을 만들어낼 수 있다. 매니저들은 협상가라는 역할이 곧 자신의 권한을 이용해 셀러가 줄 수 없는 양보를 고객에게 해주는 것으로 생각하기 쉽다. 하지만 그러한 관점은 아주 한정적이고 위험한 발상이다. 앞서 보았지만 매니저가 직접 고객에게 양보를 해줄 경우 셀러의 위신은 깎이고, 매니저 자신은 고객과의 끈을 놓을 수 없게 되는 위험성이 있다. 다시 한번 강조하지만, 고객에게 양보를 제공하는 것은 매니저가 아니라 셀러의 몫으로 보이도록 항상 신중을 기해야 한다.

그렇다면 협상가가 양보를 제공하는 일을 하지 않는다면 도대체 어떤 일을 해야 할까? 세일즈 매니저가 협상가로서 특별한 차별성을 만들어내는 방법은 여러 가지이다. 다음의 예를 살펴보자.

경청: 고객이 가장 흔하게 털어놓는 불만은 자신의 말을 상대가 제대로 듣지 않는다는 점이다. 결과적으로 고객은 화가 나고 불필요한 적개심을 갖게 된다. 그러한 적개심은 단순히 고객의 말을 제대로 들어주는 것만으로도 쉽게 해소할 수 있다. 경청 기술을 다루는 트레이닝에 참석해 본 사람은 남의 말을 경청하는 일이 결코 수동적인 작업이 아니라는 사실을 안다.

여기에서 경청 기술을 자세히 다룰 생각은 없지만, 협상가로서의 경청에 관해 두 가지만 짚고 넘어가자. 첫째, 매니저는 세일즈 팀의 대표로서가 아니라 자신이 속한 회사를 대표해 고객의 말을 경청한다는 점을 인식시켜야 한다. 즉 매니저는 고객에게 "저희 직원인 셀러 OOO씨는 상담을 위해 이 자리에 있지만, 저는 회사를 대표해 고객님의 관심사를 듣기 위해 이 자리에 있습니다."라는 의사를 분명히 전달할 수 있어야 한다. 그렇게 했을 때 고객은 매니저가 세일즈에 직접 개입하거나 양보를 제공할지 모른다는 기대를 처음부터 접을 수 있다. 둘째, 매니저는 경청을 하면서 '동의하는 것'과 '이해를 표현하는 것'에 어떤 차이가 있는지를 정확히 인식하고 있어야 한다.

협상가로서 매니저는 고객의 의견에 동의할 때 상당한 주의를 기울여야 한다. 많은 매니저들이 고객의 의견에 동의하는 것이 위험하다는 사실을 알기 때문에 단순히 질문을 하거나 잠자코 듣기만 한다. 경청의 핵심은 고객이 자신의 의사가 전달된다는 점을 느끼게 하는 것이다. 따라서 동의를 표현하기 보다는 고객의 입장을 이해한다는 점을 표현하는 것이 더 좋다.

예를 들어 고객은 신속한 배송에 관심을 보이는데, 당장 그 요구를 들어줄 수 없다면, 어째서 신속한 배송이 그렇게 중요한지 묻기보다는, 다음과 같은 식으로 고객의 입장을 이해했음을 표현해야 한다. "귀사에서 요구하시는 만큼 신속히 배송해드릴 수 있다고 장담하지는 못합니다. 그렇지만 귀사에게 신속한 배송이 왜 그렇게 중요한지는 충분히 이해했습니다." 이런 답변을 내놓으면 고객의 입장에 굳이 동의하지 않고도 고객의 의견을 듣고 이해했음을 보여줄 수 있다.

셀러 지원: 매니저가 상담에 참여함으로써 셀러에게 신뢰와 자신감을 심어주는 경우가 있는데, 특히 결코 순탄하지 않을 협상에서는 더욱 그렇다. 매니저가 셀러에게 줄 수 있는 지원은 심리적인 것에만 그치지 않는다. 무엇보다도 세일즈 협상은 창조적인 문제해결을 위한 것이다. 가끔은 협상에 새로운 사람이 참여함으로써 문제를 새로

운 시각으로 바라보고 고객이 수긍할 만한 기발한 해결책이 나오기도 한다.

일례로 협상에 나온 고객이 자재 배송을 12시까지 해달라고 요구한 경우가 있었다. 업체로서는 배송 시간을 그만큼 단축시킬 능력이 없었고, 협상은 막다른 골목에 이른 것처럼 보였다. 당시 세일즈 매니저는 그 문제를 해결하지 못하면 거래가 실패로 돌아가리라는 사실을 깨닫고, 고객사 내에 적정한 재고를 갖다 놓을 공간을 마련해두면 어떻겠느냐는 창조적인 제안을 내놓았다. 문제를 새로운 시각에서 보았기 때문에 그 거래는 성사될 수 있었다.

그런데 앞서도 말했지만 창조적인 문제 해결이 셀러의 신뢰성을 깎아내리는 식이 되어서는 곤란하다. 고객의 문제를 경청하고, 셀러가 해결책을 내놓도록 돕는 것이 매니저가 직접 기발한 제안을 내놓는 것보다 장기적인 관점에서 볼 때 더욱 효과적이다. 훌륭한 협상가가 지켜야 할 가장 기본적인 원칙은 다른 세일즈 역할에서처럼 셀러를 지원하고 그들의 위신을 깎아내리지 않는 것이다.

나쁜 소식을 전하는 사람: 이 역할은 까다롭지만 중요하다. 이 역할은 앞 장에서 주의해야 할 역할으로 소개한 특혜 제공자와는 정반대되는 역할을 맡는다. 특혜 제공자는 고객에게 예외적인 양보를 제공하고 점수를 따기 위해 갖은 노력을 다하지만 결국 셀러의 위신을 그만큼 떨어뜨린다. 그와는 반대로 협상가로서 매니저는 가끔씩 나쁜 소식을 전하는 역할을 맡는다.

고객의 칭송을 받고 싶은 마음도 있겠지만, 때로는 그 요구를 들어주지 못하거나 양보를 제공할 수 없을 경우도 있게 마련이다. 나쁜 소식을 전하는 역할이 그리 유쾌하지는 않겠지만, 셀러보다는 매니저가 그 역할을 맡는 것이 더 나은 경우가 많다. 우선 매니저를 통해서 나쁜 소식을 전하면, 회사가 그 문제를 얼마나 진지하게 고려하고 있는지를 나타내는 것이고, 또한 그에 대해서 유감을 표시하는 것이기도 하다. 게다가 매니저가 나쁜 소식을 전함으로써 셀러는 여전히 고객과 우호적이고 긍정적인 관계를 유지할 수 있다. 고객에게 전할 소식이 불쾌하면 할수록 그것은 더더욱 매니저의 몫이 되어야 한다. 대형 고객 관리는 결코 쉬운 일이 아니다.

선수 교체: 협상가로서의 마지막 역할은 선수 교체를 통해 세일즈를 막다른 궁지에서 벗어나게 하는 것이다. 고객 쪽에서는 매니저인 당신이 상담에 참여함으로써 고객 측의 지위가 높은 사람을 협상에 끌어들일 수 있다. 우리 쪽에서는 셀러가 더 이상 세일즈를 진전시키지 못하는 상황에서는 임시로 새로운 선수를 투입할 필요가 있다.

요약

소형 세일즈와는 달리 대형 세일즈에서는 매니저가 적극적으로 대면 세일즈에 관여해야 한다는 사실을 살펴보았다. 매니저가 세일즈 역할을 담당할 때 최우선 고려 사항은 다음 두 가지이다.

- 매니저로서 당신의 존재가 특별한 차별성을 부여할 경우에만 대면 상담에 참여해야 한다.

- 셀러를 지원하고 위신을 세워주는 식으로 세일즈를 해야 하고 동시에 고객이 만족한 상태에서 자신은 뒤로 빠져 나와야 한다.

이러한 균형은 달성하기가 쉽지 않다. 많은 매니저들이 성공하지 못하는 이유는 그들의 이기적 욕망이 스스로가 영웅 역할을 하게 하고 부하 셀러의 위신을 세워주기 보다는 깎아내리도록 시키기 때문이다. 하지만 성공적인 매니저가 되려면 자신의 위신을 세우려는 욕심을 버려야 한다.

04

성공에 대한 면밀한 분석
세일즈 효과성 정의하기

앞서 2장에서 나왔던 결론을 요약하면 다음과 같이 말할 수 있다.

- 세일즈 생산성은 효율성과 효과성이라는 두 가지 요소로 구성된다.
- 대형 세일즈의 생산성은 효율성보다는 효과성에 더 큰 영향을 받는다.
- 효과성은 효율성보다 향상시키기 어렵다.
- 효율성은 경영진의 정책 결정과 시스템에 의해 향상될 수 있는 반면, 효과성은 셀러의 직속 상사인 세일즈 매니저에 의해 가장 크게 향상된다.

이러한 결론은 실제 세일즈 매니저에게 어떤 의미가 있을까? 2장의 시사점은 대형 세일즈 매니저의 가장 중요한 역할이 셀러의 효과성을 향상시키는 것이라는 점이다. 우리는 그동안 연구와 컨설팅을 하면서 이 사실을 확인할 수 있었다. 세일즈 매니저가 아무리 세일즈 실력이 뛰어나고 업무를 잘 처리하고 협상을 잘한다고 해도, 세일즈 효과성을 향상시키는 일을 잘했을 때 거둘 수 있는 성과의 절반밖에는 거두지 못할 것이다. 존 데 빈센티스는 "세일즈 조직의 중추는 세일즈 매니저이며, 세일즈 매니저의 가장 중요한 역할은 세일즈 효과성을 향상시키는 것이다."라고 말하기도 했다.

세일즈 효과성 구성 요소의 정의

세일즈 효과성은 결코 쉽게 파악할 수 있는 개념은 아니지만, 제대로 파악하기만 하면 상당한 보상을 안겨준다. 간단히 정의하면, 효과성은 세일즈 사이클 동안 셀러가 자신에게 유리한 방향으로 고객의 결정을 이끌어내도록 행동하는 것이다. 그런데 이런 개괄적인 정의는 매니저가 효과성을 향상시키는 방법에 관한 실제적인 문제를 다루는 데 큰 도움을 줄 수 없다. 매니저가 효과성의 개념을 분명하게 파악하지 못하면 셀러의 효과성 개발을 도울 수 없다.

우리는 수년 간 수천 명의 세일즈 매니저들과 함께 일했다. 매니저들 중 일부는 효과적인 세일즈를 눈으로 보았을 때 그것을 인식할 수 있지만, 그 중 극소수만이 그것을 구성하는 행동을 설명할 수 있었다. 그러한 특정한 행동을 파악하기는 쉽지 않지만, 그것은 매우 중요하다. 매니저가 효과적인 세일즈 행동이 무엇인지에 대한 명확하고 구체적인 그림을 갖고 있어야만 셀러의 효과성 문제를 진단하고, 코칭을 통해서 셀러의 기술을 획기적으로 향상시킬 수 있다. 효과적인 행동에 대한 이해는 곧바로 세일즈 생산성으로 연결된다.

우리는 특정 행동에 기초한 효과성 모델을 적용해 셀러 1,000명을 대상으로 매니저들이 코칭을 실시하도록 한 후, 세일즈 생산성을 측정했다. 코칭을 받은 셀러 1,000명은 판매 수익의 증가율이 코칭을 받지 않은 집단과 비교했을 때 평균 17퍼센트나 높았다. 그것은 우리를 흥분시키기에 충분한 향상이었다. 우리는 실험에 적용했던 세 가지 요소를 결합할 수 있다면, 상당한 정도의 세일즈 생산성 향상이 가능하다는 것을 확인했다. 그 세 가지 요소는 다음과 같다.

- 효과성 모델(effectiveness model): 우리는 셀러가 더 효과적으로 세일즈를 하기 위해 어떻게 행동해야 하는지에 관한 명확한 개념을 가지고 있었다.
- 특정한 행동(specific behavior): 우리의 모델은 "고객과의 공감대를 형성하라"와 같은 막연한 개념이 아니라, "고객의 문제를 밝혀 내는 질문을 하라"와 같은 특정한 행동을 기술하였다.
- 코칭(coaching): 매니저들은 셀러를 체계적으로 코칭하고, 기술을 향상시키기 위해 효과성 모델에서 제시한 행동을 사용했다.

그렇다면 효과성 모델을 활용하는 것만으로 누구나 세일즈 실적을 15~20%까지 증가시킬 수 있을까? 특정한 연구 결과를 일반화하는 것은 신중해야 한다. 하지만 1,000건의 실험은 이 모델이 생산성 향상에 유용하다는 것을 우리에게 확신시켰다. 실험에서 생산성 향상

은 30여 개 이상의 업종에서 일하는 300명 이상의 매니저들의 노력
으로부터 나온 결과였다. 그들만큼 노력할 준비가 되어 있다면 누구
라도 의미 있는 성과를 거둘 수 있을 것이다. 한편 그러한 노력은 행
동에 대해 즉, 행동이란 무엇이고, 그것이 세일즈 효과성과 어떤 관
련이 있는지에 대해 열심히 생각하는 데서 출발한다.

효과적인 행동

"셀러는 상담을 성공으로 이끌기 위해 정확히 어떻게 행동해야 하
는 것일까? 셀러의 행동 중에서 고객의 결정에 가장 큰 영향을 주는
것은 무엇일까?" 이 물음에 스스로 답해 보자. 만일 대답하기 어렵다
면, 세일즈 효과성의 핵심 구성 요소를 가려내는 작업을 시작하기 어
렵다. 물론 이 질문이 대답하기 까다로운 것은 사실이다.

몇 년 전 세일즈 연구를 처음 시작할 때, 전형적인 세일즈 상담들
을 기록했는데, 이는 그것들을 분석하면서 위 질문에 대한 해답을 찾
기 위한 것이었다. 그 결과 각각의 상담을 구성하는 행동의 유형이
수백 가지에 달한다는 사실을 알게 되었다. 이는 어떤 행동이 성공과
연관되어 있다는 것을 보여주기란 극히 어렵다는 사실을 의미했다.
그렇다면 '행동'를 밝히는 일이 왜 중요할까? 어째서 우리는 세일즈
효과성이라는 일반적인 개념에서 벗어나, 사소하고 전혀 중요할 것
같지 않은 개개의 행동에 관심을 쏟는 것일까?

다음과 같이 생각해 보자. 행동은 세일즈 상담을 구성하는 요소들
중 하나이다. 예를 들어, 제품 특성의 설명은 질문을 하거나 클로징
기술을 사용하는 것과 마찬가지로 일종의 행동이다. 이러한 세일즈

의 구성 요소는 화학이나 물리학에 나오는 물질의 원자만큼이나 중요하다. 원자의 결합으로 화합물이 생성되는 것을 이해했기 때문에 마법이나 연금술이 발전했고, 그 덕분에 화학이라는 학문이 탄생할 수 있었다. 마찬가지로 세일즈의 구성 요소인 행동을 이해함으로써 우리는 세일즈 효과성을 자연적으로 타고나는 능력이 아니라 교육 가능한 과학으로 취급할 수 있다.

요컨대 세일즈 효과성을 이해하려면 셀러를 성공적이게 만드는 것에 대한 막연한 개념에서 벗어나야 한다. 대신에 행동의 차원에서 생각해야 한다. 즉 뛰어난 셀러를 '잘 경청하고, 고객과 공감대를 형성하며, 믿음이 가고, 고객의 니즈를 개발한다'와 같은 막연한 말로 설명할 것이 아니라, 이러한 표현을 좀더 구체적인 행동으로 나타내야 한다. 구체적일수록 더 좋은 것이다. 예를 들어 신뢰할 수 있는 셀러는 고객의 신뢰를 받기 위해 실제 어떤 행동을 보이는지 구체적으로 제시해야 한다. 풍부한 제품 지식을 사용하는 것일까? 아니면 고객 회사의 운영에 대해 정통함을 보이는 것일까? 재치 있는 질문을 하거나 비즈니스 지식을 보여주는 것일까? 아니면 단순히 신중한 태도를 보여주는 것일까? 이러한 표현들 중 일부는 더욱 더 세분화될 수 있다. 이를테면, '재치 있는 질문'이 의미하는 것은 무엇일까?

구체적인 행동에 의한 학습

세일즈 효과성을 이해하는 작업이 어쩌면 복잡하고 어렵게 느껴질 수도 있다. 하지만 이 방식은 분명 효과가 있다. 광범위하고 일반적인 개념으로 접근해 효과성을 더 쉽게 개발하는 방법이 있다면 우리는 그 방법을 선택했을 것이다. 하지만 추상적인 개념으로는 실제 세일즈 효과성을 개발할 수 없다.

'경청(listening)'을 예로 들어 보자. 매니저들 가운데 효과적인 경청이 세일즈 성공에 중요하다는 사실을 부인하는 사람은 거의 없다. 우리가 아는 세일즈 매니저 대부분은 자신의 부하 직원 중에 뛰어난 경청 기술로 더 많은 실적을 올린 셀러를 최소한 한 명은 데리고 있다. 우리는 매니저가 셀러에게 "주의해서 잘 듣도록 하게." 혹은 "고객이 말하는 것을 귀 기울여 듣도록 노력하게."라고 조언하는 것을 보아왔다. 그러한 막연한 조언의 문제점은 셀러가 그 조언을 어떻게 실천할지 알지 못한다는 것이다. '잘 들어'라고 말하는 것은 '잘 팔아'라고 말하는 것과 같다. '잘 듣는 방법'이나 '잘 파는 방법'에 대해 구체적으로 설명하지 않는다면, 셀러의 실행력을 키우는 데 전혀 도움이 되지 않는다.

세일즈 효과성을 개발하는 데 행동을 중요하게 여기는 것도 바로 이런 이유 때문이다. '올바른 경청'이라는 막연한 개념을 구체적인 행동으로 표현할 수 있다면, 그것이 곧 세일즈 효과성을 향상시키는 방법이 될 것이다. 예를 들어, 훌륭한 경청자는 고객이 하는 말을 들은 뒤 쉽게 다른 말로 바꿔서 설명하거나 요약한다. 요약은 경청 기술을 완성하는 행동이며, 관찰이 가능하다. 즉 효과적인 경청을 했을 때 나타나는 행동의 표본이다. 요약하는 법을 가르치는 것은 비교적 쉽다. 왜냐하면 요약을 하는 행동은 구체적이고 전달하기 쉬우며 배우는 사람도 비교적 쉽게 이해하고 수행할 수 있기 때문이다.

반대로 '훌륭한 경청'이라는 개념은 추상적이며, 전달이 어려울 뿐 아니라 이해하거나 수행하기에도 까다롭다.

세일즈 효과성을 개발할 때 가장 중요한 원칙은 행동의 차원에서 작업해야 한다는 것이다. 효과성을 작고, 측정 가능하며, 관찰할 수 있고, 의사소통할 수 있는 요소로 세분화함으로써, 당신은 세일즈 효과성을 유용하고 실천 가능한 용어로 정의할 수 있다.

'행동'의 정의

성공에 중요한 행동을 찾아내는 방법이 뭘까? 기술적으로 최선의 방법은 학자들이 '행동에 기초한(behavior-based)' 방법이라고 부르는 것이다. '행동에 기초한' 방법은 인터뷰나 설문 같은 '의견에 기초한(opinion-based)' 방법과는 구별된다. 앞으로 살펴보겠지만, 세일즈 효과성에 관한 의견은, 우수한 셀러를 대상으로 한 인터뷰에서 얻은 것이든 혹은 설문 조사를 통해 얻은 것이든, 정말로 효과적인 것이 무엇인지에 관한 잘못된 이해를 제공할 수 있다.

반면 행동에 기초한 방법은 더 신뢰할 만한 정보를 제공하는데, 다만 전문가라도 작업하기가 어렵다. 일반인들은 종종 그것을 이해하는 데 어려움을 느낀다. 여러분들은 설문지를 작성하거나 인터뷰에 응한 경험이 있을 것이다. 따라서 의견에 기초한 방법이 어떤 것인지 어느 정도 알고 있을 것이다. 그런데 행동에 기초한 방법은 어떨까? 세일즈 성공과 관련 있는 행동이 어떤 것인지 어떻게 알 수 있을까?

우리가 여기서 설명하는 방법의 첫 단계는 관찰할 행동을 선택하는 것이다. 이는 하나의 질문을 제기한다. "행동이란 무엇을 의미하는 것일까?" 우리는 행동을 관찰 가능한 활동의 단위로 정의한다. 창가에서 뛰어내리는 것은 행동이다. 질문을 하고, 걷고, 먹고, 혹은 안경을 닦는 것도 모두 행동에 속한다. 즉 관찰자는 눈으로 그것이 일어나는 것을 볼 수 있고, 그것은 모두 가시적인 사람의 활동이며, 무언가를 하는 것이다.

반면, 사람의 내부 상태는 행동이 아니다. 행복을 느끼는 것은 행동이 아니다. 아무에게도 티를 내지 않고 혼자 행복감에 젖을 수 있다. 그렇지만 행복을 느껴서 웃거나 미소를 짓는다면 그것은 행동에 속한다. 관찰이 가능하기 때문이다. 이러한 구별이 의미 없는 말장난으로 들릴지 모르지만, 성공적인 세일즈를 조사하고 개발하는 데 대단히 중요하다.

뛰어난 셀러가 어떤 행동을 사용하는지 물었을 때 셀러들은 '진실성'이나 '자신감' 같은 것들을 언급한다. 그런데 이 두 가지는 정의상 행동에 속하지 않는다. 하지만 그것이 중요한가? 분명 진실성이나 자신감 같은 내면적 자질은 너무도 중요한 성공 요소이므로, 행동에 대한 우리의 정의에 들어 맞든 맞지 않든 염려할 필요는 없다. 일단 이 두 가지 자질에 대해 살펴보고, 왜 현 상태로는 효과적인 세일즈의 구성 요소를 설명하는 데 도움이 되지 않는지를 알아보자

진실성

우리가 함께 일한 적이 있는 한 컴퓨터 회사에서는 셀러와 시스템 기술자가 팀을 이뤄 세일즈를 했다. 그 중 한 팀에는 매우 분명한 철학을 지닌 데이비드라는 셀러가 있었다. 그는 솔직히 사실을 털어놓았다. "급여가 제일 많기 때문에 전 이 회사를 선택했습니다. 글쎄,

저희 제품이 가장 좋다고는 생각하지 않아요. 가격이 비싼 게 사실이고, 제품 자체도 경쟁사와 별반 차이가 없어요. 이 회사에서 일을 한지는 2년이 되었어요. 나중에 돈을 많이 벌면 다른 곳으로 옮길 생각입니다. 저는 고객에 대해서도 관심이 없습니다. 그저 나에게 얼마가 떨어질지만을 생각하죠. 계약을 따낼 수 있다면 전 무슨 일이든, 무슨 말이든 할 준비가 되어 있어요."

그와 함께 일하는 시스템 기술자 앨런은 데이비드와는 다른 마음가짐으로 세일즈에 임한다. 그는 이렇게 말했다. "저는 저희 회사와 제품이 정말 우수하다고 믿습니다. 또 고객에게도 최선을 다하려고 노력합니다. 전 이 일을 8년 동안 했는데 언제나 고객이 우선이었어요. 저는 세일즈의 성공은 고객에게 도움을 주려는 진실된 바람에서 비롯된다고 믿습니다."

과연 두 사람 가운데 그토록 중요한 '진실성(sincerity)'이라는 자질을 갖춘 사람은 누구일까? 분명 8년 동안 이 회사에서 일했고, 뻔뻔스러운 데이비드보다 30퍼센트나 적은 급여를 받는 앨런일 것이다. 그런데 진실성이 얼마나 그의 경력을 발전시켰지 따져보면 이야기는 달라진다. 우리는 고객들에게 앨런과 데이비드를 포함해 그들이 알고 있는 셀러들을 평가해 달라고 부탁을 했으며, 여러 가지 평가 지표 가운데 진실성을 포함시켰다. 그 결과 고객들은 자신의 이익만을 쫓는 데이비드를 착한 앨런보다 더욱 진실하다고 판단했다.

왜 이런 결과가 나왔을까? 이유는 간단하다. 행동으로 나타나지 않는 진실성을 고객은 눈으로 볼 수 없기 때문이다. 우리가 행동의 중요성을 강조하는 것은 바로 이런 이유 때문이다. 이 사례에서 고객은 데이비드와 앨런의 행동을 보면서 나름의 평가를 내렸다. 데이비드는 고객을 만나면 힘 있게 악수를 나누고, 지속적으로 눈을 맞추며, 편안하고 개방적인 태도를 취했다. 그 외에도 관심이 담긴 미소와 안심을 시켜주는 말도 능숙하게 잘했다. 고객들은 데이비드의 그러한 행동을 보았고, 그 행동은 곧 고객의 판단에 영향을 미쳤다.

반대로 앨런은 눈 맞추기를 거부하는 경향이 있었다. 그는 가끔씩 엉뚱한 말을 하는가 하면, "정말로 그건 제가 답변을 드릴 수 없어요" 라고 말하기도 했다. 요컨대 그의 행동은 무언가 숨기고 있다는 듯한 인상을 풍겼고, 따라서 고객들은 그를 진실하지 못하다고 판단했다.

결론은 단순하다. 고객은 눈에 보이대로 판단한다. 그들은 셀러의 진실성을 눈으로 볼 수 없었고, 단지 자신들이 목격한 행동에 비춰 진실성 여부를 추측했을 뿐이었다. 결과적으로 진실한 마음을 지닌 앨런 같은 사람은 진실하지 못한 것처럼 보일 수 있으며, 반대로 데이비드는 진실하다고 여겨지는 행동들을 통해서 자신의 속마음을 감출 수 있었다. 고객은 그들이 눈으로 본 것에 영향을 받으므로 진실하지 않은 데이비드가 더 크게 성공할 수 있었던 것이다.

자신감

성공의 열쇠로 여겨지는 또 다른 자질인 자신감(confidence)에 대해서도 같은 식으로 생각해 보자. 유럽 출신의 최고의 컴퓨터 엔지니어가 특정 모델에 대한 전문가로 고용되었다. 그 엔지니어는 천재였다. 해당 컴퓨터 제품에 대해서는 어느 누구보다도 정통했다. 컴퓨터의 냄새를 맡기만 해도 어느 부분에 이상이 있는지 알아챌 정도였다. 이 회사의 다른 엔지니어들은 그의 실력과 자신감을 대단히 존경했다. 하지만 이 회사의 고객인 대형 항공사의 전산 담당 매니저가 그 엔지니어를 좋게 평가하지 않는다고 말해서 깜짝 놀랐다. 매니저는 이렇게 말했다. "그 사람은 도대체 자기가 무슨 일을 하는지 모르는 것 같더군요. 늘 '이게 문제일 수도 있고, 저게 문제일 수도 있어요' 라고 말하는가 하면, 수시로 이랬다저랬다해요. 자신의 판단에 대해서 확신이 없는 사람을 저는 신뢰할 수가 없습니다." 이 매니저는 고객에게 대안적 가설을 제시하는 것과 같은 엔지니어의 행동 특성을 가지고 그의 자신감과 능력을 평가했다. 즉 그 엔지니어는 자신감이 부족해서 그런 식으로 행동한다고 해석한 것이다.

한편 그 컴퓨터 회사에서 가장 실력이 떨어지지만 고객의 평판이 좋은 한 엔지니어의 경우, 완전히 상반된 예에 속한다. 우리는 호기심에 가득 차 그를 만났다. 그는 실력이 부족했고, 그 사실을 스스로 알고 있었다. 다만 그는 실제 자신의 능력과는 다르게 고객 앞에서 자신 있는 척 행동함으로써 생존하고 성공할 수 있었다.

컴퓨터 보수 작업을 나가면, 그는 우선 고객에게 제품의 결함에 대해 이야기를 듣고서 무슨 말인지 전혀 감을 잡지 못해도 "그렇군요, 어디에 이상이 있는지 정확히 알겠습니다."라고 말하곤 했다. 그런 다음 자신 있게 컴퓨터의 커버를 제거한다. 문제가 간단치 않은 경우에도 그는 고객에게 "이상이 있는 곳을 찾아냈습니다. 하지만 신속하게 기계를 고칠 수 있으려면, 제가 생각해낸 방법이 효과적인지 담당 분야 전문가에게 전화를 걸어 물어 보는게 좋을 것 같군요."라고 말한다. 그런 다음 동료에게 급히 연락해 조언을 청한다. 다시 컴퓨터가 있는 곳으로 오면 그는 차분하게 "전문가들이 문제를 해결하는 동안 다른 부분을 손봐드리겠습니다."라고 말한다. 사실 그는 바로 그때부터 문제를 실제로 진단하기 시작하는데, 고객은 엔지니어가 다른 부분을 추가적으로 정비해주는 줄 알고, 그의 비체계적인 검사와 테스트에 당혹해하지 않았다.

다시 행동으로

위의 사례는 다시 한번 행동의 중요성을 보여준다. 고객은 두 번째 엔지니어가 유럽에서 온 엔지니어보다 자신감이 더 있다고 판단했을 것이다. 아마 두 번째 엔지니어는 고객의 신뢰를 더 많이 받고, 다른 엔지니어보다 대체로 유능하다고 여겨질 것이다. 그렇다면 세일즈에서 자신감이 중요하다고 말할 때 그 의미는 무엇일까? 우리는 실제로 중요한 것은 자신감 자체가 아니라 자신감 있는 사람이 일반적으로 보여주는 행동이라고 말하고 있는 것이다. 자신감과 진실성은 눈에 보이지 않으며, 따라서 행동이 아니다. 그렇다고 해서 진실성과 자신감이 중요하지 않다거나, 혹은 진실송이나 자신감 없이 더 잘 성공한다는 말도 아니다. 다만 진실성이나 자신감이 눈에 보이는 행동으로 표출되지 않으면 세일즈에는 아무 도움이 되지 않는다는 말하고 있는 것이다. 구체적이고 세부적인 행동은 전달 가능하고, 실천 가능하며, 학습 가능하다는 점에서 효과적인 세일즈 수행의 핵심 요소이다.

효과적 세일즈 행동

그렇다면 세일즈 수행에 있어 행동에 대한 정의를 어떻게 시작할 수 있을까? 그것은 쉽지 않은 일이다. 한 극단에는, 행동 상호작용 분석(behavior-interaction analysis)이라는 정밀하고 과학적인 접근법이 있다. 우리는 효과성을 측정하기 위해서 3만 5천 건 이상의 세일즈 상담에 이 행동 분석 기술을 적용해 보았다. 그런데 불행하게도 행동 분석 기술은 세일즈 매니저의 행동을 측정하기에는 적합하지 않았다. 왜냐하면 세일즈 상담에 대한 관찰 표본이 다량으로 필요하고 막대한 비용이 들 뿐 아니라, 전문적인 훈련과 통계를 해석하는 능력까지 요구되기 때문이었다.

다른 한 극단에는 지극히 과학적 도구인 행동 분석과는 정반대되는 추측 방식(guesswork)이 있다. 매니저는 자신의 경험과 직관을 이용해 어떤 행동이 가장 효과적인지 추측해볼 수 있다. 경험과 직관에 근거를 둔 추측의 가치를 무시해서는 안 된다. 학자들은 세일즈 효과성에 대한 '직감적인' 결론을 경시하는 경향이 있는데, 그것이 주관적이고 엄밀한 통계 수치의 뒷받침을 받지 못하기 때문이다. 그렇지만 평생 동안 성공적으로 세일즈를 수행한 사람의 경험에 기초한 직감을 잘못되었다고 말할 근거가 어디에 있는가? 분명 현장에서 특출한 세일즈 실적을 올렸던 세일즈 매니저라면 어떤 통계 자료보다 세일즈 효과성에 관해 더 실질적인 이해를 하고 있을 가능성이 있다.

그런데, 안타깝게도 실상은 그렇지 못했다. 대부분의 세일즈 매니저는 효과적인 세일즈를 가능하게 하는 행동에 대해 부정확한 그림을 갖고 있었다. 뛰어난 셀러 역시 그들과 다를 바가 없었다. 결국 우리는 효과적인 세일즈에 관한 한 경험 많은 사람들의 말을 믿어서는 안 된다는 사실을 깨달았다.

이에 대한 몇 가지 증거를 보도록 하자. 우리는 연구 초기까지만 해도 뛰어난 셀러의 통찰력에 대해 냉소적이지 않았다. 사실 우리의 연구는 뛰어난 셀러들 수십 명을 대상으로 그들이 성공하기까지 어떤 행동을 보였는지를 조사하는 데서 출발했다. 우리가 알아낸 사실은 다음과 같다.

- 성공한 많은 셀러들은 자신들이 성공할 수 있었던 이유가 무엇인지 모르고 있었다.
- 그들이 우리의 요청에 못 이겨 끝내 털어놓은 이야기들은 대부분 성공적인 세일즈에 관한 통념일 뿐이었다.
- 세일즈 상담이 진행되는 현장에 연구원을 보내 관찰한 결과 탑 셀러가 효과적이었다고 말한 것과 실제 그들이 한 것과는 관계가 거의 없었다.

탑 셀러라도 자신이 어떻게 그것을 해냈는지 알지 못한다

셀러들에게 정확한 통찰력이 없다는 사실은 그다지 특이한 일은 아니다. 어떤 분야에서 최고가 된 선수들 중에 자신이 성공할 수 있었던 이유를 정확히 설명할 수 있는 사람은 많지 않다. 우리는 세일즈가 아닌 다른 분야에서 최고가 된 사람들, 즉 올림픽 스키선수, 세계적인 바이올린 연주자, 최고의 풋볼 코치, 인기 배우 등을 상대로 질문을 던졌다. 그들 중 자신의 전문 분야에서 성공할 수 있게 한 특정한 행동을 정확히 설명할 수 있는 사람은 아무도 없었다. "운이 좋았다고 생각해요."라고 배우는 말했다, "올바른 정신자세가 중요합니다."라는 것이 풋볼 코치의 대답이었다.

스키 선수와 바이올린 연주자의 응답은 조금 유익했다. 이 두 사람은 자신에게 수 년 동안 영향을 주었던 구체적 행동에 대해 말했다. 바이올린 연주자는 자신에게 효과가 있었던 행동으로 가만히 서서 연주를 하는 것이 중요했다고 말했다. 그는 어릴 때 '몸을 좌우로 흔들며' 연주를 했다고 한다. 그 후 그가 가만히 선 상태로도 느낌을 유지하면서 연주하는 법을 익히는 데는 몇 년이 걸렸다.

겉보기에 그의 말은 효과성과 관련된 행동의 구체적인 예로 여겨질지 모르지만 좀더 자세히 살펴 볼 필요가 있다. 우리는 다른 뛰어난 바이올린 연주자들과 강사들에게 그에 관해 질문했다. 대체적인 견해는 가만히 서서 연주를 하는 것이 연주자에게 미치는 영향은 무시해도 좋을 정도라는 것이었다. 우리가 처음 만났던 연주자는 실제 바이올린 연주에 미치는 영향이 미미한 행동에 대해 말한 셈이었다. 하지만 그 연주자는 연주 자세를 고치려고 했기 때문에 효과적인 연주를 하려면 자세가 중요하다는 말을 했던 것이다.

우리는 이와 유사한 사례를 여러 차례 접했다. 훌륭한 선수가 자신에게 영향을 준 중요한 행동을 골라내지만, 실제로 그 행동은 아주 사소한 것에 지나지 않는 경우가 많았다. 진정한 기술은 아주 자연스럽게 수행되며, 최고의 선수라도 그 자연스러운 행동이 무엇인지 깨닫지 못하고 구체적으로 지적하지 못하는 것이었다.

이 문제를 세일즈 효과성에 적용해 보자. 최고의 기량을 지닌 셀러가 우리의 요청에 마지못해 자신이 성공할 수 있었던 이유를 말하지만, 종종 정말 중요한 사실보다는 자신이 연습해 왔던 행동을 지적한다. 일례로, IBM 사에서 최고의 실적을 올린 한 셀러는 세일즈 효과성을 향상시키는 자신만의 비결이 상담에서 헛기침을 하지 않는 것이라고 말했다. 그는 헛기침을 하는 버릇이 있었는데, 그것 때문에 고객이 짜증을 낼까봐 신경이 많이 쓰였다고 한다. 혹시라도 고객이 짜증을 내거나 불쾌해하는 기색을 보이면, 그는 헛기침에 더욱 신경이 쓰였고 기침은 더 잦아졌다는 것이다. 한 번은 상태가 너무 나빠져서 의사를 찾아가라는 조언을 고객으로부터 들은 적도 있었다. 그후 음성 조절 훈련을 통해서 이 셀러는 헛기침을 자제하는 법을 익혔고 세일즈 실적도 좋아졌다. 그때부터 그는 음성 조절법을 익힌 것이 헛기침을 다스리는 데뿐 아니라 세일즈 효과성을 향상시키는 데에도 큰 도움이 된다고 믿게 되었다.

우리는 그가 고객과 상담하는 자리에 여러 번 참석했다. 우리가 있는 동안 그는 상담을 하면서 헛기침을 한 번도 하지 않았다. 다만, 상담을 지켜보면서 우리는 그의 뛰어난 질문 기술이 성공의 요인이었다는 점을 알 수 있었다. 질문 기술에 관한 한 우리가 지켜보았던 어떤 셀러보다 뛰어난 실력을 보였다. 자연스럽고 아주 효과적으로 질문을 구사했던 것이다. 그런데도 우리와 상담을 하면서 그는 자신의 질문 기술이 세일즈에 효과적이라는 말을 하지는 않았다. 뛰어난 실력을 지닌 사람들은 자신들이 자연스럽게 하는 것보다는 연습한 것을 성공의 요인으로 꼽는다는 것을 보여주는 예라고 할 수 있다.

우리의 경험에 따르면 뛰어난 셀러는 좀처럼 세일즈 효과성을 개발하는 행동을 정확히 짚어내는 통찰력을 지니지 못하고 있었다. 세일즈 매니저의 경우는 어떨까? 매니저는 셀러들보다 정확하고 객관적인 그림을 그릴 수 있을까? 또 한번 아니라고 대답해야겠다. 대부분의 세일즈 매니저는 과거 세일즈 실적이 뛰어났던 셀러였고, 앞서 언급했던 문제들은 그들에게서도 나타났다. 매니저들 역시 자신이 믿는 성공 요인의 관점에서 세일즈 효과성을 판단한다. 시장이 변화하는 상황이라면 효과성에 관해 매니저가 갖고 있는 그림 또한 너무나 쉽게 구식이 되어버릴 위험이 있었다. 우리는 첨단 분야의 시장에서 이러한 문제로 곤란을 겪는 사례를 흔히 접할 수 있었다.

첨단 분야에 종사하는 매니저들은 과거 일반 제품을 세일즈했고, 경쟁업체라면 무조건 적으로만 여기던 사람들이었다. 지금은 시스템 세일즈를 관리해야 하는 그들은 변화에 어려움을 겪고 있다. 가령, 오늘날의 첨단 분야에서는 경쟁업체를 적으로만 여겨서는 안 된다. 어떤 고객과 거래하면서 서로 경쟁하는 경우도 있지만, 다른 고객과 상대할 때는 긴밀히 협력하는 일도 있다. 매니저가 이러한 변화를 이해하지 못하는 경우, 셀러들에게 경쟁 일변도의 세일즈만을 강조함으로써 그들을 잘못된 길로 인도할 수 있다.

만일 급속하게 변화하는 업종에 종사하는 매니저라면 자신이 겪었던 과거의 경험이 현재에도 타당한지 자문해 보아야만 한다. 과거 자신의 성공을 도왔던 방식이 현재 자신의 셀러에게 실패를 안겨줄 수 있기 때문이다.

좋은 소식

우리는 대형 세일즈 매니저에게 세일즈 효과성을 개발하는 일이 무엇보다 중요하다고 말했다. 우리는 또한 무엇이 효과적인 행동인지에 관해 개인의 경험에 의존해서는 안 된다고 말했다. 우리가 언급한 유일한 대안은 행동 분석 연구이다. 그런데 행동 분석을 실시하려면 수백만 달러의 비용과 수년의 세월, 최상급 학자들의 연구가 필요하다. 평범한 매니저들에게는 그 방법이 도움이 될 수 없다. 그렇다면 그와 같은 극단적인 방법 외에 다른 대안은 없을까? 개인의 경험에 의존하는 것보다 더 객관적이고, 학자들의 연구보다 더 실질적이면서 단순한 방법은 없을까? 다행히 그런 방법이 전혀 없지는 않다.

세일즈 효과성을 정의하는 세 가지 방법

세일즈 효과성을 더 잘 이해하기 위해서 우리는 서로 다른 세 가지 방법 혹은 도구를 활용했다. 표 4.1은 이 세 가지 방법을 요약한 것으로 개인의 경험에 의존할 때 발생할지 모를 위험을 인식하면서 동시에 효과적인 세일즈에 대해 더욱 객관적으로 접근하는 방식이다. 행동이라는 아주 중요한 요소를 정의하는 데 도움을 주는 이 세 가지 도구는 수행자 분석(Performer Analysis), 대비 분석(Contrast Analysis), 상담 분석(Call Analysis)이다. 그러면 지금부터 이 각각의 도구에 대해서 더욱 자세히 알아보자.

수행자 분석

수행자 분석은 이후 소개할 두 가지 방식과 비교할 때 매니저가 가장 손쉽게 활용할 수 있는 방식이다. 다른 두 가지 방식과 마찬가지로 수행자 분석 역시 효과적인 경우와 비효과적인 경우를 비교하는 방식이다. 이 경우 효과성은 최고 수준에 있는 수행자의 행동으로 정의된다. 수행자 분석을 하려면 탑 셀러의 상담을 지켜보면서 평범한

| 표 4.1 | 세일즈 효과성의 분석 도구

도구	정의	유용한 경우
수행자 분석	뛰어난 셀러와 평균적인 셀러의 차이점을 파악, 구체적으로 열거하는 방법	비교적 안정된 시장에서, 수행 성과를 판단할 분명한 기준과 가장 뛰어난 셀러가 있을 때 유용하다.
대비 분석	바람직한 미래 세일즈 수행과 현재 세일즈 수행의 차이점을 파악, 구체적으로 열거하는 방법	제품이나 시장, 전략의 급격한 변화가 셀러의 업무에 상당한 변화를 가져올 때 유용하다.
상담 분석	성공적인 상담과 성공적이지 못한 상담의 차이점을 파악, 구체적으로 열거하는 방법	비교적 안정적인 시장에서 세일즈 성공은 구역 조정이나 흔치 않은 대형 세일즈 건과 같은 개입 변수에 의해 영향을 받는다. 수행 성과의 판단 기준이 불분명하거나 뛰어난 셀러가 존재하지 않을 때 유용하다.

셀러와 어떤 점에서 다른지 확인해야 한다. 이때, 탑 셀러와 저조한 실력의 셀러를 비교하는 것은 유용하지 못하다는 점에 유의하자. 그럴 경우 효과적인 행동보다는 효과적이지 못한 행동에 대해 더 많이 배울 뿐이다. 수행자 분석은 탑 셀러가 보통 셀러와 다른 점이 무엇인지를 찾아내는 데 의의가 있다.

수행자 분석은 세일즈 효과성을 정의하는 방법 가운데 가장 유용하며, 다음과 같은 상황에서 적절히 쓰일 수 있다.

- 탑 셀러가 누구인지 아는 경우. 물론 때로는 탑 셀러가 누구인지 모를 경우도 있다. 예를 들어, 셀러들의 능력이 서로 엇비슷해서 유난히 뛰어난 사람이 없을 수 있다. 하지만 이경우에도

세일즈의 각 과정마다 뛰어난 사람이 있다면 수행자 분석을 시도할 수 있다. 일례로, 홍길동은 제품 설명에 능숙하고, 김선달은 질문 기술이 뛰어나다면, 홍길동을 효과적인 제품 설명의 실력자로, 김선달은 탐색 기술의 실력자로 볼 수 있다.

- 장차 시장에 급격한 변화가 예상되지 않는 경우. 탑 셀러들은 기존 시장에서 과거의 방식으로 뛰어난 성과를 거두었다. 만일 시장에 중대한 변화가 일어날 경우 과거 뛰어난 성과를 거둔 셀러라 하더라도 계속해서 좋은 성과를 거둔다는 보장이 없다. 이때에는 대비 분석을 활용하는 것이 더 낫다.

수행자 분석의 전제 조건

수행자 분석은 탑 셀러와 보통 실력의 셀러를 비교하는 방식이다. 수행자 분석은 지금 소개하는 세 가지 방법 중에서 가장 쉬우며, 다음의 세 가지 전제 조건이 갖추어져 있을 때 큰 효과를 볼 수 있다.

- **명확한 성과 기준**: 탑 셀러가 누구인지 판단하는 객관적인 기준이 정해져 있어야 한다. 사실 객관적 기준을 정하기란 쉽지 않다. 경우에 따라서는 어떤 셀러가 성공을 거둔 이유가 그의 세일즈 실력보다는 담당 구역이 좋기 때문일 수도 있다. 결과적으로 세일즈 실적은 가장 뛰어난 셀러를 고르는 충분 조건이 아니다.

- **최고 실력을 갖춘 셀러**: 수행자 분석은 평범한 셀러들 가운데 월등한 한 사람이 있을 때 가장 쉽게 적용할 수 있다. 하지만 뛰어난

| 표 4.2 | 수행자 분석

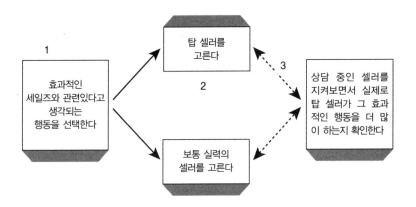

셀러를 찾기 어렵다면, 세일즈 과정의 각 분야마다 가장 적절한 사람을 선택할 수도 있다. 예를 들어, 세일즈 기술은 평범하지만 제안서 작성에 두각을 나타내는 셀러가 있을 수 있다. 기술적 지원에 능한 다른 셀러도 있을 수 있다. 서로 다른 재능을 지닌 여러 사람들을 합쳐서 최고의 실력자로 보는 방식이다.

• 안정된 시장: 탑 셀러는 기존 시장에서 효과적으로 일했기 덕분에 성공을 거두었다. 만일 시장이 급속히 변화하고, 그래서 과거에 통하던 방식이 미래에는 더이상 효과적이지 않다면 대비 분석을 이용하는 것이 더 낫다. 수행자 분석은 현재의 성공 요인이 미래에도 성공 요인으로 작용하리라는 가정에서 출발한다.

수행자 분석을 실행하는 단계를 알아보자.

1. 탑 셀러를 선정한다: 가능한 한 명 이상의 뛰어난 실력을 보이는 셀러를 고른다. 앞서 말했듯이 성공의 이유가 기술 때문이 아니라 단순히 담당 구역이 좋았기 때문이어서는 안 된다. 여러 구역에서 효과적으로 세일즈를 했다는 근거가 있거나, 같은 구역에서 이전 셀러보다 월등한 세일즈 실적을 올린 셀러를 찾아 보자.

2. 보통 실력의 셀러를 고른다: 탑 셀러와 비교할 대상이 실적이 저조한 셀러는 안 된다. 우리는 탑 셀러와 열등한 셀러를 비교하는 식의 연구를 자주 목격했다. 그러한 연구는 거의 언제나 우수한 행동보다는 잘못된 행동에 대해 더 많은 것을 가르쳐주는 결과를 낳았다. 탑 셀러와 열등한 셀러를 비교했을 때, 최종적인 결론은 열등하지 않기 위해서 어떤 행동을 하지 말아야 하는지에 대해서만 알게 된다. 물론 그 결과가 매우 흥미로울 수는 있겠지만, 결국 그런 방식으로는 세일즈 효과성을 향상시키는 구체적인 행동이 무엇인지에 대해서는 아무것도 알 수 없다.

예를 들어 탑 셀러와 실적이 저조한 셀러를 비교했을 때, 탑 셀러는 상담이 끝난 후 확인 전화를 하는 반면, 실적이 저조한 셀러는 확인 전화를 하지 않는다. 이것의 결론은 무엇일까? 확인 전화를 하는 것이 탑 셀러의 특징인가? 그렇지 않다. 보통 셀러도 대부분 상담이 끝난 후 확인 전화를 한다. 따라서 확인 전화를 하는 것을 탑 셀러의 특징으로 꼽을 수는 없다. 다만 확인 전화를 하지 않는 것은 열등한 셀러의 특징일 뿐이다.

논의를 좀 더 진행해 보자. 보통 실력의 셀러와 탑 셀러 모두는 상담이 끝난 후 확인 전화를 했다. 그렇다면 탑 셀러의 확인 전화는 뭔가 다른 점이 있을까? 탑 셀러의 확인 전화에 관해 조사했을 때, 우리는 탑 셀러가 세일즈를 진전시키는 조치를 가지고 후속 작업을 한다는 것을 알 수 있었다. 보통 셀러는 고객에게 전화를 걸어 감사를 전하거나, 상담 내용만을 확인하는 식이었다. 탑 셀러는 엔지니어가 고객에게 방문하게 한다거나 새로운 정보를 전해주거나, 혹은 다음 번 미팅의 약속을 정하는 식의 조치들을 가지고 후속 작업을 했다.

탑 셀러와 보통 셀러를 비교함으로써 우리는 효과적인 후속 작업의 특징은 거래를 진전시키는 일정한 조치가 이루어진다는 사실을 알 수 있다. 만일 열등한 셀러를 비교 대상으로 삼았더라면 그러한 중요한 차이점을 놓쳐버렸을 것이다. 이 사실은 매우 중요하다. 탑 셀러를 보통 셀러와 비교할 때 더 많을 것을 배울 수 있다.

3. 주요 기술에 대한 최초 추측을 제시한다: 일단 탑 셀러와 보통 셀러가 누구인지 정했다면, 이제 탑 셀러와 보통 셀러의 행동에 어떤 차이가 있는지 추측해야 한다. 최초 추측의 목적은 셀러의 실제 세일즈 과정을 지켜볼 때 어떤 점에 주의를 기울여야 하는지 알려주는 것이다. 우선 탑 셀러에 대해 생각해 보라. 이들이 다르게 행동하는 모든 것을 리스트로 만들어 보자. 표 4.3은 전형적인 최초 추측 리스트의 예를 보여준다.

최초 추측은 효과적인 세일즈가 어떤 모습일지 대략적인 윤곽을 제시한다. 표 4.3의 예가 보여주는 것처럼, 이러한 내용은 세일즈 효과성을 향상시키기 위해 사용할 만큼 충분히 상세하지 않다. 예를 들어 '임팩트 있는 질문을 던진다'와 같은 항목이 유용성을 가지려면 훨씬 더 상세하게 정의되어야만 한다. 과연 '임팩트'가 의미하는 것

| 표 4.3 | 수행자 분석 - 최초 추측

탑 셀러	보통 셀러
질문을 계획한다.	제품 설명을 계획한다.
대형의 전략적 세일즈에 초점을 맞춘다.	손쉬운 세일즈에 주력한다.
경쟁 업체가 다르면 다른 전략을 구사한다.	한 가지 전략만을 사용한다.
신속하게 상담의 본론으로 들어간다.	상담의 서론 부분에 시간을 많이 쓴다.
임팩트 있는 질문을 던진다.	초점이 없거나 종종 의미 없는 질문을 던진다.
상담 초반에는 제품에 관해 상세히 말하지 않는다.	상담 초반부터 성급하게 제품 설명을 시도한다.
고객에게 중요하지 않은 제품의 기능은 굳이 말하지 않는다.	제품의 특성과 장점을 고객에게 모두 이야기 한다.
다음 조치와 공동의 행동 계획에 동의한 뒤 상담을 끝낸다.	종종 합의된 조치 없이 상담을 끝낸다.

은 무엇인가? 어떤 종류의 질문인가? 수행자 분석의 다음 단계에서 우리는 이런 질문에 답변하는 데 필요한 세부 사항을 제공해야 한다.

4. 최초의 관찰을 실시한다: 다음 단계는 셀러와 함께 상담에 참여해 그들이 어떻게 행동하는지 살펴보는 것이다. 최초 추측은 사무실에 앉아서 했다면, 그 다음 단계에서는 고객의 사무실로 가서 셀러의 행동을 지켜보아야 한다. 매니저는 상담 과정에서 침묵을 지키는 것이 무엇보다 중요하다. 다음 장에서 살펴보겠지만 상담에 참여해 침묵을 지키는 것이 어떤 세일즈 매니저들에게는 무척 힘든 일일 수도 있

다. 매니저는 탑 셀러와 보통 셀러들의 상담을 모두 지켜보아야 한다. 초기 관찰을 마쳤다면 다음 세 가지 물음에 답해야 한다.

- 최초 추측에서의 탑 셀러와 평균의 셀러 간의 차이가 실제 상담에서도 나타나는가? 예를 들어, 탑 셀러는 신속히 본론을 꺼내는 반면, 보통 셀러는 서론 부분에 많은 시간을 허비할 거라는 최초 추측이 있었다. 과연 그 추측은 사실인가? 몇몇 상담을 지켜보면서, 탑 셀러가 신속히 본론을 꺼내리라는 최초 추측이 이론상으로는 그럴 듯하지만 실제로는 그렇지 않다는 것을 확인할 수도 있다. 그럴 경우 그 항목을 목록에서 지워야 한다. 수행자 분석을 시도하는 매니저 대부분은 자신이 작성한 최초 추측 항목 가운데 3분의 1이 실제와 다르다는 사실을 발견한다.

- 빠뜨린 부분은 없는가? 실제 상담을 지켜보면서 최초 추측에서 빠뜨린 중요한 사항을 발견하는 경우도 있다. 예를 들어 탑 셀러의 저항 처리 방법이 예상과 다르다거나, 기술적 문제에 시간을 적게 들인다는 사실을 발견할 수도 있다. 상담을 지켜보면서 새로운 항목을 추가할 수도 있다.

- 탑 셀러는 어떤 행동을 하는가? 실제 상담을 관찰하는 가장 중요한 이유는 탑 셀러가 보여주는 구체적인 행동을 정의하기 위해서이다. 앞서, 탑 셀러는 임팩트 있는 질문을 구사한다고 말했다. 실제 상담에서 탑 셀러가 제기하는 질문을 들을 때, 그러한 임팩트가 실제 어떤 것인지에 관해 분명한 개념을 갖고 있어

야 한다. 일례로 보통 셀러는 기술적인 세부사항을 묻는 반면, 탑 셀러는 고객이 겪는 문제에 관해 질문을 할 수도 있다. 이 경우 행동의 측면에서 '임팩트'를 정의할 수 있다.

5. 리스트를 특정한 행동의 형태로 표현한다: 실제 상담을 지켜보면서 탑 셀러가 다르게 행동하는 부분을 더 분명하게 인식해야 한다. 즉 '임팩트 있는 질문을 한다'라는 항목은 "고객의 사업상의 문제에 대해 질문한다"라는 식으로 더 정확하게 바꿀 수 있다. 행동 리스트는 사실상 세일즈 효과성이 의미하는 것에 대한 당신의 정의(definition)이다. 이 작업은 구체적일수록 좋다. 정말로 좋은 리스트를 작성하는 것은 쉬운 일이 아니다. 당신은 아마도 여러 번 다시 작성을 해야 할 것이다. 그리고 숙달이 될수록 점차 나아지게 될 것이다. 중요한 것은 우선 시도해 보는 것이다. 비록 그 결과가 완벽하지 않을지라도, 그것은 단지 자신의 경험에만 의존하는 것보다는 세일즈 효과성에 관한 보다 정확한 인식을 제공할 것이다.

6. 행동 리스트를 사용해 셀러들의 행동을 진단한다: 세일즈 효과성을 정의하는 상세한 행동 리스트를 작성했다면 그것을 실제적인 관리 도구로 활용할 수 있다. 셀러들의 행동을 관찰한 후 다음과 같이 자문해 보라. "리스트에 있는 행동들 중 어느 것을 셀러들이 하고 있는가? 셀러들에게 훈련이 필요한 행동은 어떤 것인가? 코칭을 하면서 중점을 둬야 할 행동은 무엇인가?" 당신은 효과적인 업무 수행을 정의하고 셀러들 간의 업무 수행의 차이를 진단하기 위해 이러한 종류의 체계적인 접근법을 사용하면 할수록, 세일즈 효과성이 정말로 의미하

는 것과 셀러들의 효과성 향상을 돕는 방법에 대해 더 명확하게 이해하게 된다는 사실을 발견할 것이다.

대비 분석

두 번째로 다룰 대비 분석은, 제품, 경쟁업체, 고객층, 혹은 전략 등이 급격히 변화할 때 사용하는 도구이다. 대비 분석은 셀러의 현재 세일즈 방식과, 새롭게 변화한 환경에서 성공하기 위해서 써야 할 세일즈 방식을 비교한다. 의료기기 세일즈의 경우를 보면 대비 분석의 효과를 파악하는 데 도움이 된다. 과거 의료기기 업체는 병원의 기술 부서를 상대로 세일즈를 했다. 그런데 의료 분야의 획기적인 변화로 인해 구매 결정권은 오랫동안 관계를 맺어 온 기술 부서가 아니라 병원의 관리 부서로 넘어갔다. 이 경우 대비 분석을 활용해서 기술 중심의 기존 세일즈와 재무적 요인을 중시하는 앞으로의 세일즈를 비교할 수 있다.

이러한 변화는 세일즈 사이클 전반에 영향을 끼친다. 예를 들어 재무적 요인이 중요한 세일즈라면 고객의 니즈를 개발하기 위해 다른 질문이 요구되며, 다른 방식의 저항이 제기될 것이고, 다른 이점을 제공해야 한다. 대비 분석은 앞으로 있을 변화에 관한 것이기 때문에 가설에 의존하는 경우가 많다. 셀러의 행동을 실제로 지켜보면서 결론을 이끌어내는 수행자 분석과는 달리, 대비 분석은 '최선의 추측(best guess)'을 하는 접근 방법을 사용한다. 대비 분석의 목표는 당신의 사고가 변화와 그것이 효과성의 측면에서 의미하는 바에 초점을 맞추게 하는 것이다.

| 표 4.4 | 대비 분석

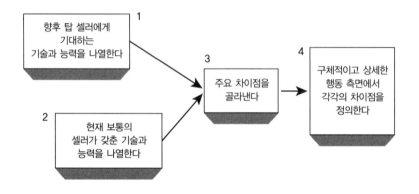

대비 분석이 유용한 상황

대비 분석은 다음과 같은 때 가장 유용하다.

누가 가장 뛰어난 셀러인지 알 수 없을 때: 세일즈 조직에서 셀러들의 능력을 모른다고 하면 이상하게 들릴지 모른다. 하지만 그런 경우가 실제 존재하고, 그것이 큰 문제인 경우를 우리는 자주 보아왔다. 때로는 셀러의 경력이나 담당 구역이 세일즈 실력보다 판매 실적을 더 크게 좌우하기도 한다. 세일즈가 급속히 성장하는 조직의 경우도 마찬가지이다. 몇 년 전 우리는 제록스와 함께 일한 적이 있는데, 당시 제록스는 세계적인 기업으로 성장하고 있었다. 제록스 제품에 대한 수요가 워낙 많았기 때문에 제품 주문을 얼마나 신속히 처리하는지가 성공의 요인으로 여겨질 정도였다. 그런 상황에서 제록스 경영진이나 우리나 가장 뛰어난 셀러가 누구인지 알 수 없었다. 실력이 뛰어난 셀러를 찾지 못하면 수행자 분석을 활용할 수 없으며, 따라서 대비 분석의 수정된 형태가 효과성을 정의하는 최선의 도구가 된다.

시장이나 제품에 급격한 변화가 생겼을 때: 대비 분석은 향후의 세일즈 팀이 현재의 세일즈 팀과는 전혀 다르게 행동해야 하는 조직에서 세일즈 효과성을 정의하는 최선의 기술이다. 전형적인 예로 고객층이 변하거나 신 제품 생산으로 세일즈 방식에 변화가 필요할 때 사용한다.

대비 분석을 수행하는 전형적인 단계를 알아보자.

1. 향후 요구될 세일즈 기술과 능력의 리스트를 작성한다: 대비 분석의 첫 단계는 향후의 세일즈가 요구하는 기술을 열거하는 것이다. 이 작업은 향후 어떤 식으로 세일즈가 이루어져야 하는지 알 수 없기 때문에 상당히 어렵게 느껴진다. 예를 들면, 새로운 고객에게 획기적인 제품을 판매한다고 가정해 보자. 비록 새로운 제품을 효과적으로 팔기 위해서 어떤 기술이 요구되는지 정확하게 알 수는 없어도, 합리적인 추측을 할 수는 있다. 바로 이 점이 대비 분석의 특징이다. 향후 요구될 기술을 정의할 때는 다음의 세 단계 방식을 취하는 것이 좋다.

- 우선, 고객이 앞으로 나올 제품을 얻기 위해 어떻게 구매 결정을 할지에 관해 추측한다.
- 그런 다음, 그 제품을 팔기 위해서 셀러가 해야 한다고 생각되는 과제들을 열거한다.

- 마지막으로, 미래의 셀러가 그러한 과제를 효과적으로 수행하는 데 필요한 행동들을 열거한다.

표 4.5는 이러한 각 단계를 수행한 예이다. 여기에서 셀러가 취급하는 제품은 혈액 분석기이다. 현재의 셀러들은 단가가 낮은 제품을 세일즈하고 있으며, 새 제품의 복잡한 성능에 대해서는 잘 알지 못한다. 장차 셀러에게 요구되는 기술을 구체적으로 열거하기 위해서 이 회사의 세일즈 매니저들은 다음과 같은 작업을 수행했다.

- **고객의 의사결정 절차를 기술한다**: 우선 세일즈 매니저들은 의사들이 혈액 분석기를 구매하기 위해 거치는 절차에 대해 개략적으로 적었다. 이러한 절차는 의료 분야의 구매 과정에 특정한 것임을 유의하라. 그들은 전국병원협회와의 미팅이나 DRG(포괄수가제) 조건 같은 것들도 언급했다. 대비 분석이 유용하려면 구매 절차가 매우 구체적이어야 한다. '공급업체들을 파악하고, 업체를 선택하고, 구매 결정을 내린다' 라는 식의 일반적인 접근은 피해야 한다. 대신에 당신의 시장에 특정한 구매 결정 과정을 기술해야 한다.

- **세일즈 과제를 기술한다**: 의사결정 절차를 적은 다음, 세일즈 매니저들은 그들의 셀러가 고객의 의사결정 절차에 영향을 미치기 위해 수행해야 할 과제를 적었다. 가령, 고객의 의사결정 절차 가운데 '의사는 병원의 구매 위원회에 낼 요청서를 준비한다' 라는 항목이 있다. 이 경우 세일즈 과제는 '의사가 지출의 타당성

| 표 4.5 | 대비 분석 - 향후 요구되는 기술과 능력을 정의하는 절차

고객의 구매 결정 절차	각 절차에서의 세일즈 과제	미래의 셀러에게 요구되는 효과적 행동
의사는 의학 컨퍼런스에서 새 혈액 분석기에 대한 정보를 접한다.	제품 설명회나 의료용품 박람회를 통해 제품 발표나 시연을 한다.	쇼맨십과 유머를 발휘해 생동감 있게 제품을 소개한다. 혈액 분석기의 특징보다는 의사에게 실제 도움이 되는 부분을 집중 부각시킨다.
의사는 혈액 분석기가 니즈에 맞는지 평가한다.	재품에 대한 니즈를 개발하고, 혈액 분석기가 해결할 수 있는 문제를 찾아낸다.	기존 제품의 문제점이 무엇인지 묻는다. 신제품 설명에 앞서 그것에 대한 니즈를 개발한다.
의사는 병원의 구매 위원회에 보낼 구매 요청서(RFP)를 작성한다.	의사가 비용을 정당화하는 것을 돕는다.	혈액 분석기의 필요성을 어떤 식으로 강조해야 하는지 의사에게 알려준다.
구매 위원회는 일정 자격을 갖춘 업체에 입찰 요청서를 보낸다.	병원 관리자와 접촉해 제품의 요구 조건에 영향을 미친다.	입찰 요청서가 외부로 발송되기 전, 관리자의 사무실을 방문해 제품의 요구 조건에 영향을 미친다.
구매 위원회는 심사 조건을 충족하는 승인된 업체를 인터뷰한다.	구매 위원회에 자사 제품이 요구 조건을 충족시킨다는 사실을 보여준다.	혈액 분석기가 어떻게 입찰 요청서의 기준을 충족시키는지를 보여주는 프리젠테이션을 한다.
구매 위원회는 (대개) 두 개 업체에게 승인을 준다.	자사의 혈액 분석기를 경쟁사 제품과 차별화한다.	혈액 분석기를 경쟁사 제품과 차별화하고, 그것의 높은 가격을 정당화하는 특별한 특성의 중요성을 보여준다.
의사는 최종 구매 결정 전에 해결해야 할 염려 사항을 가지고 있을 수 있다.	의사를 안심시킨다.	의사가 결정을 망설이는 이유를 알아내고, 그것의 해결을 돕기 위해 새 혈액 분석기를 이미 사용하는 다른 병원을 방문하거나 그것의 성능에 만족하는 다른 의사와 만나도록 주선한다.
기술 직원에 대한 훈련을 실시한다.	병원 기술자를 훈련시킨다.	기술 훈련을 제공하면서 그것을 병원 기술자에게 세일즈하는 기회로 삼는다.

을 설명할 수 있게 돕는다'가 될 수 있다. 물론 이러한 세일즈 과제가 실천 가능한 효과적 행동을 제공하기에는 너무 포괄적인 면이 있지만, 그래도 매니저는 세일즈 과제를 기술함으로써 신제품을 세일즈하기 위해 무엇을 해야 하는지에 대한 최초의 개략적인 설명을 제공하였다. 다음 단계는 세일즈 과제를 더욱 세분화하는 것이다.

- **효과적인 행동을 파악한다**: 마지막 단계에서 매니저들은 각각의 세일즈 과제에 대해 미래의 셀러들이 효과적으로 대응하기 위해 필요한 행동들을 열거했다. 이 사례에서 세일즈 과제는 '제품에 대한 프리젠테이션을 하는 것'과 의료기기 박람회에서 제품을 소개하는' 것이었다. 이 과제를 행동으로 전환하기 위해 매니저들은 자신에게 "유능한 셀러라면 어떻게 제품을 설명할까?"라는 질문을 해야 했다. 논의를 거친 끝에 매니저들은 효과적인 프리젠테이션이나 설명회가 되려면 무엇보다도 의사들의 관심을 끌어야 한다는 데 의견 일치를 보았다. 그리고 그것은 다음 사항을 필요로 했다. 1) 생동감 있게 진행하라. 그렇지 않으면 의사들이 지루해 하고 자리를 뜰 것이다. 2) 관심을 유도하고 경쟁사와 차별화하기 위해 쇼맨십과 유머를 사용하라.

이는 매니저들로 하여금 '쇼맨십과 유머를 사용해 설명회를 생동감 있게 진행한다'와 같은 효과적인 행동을 기술할 수 있게 했다.

2. 이러한 기술과 능력의 측면에서 현재의 셀러들을 평가한다: 대비 분석의

다음 단계는 미래 셀러들의 효과적인 행동과 현재 셀러의 행동을 비교하는 일이다. 다시 한번 강조하는데, 이때 현재 셀러의 행동은 열등한 셀러가 아니라 보통 실력의 셀러가 행동하는 방식을 기술하는 것이 유용하다. 때때로 기존 셀러들이 새로운 시장에서 세일즈한 경험이 없기 때문에 보통 셀러가 어떻게 행동할지 알기 어려울 수도 있다. 이런 경우에는 추측을 해야 한다. 미래의 탑 셀러와 비교할 때 과연 보통 셀러들은 어떻게 행동할까? 셀러들이 아직 혈액 분석기를 세일즈해 보지 않았기 때문에 실제로 그들이 어떻게 행동할지는 정확히 알 수 없다. 하지만 우리는 보통 셀러들이 유사한 의료기 시장에서 더 단순한 제품을 세일즈하면서 어떻게 행동하는지 알고 있다. 우리는 현재의 세일즈 활동에 대한 지식을 활용해 새로운 시장에서 보통 셀러들이 어떤 식으로 행동할지 나름의 추측을 할 수 있다.

3. 현재 셀러와 미래 셀러의 행동에서 가장 중요한 차이점을 파악한다: 표 4.6에서 보듯이, 현재 셀러와 미래 셀러의 효과적인 행동에는 상당한 차이가 있다. 병원측에 제품 사용법을 지도하는 것을 제외하고는, 기존 셀러와 미래 셀러의 행동 간에는 큰 차이가 있다. 도표에 나타난 차이점들은 아주 중요하다. 어느 한 가지라도 충분히 수행하지 못하면 거래를 성사시키지 못할 가능성이 있다. 새 혈액 분석기를 성공적으로 세일즈하기 위해서 매니저는 그러한 수행의 차이를 최대한 줄이도록 노력해야 한다. 도표에 나온 예를 하나 들어 보자. 현재의 셀러는 가격 이점이 있는 경우에만 제품 판매를 성공적으로 수행할 수 있다. 하지만 새 혈액 분석기는 고가이며, 유능한 셀러라면 그 비싼 가격을 정당화할 수 있어야 한다. 가격 문제는 현재의 셀러들 대부분이

| 표 4.6 | 대비 분석 - 현재와 미래의 세일즈 행동 비교

세일즈 과제	미래 셀러의 효과적 행동	현재 셀러의 행동
제품 설명회나 의료기기 박람회를 통해 제품 설명이나 시연을 한다.	쇼맨십과 유머를 사용해 생동감 있게 제품을 소개한다. 혈액 분석기의 특성보다는 의사에게 어떻게 도움이 되는지에 초점을 맞춘다.	제품 설명이나 시연을 통해 기술적 정보를 제공한다. 수많은 특성을 언급한다.
제품에 대한 니즈를 개발하고, 혈액 분석기가 해결할 수 있는 문제를 찾아낸다.	기존 제품의 문제점이 무엇인지 질문한다. 제품에 관해 이야기하기 앞서 니즈를 개발한다.	제품 전반을 설명한다. 고객이 물어오기를 기다릴 수 없어 먼저 제품에 관해 이야기한다.
의사가 비용을 정당화하는 것을 돕는다.	혈액 분석기의 구입 비용을 정당화하는 방법을 의사에게 알려준다.	비용 문제를 정당화하도록 일반적이고 진부한 조언을 제공한다.
병원 관리자와 접촉해 제품의 요구 조건에 영향을 미친다.	입찰 요청서가 외부로 발송되기 전, 병원 관리자를 방문해 요구 조건에 영향을 미친다.	고객이 요청할 때까지 기다린다.
구매 위원회에 자사 제품이 요구 조건을 충족시킨다는 것을 보여준다.	혈액 분석기가 입찰 요청서 기준을 충족하거나, 더 월등하다는 사실을 보여주는 프리젠테이션을 한다.	제품 프리젠테이션에 익숙하지 않아 평범하고 진부한 소개에 그친다.
자사의 혈액 분석기를 경쟁사 제품과 차별화한다.	혈액 분석기를 경쟁사 제품과 차별화하고 그것의 높은 가격을 정당화하는 특별한 특성의 중요성을 보여준다.	가격 경쟁력이 있을 때는 무난히 세일즈를 한다. 경쟁사의 제품이 더 싼 경우 자사 제품의 차별성을 부각시키지 못한다.
의사를 안심시킨다.	의사가 결정을 망설이는 이유를 알아내고, 그것의 해결을 돕기 위해 이미 새 혈액 분석기를 사용하는 다른 병원을 방문하거나 그것의 성능에 만족하는 다른 의사와 만나도록 주선한다.	대처하기 까다로운 문제는 모른 체하거나, 문제가 존재하지 않는 척한다. 의사가 의심을 제기하면 "나를 믿으라"고만 말한다.
병원 기술자를 훈련시킨다.	기술 훈련을 제공하면서 병원 기술자에게 세일즈하는 기회로 활용한다.	기술 훈련만을 제공한다.

대처하기 어려운 문제일 수 있다. 셀러들의 효과성을 높이려면 매니저는 유능한 셀러가 어떻게 비싼 가격을 정당화하는지에 대해 구체적으로 제시할 수 있어야 한다.

4. 구체적이고, 세부적인 행동의 측면에서 차이점을 정의한다: 이제 대비 분석의 마지막 단계에 이르렀다. 지금까지는 대략적인 행동의 차이점을 확인했다. 이제 그 차이를 줄이기 위해 구체적인 수준에서 접근해 보아야 한다. 비용 타당성의 경우 미래의 유능한 셀러가 혈액 분석기의 비싼 가격을 정당화하기 위해서 구체적으로 어떤 행동을 하는지 이해할 필요가 있다. 이 과제는 결코 쉽지 않다. 만일 수행자 분석을 시도했다면 탑 셀러가 어떤 식으로 상담에 임하는지 볼 수 있었을 것이다. 그런데 아직 판매해 본 적이 없는 혈액 분석기에 대해서는 실제 세일즈 행동을 목격하지 못했다. 그렇다면 매니저는 이 경우 혈액 분석기의 비싼 가격을 정당화하기 위해 어떤 행동에 중점을 둬야 할까? 이론적으로는 몇 가지 방법들을 활용할 수 있다.

- 다른 고가 제품을 세일즈하는 사람들의 방식을 관찰한 후, 그 결과를 토대로 가장 효과적인 행동 방식이 어떤 것인지 알아낸다.
- 고가 제품의 세일즈 기술을 연구하는 학자의 연구에 의존한다.
- 매니저들이 함께 모여서 고가 제품의 가격 정당화 방법에 대해 서로의 경험을 모은다.

매니저들은 이러한 모든 방법을 적용해 보았다. 회사 내의 다른 부서에서는 경쟁업체보다 고가의 기기를 판매하고 있었기 때문에, 매니저들은 그 부서에서 실적이 좋은 셀러들이 어떻게 행동하는지를 관찰했으며, 그 부서의 세일즈 매니저와도 가격 정당화에 관해 이야기를 나누었다. 한편, 고가 제품의 판매와 관련된 세일즈 효과성 모델을 기술한 책들도 참고했다. 마지막으로 매니저들이 함께 모여서 서로의 경험을 비교하고, 가격 프리미엄을 정당화할 수 있는 효과적 행동에 관한 리스트를 작성했다. 그들이 선택한 행동 중에는 다음과 같은 것이 있다.

- **가격 논의를 미룬다**: 유능한 셀러의 경우 상담 시작부터 가격 논의에 들어가지 않고, 대신 새 혈액 분석기에 대한 고객의 강한 니즈를 구축하고 비싼 가격의 타당성을 고객이 받아들일 수 있을 때 가격 문제를 꺼낼 것이다.

- **부가 가치 요소에 대한 고객의 니즈를 개발한다**: 성공적인 미래의 셀러는 경쟁사와 차별화하고 프리미엄 가격을 정당화하는 새 혈액 분석기의 특별한 성능에 대한 고객의 니즈를 선택적으로 개발할 것이다.

- **총비용을 정의한다**: 유능한 셀러는 새 혈액 분석기를 구입했을 때 병원이 절감할 수 있는 총비용을 따진다. 구형 제품을 사용할 때는 인건비, 반복 실험비, 결과 분석비 등 추가비용이 소요되었다. 그런데 새 혈액 분석기는 인건비를 줄여주고, 반복 실험이 필요치 않고, 의사가 따로 결과 분석을 할 필요가 없으므로, 경쟁사의 구형 제품을 사용할 때보다 총비용이 줄어들 것이다.

이 사례 연구에 참가했던 매니저들은 새 제품에 대한 세일즈 효과성을 정의할 수 있게 되었다. 즉, 현재와 미래의 세일즈 수행의 차이를 확인하고, 셀러들을 코치하고, 미래 시장에 요구되는 새로운 기술을 개발하는 데 필요한 특정한 행동들을 알게 되었다.

이 사례에서 유용한 결론을 이끌어내는 데는 매니저들의 상당한 노력이 필요했다. 그들은 수백만 달러의 세일즈를 성사시켜야 하므로 그만한 노력의 가치가 있었다. 그런데 이 글을 읽는 여러분들은 세일즈 매니저로서 대비 분석을 실제 활용할 수 있을까? 겉보기에 대비 분석은 너무 복잡하고 정교해 보인다. 과연 그 어려움을 무릅써야 할 만큼 가치가 있을까? 물론 우리는 이 물음에 대해서 대비 분석이건 수행자 분석이건 간에 "그렇다"라고 대답할 것이다. 하지만 앞서 우리가 했던 만큼 상세히 할 필요는 없다. 예를 들어, 이번에 회사에서 신제품을 도입했고, 전혀 다른 고객들을 상대로 판매해야 한다고 가정해 보라. 당신은 한 시간 안에 대비 분석을 해 볼 수 있다.

1. 장차 요구될 기술과 능력에 대해 기술한다: 당신의 상황에 맞게 표 4.5와 같은 것을 간단히 작성할 수 있다. 우선 고객이 새 제품을 구매하는 의사결정 절차를 적어 보자. 그런 다음, 세일즈 단계를 나열하고, 그 각각의 단계에서 미래의 유능한 셀러가 어떻게 행동할지 적어 보자. 미래에 세일즈 효과성이 의미하는 것을 개략적으로 작성하는 데는 30분이면 충분하다.

2. 이러한 기술과 능력 측면에서 현재 셀러들을 평가한다: 그런 다음, 현재의 셀러들에 대해 생각해 보자. 그들이 신제품을 세일즈하는 것을 상

상하면서, 그들이 어떻게 행동할지 기술하라. 표 4.6에 나온 이러한 절차는 비교적 작성하기가 쉬우며 10분이면 충분하다.

3. 현재 셀러와 미래 셀러의 차이점을 확인한다: 현재의 셀러가 과연 미래의 우수한 셀러와 어떤 점에서 차이가 있을지 따져보자. 이 절차도 몇 분이면 될 것이다. 사실 그 차이가 사소하고 몇 개 되지 않을 수도 있다. 그렇다면 현재의 셀러는 장차 신제품을 성공적으로 세일즈할 가능성이 크다고 볼 수 있다. 한편 그와는 달리 상당한 차이가 있다면, 이러한 대비 분석이 신제품을 세일즈하기 전에 어떤 준비를 해야 하는지 미리 경고를 한다고 볼 수 있다.

4. 차이점을 구체적이고 세부적인 행동의 측면에서 정의한다: 현재와 미래 셀러의 행동이 심각하게 다르다는 점을 깨달았다면 충분한 시간을 들여서라도 그 차이를 줄일 수 있는 방법을 연구해야 한다. 어쩌면 한 시간 안에 이 모든 작업을 마치지 못했을 수도 있다. 그러나 대비 분석을 함으로써 신제품 세일즈를 성공시키거나 실패하게 만드는 요소를 알아낼 수 있었을 것이다. 그렇다면 좀더 시간을 들여서라도 효과적인 행동을 구체적으로 정의할 필요가 있다.

대비 분석은 문제에 부딪치기 전에 '미리' 사용했을 때 가장 효과적이다. 우리는 신제품을 도입했거나 새로운 시장에 뛰어든 세일즈 매니저들이 애초에 바랐던 성과를 거두지 못한 것을 종종 보았다. 분명 그들은 심각한 세일즈 효과성의 문제를 겪었다. 우리가 그러한 문제를 대비 분석이나 수행자 분석의 방법으로 정의하도록 도와주었을 때, 매니저들은 한결같이 "여섯 달 전에 이 방식을 썼더라면 좋았을 텐데요."라고 말했다.

그들의 말이 옳다. 효과적인 행동 방식에 대한 분석은 시장에 진입하기 전에 미리 해두어야 한다. 일단 제품을 판매하기 시작하고, 셀러들의 실력이 부족하다는 사실을 깨달을 즈음이면 이미 심각한 손해를 보거나 경쟁력을 상실한 상태이기 쉽다. 그렇게 되면 당연히 할 일도 더 많을 것이다. 세일즈 효과성은 하룻밤 사이에 얻어지지 않는다. 출발이 빠르면 빠를수록 당신은 셀러들이 신제품이나 새로운 시장에 더 잘 대처하도록 준비시킬 수 있을 것이다.

상담 분석

우리가 수행자 분석과 대비 분석에 대해 깊이 있게 논의한 것은, 우리의 경험상 그것들이 시장에서 세일즈 효과성이 무엇을 의미하는지에 대한 더 객관적이고 더 나은 정의를 얻을 수 있는 실질적인 방법이기 때문이다. 마지막으로 다룰 상담 분석은 훨씬 더 전문적인 방법이다. 상담 분석은 주로 우리와 같은 연구자들이 선택한다. 상담 분석의 절차는 표 4.7에 나타나 있다.

- 우선, 자신이 더 잘 이해하고자 하는 세일즈 효과성과 연관된 행동을 고른다. 가령 효과적인 탐색 기술을 알고 싶다고 가정해 보자. 이 경우 개방 질문, 한정 질문, 유도 질문 같은 탐색 행동들을 선택할 수 있다.

- 그런 다음, 여러 부류의 셀러들과 동행하면서 고객 상담을 관찰한다. 수행자 분석과는 다르게, 상담 분석에서는 셀러의 실력이 출중하든 보통이든 아무런 문제가 되지 않는다. 대개 다양한 경력을 지닌 셀러들의 여러 행동을 관찰하는 것이 목적이다. 상담이 진행되는 동안, 셀러가 특정한 행동을 얼마나 자주 보여주는지 그 횟수를 기록한다. 가령 어떤 상담에서 셀러가 '개방 질문'을 7회, '한정 질문'을 14회, '유도 질문'을 5회 실시했다는 사실을 확인할 수 있을 것이다.

- 상담이 끝날 즈음, 미리 정해놓은 객관적인 성공의 기준에 맞춰 그 상담이 성공적이었는지의 여부를 판단한다(상담의 평가 기준에 대해서는 7장에서 논의한다).

- 다음 단계는 다소 복잡한데, 특정 행동의 빈도와 상담 결과를 연계해 통계적 분석을 실시한다. 이는 성공적인 상담에서 특정 행동을 더 많이 또는 더 적게 보여주는지를 파악하는 방식이다.

상담 분석을 활용함으로써 우리 같은 연구자들은 효과적인 세일즈의 통념에 도전할 수 있게 되었다. 예를 들어, 우리는 일반적인 생각과는 달리 개방 질문이 한정 질문과 마찬가지로 별다른 효과가 없다는 사실을 발견하게 되었다. 한편 우리는 상담 분석을 통해 더 새롭고 유용한 질문 기술 모델을 개발할 수 있었다. 『당신의 세일즈에 SPIN을 걸어라』와 『당신의 세일즈에 SPIN을 걸어라3: 세일즈 전략과 협상』이 두 권의 책에 우리는 상담 분석을 통한 연구 결과를 실었

| 표 4.7 | 상담 분석

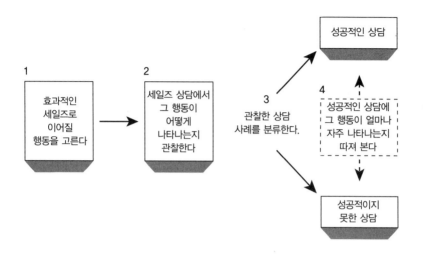

다. 세일즈 효과성을 더 잘 이해하고 개발하기를 바란다면 이 책들을 읽어 보기 바란다.

상담 분석의 장점은 담당 구역이나 고객의 규모와 같이 비행동 요소의 영향을 최소화할 수 있다는 데 있다. 뛰어난 셀러가 효과적인 세일즈 기술 때문이 아니라 단지 담당 구역이 좋은 덕분에 성공한 경우가 많다. 따라서 성공한 상담에 어떤 행동이 나타나는지를 분석하면, 지역적 요소가 아닌 세일즈 기술의 영향을 더 직접적으로 알 수 있다. 하지만 상담 분석은, 그 정확성에도 불구하고, 학자들만의 연구 방법일 수밖에 없는 많은 단점들이 있다. 예를 들면, '성공적인 상담' 이 무엇을 의미하는지에 관해 객관적 정의가 필요한데, 7장에서 살펴보겠지만, 그러한 작업은 결코 명료하지 않다. 상담 분석이 꽤 복잡한 통계 기술에 의존한다는 것도 단점이다. 무엇보다도 상담 분

석으로 유용한 결과를 얻으려면 사전에 수 백 건의 상담을 관찰해야
만 한다는 것이 가장 큰 어려움이다.

효과성 분석이 가치 있는 일인가

상담 분석은 대부분의 조직이 감당할 수 있는 것보다 더 많은 자원
을 요구한다. 상당한 노력과 숙고가 필요한 수행자 분석과 대비 분석
도 상담 분석에 비교하면 오히려 단순한 방식에 속한다. 그런데 과연
이러한 수고를 무릅쓸 가치가 있을까? 우리와 함께 일했던 많은 매니
저들도 처음에는 그러한 의구심을 드러냈다. 한 사람은 이렇게 말하
기도 했다. "이것을 통해서, 지난 25년 간의 대형 세일즈 경험이 내게
가르쳐주지 않은 어떤 것을 배울 수 있을 거라고 생각하지 않습니다.
수행자 분석이 무슨 마법이라도 된다면 그야말로 제가 25년 동안 현
장에서 헛수고를 해 온 셈이겠죠."

우리는 이러한 의구심에 대한 한 가지 답변을 이미 논의하였다. 많
은 뛰어난 셀러들이 자신의 어떤 행동이 성공을 가져왔는지에 대해
정확히 알지 못하고 있다. 셀러들은 자신도 모르게 중점적으로 사용
하는 어떤 기술이 아니라 자신이 노력을 기울인 사소한 행동을 강조
하는 경향이 있다. 바로 그런 이유 때문에 우리는 세일즈 효과성에
대한 가이드로서 경험과 '직감'을 불신하게 되었다. 우리는 아직 경
험에 의존할 때 나타나는 가장 큰 위험과 잘못된 결과에 대해서는 언
급하지 않았다. 이 문제는 좀더 복잡한 현상으로, 심리학자들이 '보

상의 최근 행동 강화 효과(reward recency reinforcement effect)' 라고 부르는 것이다. 간단히 말해, 이는 사람들이 보상이 따르는 행동을 주로 하게 된다는 것을 의미한다.

만약 누군가가 일련의 행동들을 수행한 다음 보상을 받는다면, (예를 들어, 실험용 쥐는 먼저 사다리에 올라, 세 바퀴를 돈 다음 마지막으로 손잡이를 눌렀을 때 음식물을 제공 받는다.) 보상에 가장 가까이 있는 행동이 보상과 가장 큰 연관성을 갖게 된다. 이 쥐의 경우, 사다리를 오르고 세 바퀴 도는 것 역시 보상 받는 행동의 일부라고 여기기 보다는 손잡이를 누른 것과 보상 간에 연관성이 있다고 여길 가능성이 높다.

보상의 최근 행동 강화 효과

도대체 실험용 쥐를 대상으로 한 연구가 효과적인 세일즈와 무슨 관련이 있을까? 그 관련성은 예상외로 크다. 셀러가 반드시 실험용 쥐처럼 행동하지는 않겠지만, 아무튼 우리와 함께 일했던 많은 셀러들은 그가 속한 회사에서 마치 미로 속의 쥐처럼 행동하고 있었다. 즉 셀러도 보통 사람들과 마찬가지로 보상에 근접해 있는 행동에 너무 많은 비중을 두는 경향이 있었다. 실제 우리는 '보상의 최근 행동 강화 효과' 가 수백만 달러의 세일즈 트레이닝 비용을 허비하게 만들고, 수만 명의 셀러들의 세일즈 효과성에 심각한 손상을 입히는 결과를 가져온 극단적인 사례를 알고 있다.

보상받는 행동에 대한 과대평가

여기에서 말하는 사례는 셀러들이 익숙해 하고 소중하게 여기는 클로징의 문제와 관련이 있다. 매니저들 중에는 세일즈 효과성을 구성하는 요소 가운데 클로징이 가장 중요하다고 말하는 사람이 많다. 세일즈 트레이닝의 필요성에 관한 조사를 여러 차례 진행했는데, 매니저들은 트레이닝을 실시해야 하는 가장 중요한 한 가지 이유를 들라고 하면 대개 셀러의 클로징 기술 개발이 필요하기 때문이라고 말했다. 클로징 기술이 얼마나 중요한지는 세일즈 관련 책에서 차지하는 비중이 크다는 점과 세일즈 조직들이 클로징 기술을 가르치기 위해 매년 수백만 달러를 쓴다는 사실에서 잘 드러난다. 그런데 그와 같은 클로징의 중요성과는 달리, 연구자들은 적어도 대형 세일즈에서 클로징 기술이 성공의 장애물이라는 점을 확신하고 있다. 바꿔 말하면, 셀러들이 클로징 기술을 더 많이 활용할수록, 거래의 성사 가능성이 줄어든다는 것이다.

『당신의 세일즈에 SPIN을 걸어라』에서 우리는 그런 주장이 타당하다는 것을 입증하는 10여 가지 연구 결과를 제시했다. 한 연구에서는 셀러가 클로징 기술을 연마한 후 주문 건수가 줄어들었다. 또한 가장 뛰어난 셀러들의 행동을 분석했을 때 성공적이지 못한 다른 동료들보다 클로징 기술을 사용하는 횟수가 적다는 사실도 드러났다. 한편, 클로징을 적게 활용할수록 거래의 성공 가능성이 커진다는 연구 결과도 있다. 지난 5년 간 클로징 기술을 연구한 기관들은 거의 모두가 고전적인 클로징 기술(가정 기법, 선택 기법, 최후통첩 기법 등)이 기껏해야 일회성의 소형 세일즈에만 효과가 있다는 결론을 내놓았다. 혹시 이에 대한 의문이 있다면 각종 연구 자료를 참조하기 바란다.

클로징 행동이 효과가 없다는 주장에 독자가 의구심을 갖는 것은 어쩌면 당연하다. 그 주장이 사실이라면 1만 여개가 넘는 세일즈 트레이닝 프로그램들이 모두 잘못된 것이란 말일까? 과연 수많은 세일즈 조직들이 지금까지 값비싼 클로징 트레이닝에 돈을 쏟아 부으면서 오히려 셀러의 효과성을 감소시킨다는 것일까? 안타깝지만 그것이 현실이다. 클로징에 관한 고전적인 충고들 대부분은 실제로는 효과가 없고 심지어 셀러의 효과성을 깎아내리기만 한다. 그런데도 그렇게 많은 조직과 개인이 끝까지 수백 만 달러를 낭비해가면서 효과도 없는 클로징 기술에 매달리는 이유는 앞서 설명한 '보상의 최근 행동 강화 효과' 때문이다.

보상 시점에서 가장 가까이 있는 행동의 효과성이 과도하게 강조될 수 있다는 것을 보여주는 한 셀러의 예를 통해 '보상의 최근 행동 강화 효과'가 어떻게 클로징에 타당한지를 설명해 보자.

연구 프로젝트를 수주하기 위해서 7개월 동안이나 접촉을 해 온 고객을 만나는 날이었습니다. 저는 선택 기술을 사용해 클로징을 하기로 마음먹었죠. 저는 그날 일을 도저히 잊지 못할 겁니다. 그날 고객을 만났을 때 저는 "이 프로젝트를 9월에 시작하는 것이 좋을까요, 아니면 11월이 좋을까요?"라고 약간 초조해하며 물었습니다. "9월로 하지요"라는 고객의 대답을 듣는 순간, 저는 생전 처음으로 큰 거래를 성사시킬 수 있었습니다. 저는 마법의 주문을 걸었고, 그것이 수주로 이어졌어요. 그날 이후 1년이 넘게 저는 제가 만나는 모든 고객에게 클로징의 주문을 걸었습니다. 다른 사람들도 그렇겠지만, 클로징 기술을 써서 수주를 했기 때문에 이후 저는 클로징 기술이 거래 성사의 핵심이라고 믿게 되었습니다. 물론 고객의 절실한 문제를 파악한 덕분에 거래가 성사되었다는 사실을 지금은 깨달았죠. 클로징이 관건이 아니라는 것도 말입니다.

이 사례는 '보상의 최근 행동 강화 효과'를 전형적으로 보여준다. 가장 효과적인 세일즈 행동은 대부분 직접적인 고객의 보상으로 이어지지는 않는다. 예를 들어, 세일즈 사이클 초반에 던진 좋은 질문은 궁극적으로 수주로 이어지는 핵심적인 기반을 마련한다. 비록 예리한 질문이 세일즈 효과성을 향상시키는 중요한 행동이기는 하지만, 그렇다고 해서 고객이 당장 계약서에 사인하지는 않을 것이다. 그러한 질문의 가치가 눈으로 볼 수 있는 보상의 형태로 바뀌어 나타나는 데 몇 개월이 걸리기도 한다. 하지만 위의 사례처럼 클로징 행동은 가끔씩 직접적인 수주로 이어지는 경우가 있기 때문에 셀러는 클로징이 거래를 성사시키는 데 결정적인 작용을 한 것으로 믿어버리기 쉽다.

세일즈 효과성을 정의할 때 과연 이것은 어떤 의미가 있을까? 다시 한번, 그것은 셀러의 경험에 전적으로 의존할 수 없다는 것을 보여준다. 셀러들은 거래가 성사되는 시점 바로 이전에 수행한 행동이 마치 거래 성사의 원인인 양 잘못 강조하는 경향이 있다. 그것은 비단 클로징 기술에만 한정되는 이야기가 아니다. 협상 역시 그러한 경우에 속한다. 세일즈 매니저들 중에는 대형 세일즈에서 협상 기술이 세일즈 효과성을 향상시키는 결정적인 요소라고 말하는 이들이 많으며, 거래를 성사시키는 가장 중요한 능력으로 협상 기술을 꼽는 경우도 있다.

그러나 그들의 셀러가 실제로 상담하는 것을 조사해 보았을 때, 우리는 대부분의 세일즈에서 협상의 결과는 이미 협상이 시작되기 훨씬 전에 결정된다는 사실을 알 수 있었다. 예를 들어 셀러가 상담을 하면서 고객의 니즈를 개발하는 일을 잘하면 최종 협상에서 고객에게 양보를 할 일이 별로 없다. 반대로 아무리 뛰어난 협상가라도 세일즈 사이클의 초반에 일을 제대로 못했다면 세일즈를 성공으로 이끄는 것은 거의 불가능하다.

대형 세일즈에는 협상 기술보다 세일즈 기술이 더 중요하다는 주장이 강하게 제기되고 있다. 그런데 왜 세일즈 매니저들은 정반대로 생각하고 있을까? 그 이유는 협상이 종종 계약서의 서명으로 곧장 이어지기 때문이다. 결국 보상을 받는 행동을 더욱 강조하는 경향 때문에 협상 기술을 실제 이상으로 중요하게 여기는 것이다. 협상을 성공으로 이끌어내는 상담 초반의 효과적인 세일즈 행동에 대해서는 직접적인 보상이 따르지 않으며, 그렇기 때문에 그러한 행동은 가치를 인정받지 못한다.

우리는 세일즈 트레이닝 프로그램을 설계하거나 운영할 때면 언제나 이 점을 염두에 둔다. 대체로 우리의 프로그램은 효과적인 질문 기술을 포함한 상담 초반의 이러한 근본적인 기술에 상당한 역점을 둔다. 우리는 종종 단지 좋은 질문을 하는 것만을 목표로 하는 역할 연기를 설계한다. 그런데 놀랍게도, 역할 연기가 제품 설명이나 클로징은 포함하지 않고, 고객의 니즈를 밝혀내고 개발하기 위해 질문을 사용하는 것에만 초점을 맞추었을 때 셀러들은 사기당한 느낌을 갖는다. 그래서 "도대체 제품은 언제 팔게 할 작정입니까?"라는 불만이 종종 터져 나온다.

세일즈 효과성의
실행

우리는 이 장을 대형 세일즈 매니저의 가장 중요한 기능은 세일즈 효과성을 향상시키는 것이라는 전제 위에서 출발했다. 세일즈 효과성을 향상시키려면 매니저는 먼저 세일즈 효과성이 의미하는 바를 정의하는 것에서 시작해야 한다. 누차 강조했지만 경험에 의존하는 방식은 지극히 위험하고 잘못된 길로 빠지는 경향이 있다. 대신 우리는 세일즈 효과성을 정의하는 보다 정밀하고 객관적인 방안을 제시했다.

수행자 분석은 우수한 셀러와 보통 셀러를 비교하는 방식이다. 수행자 분석은 정말로 우수한 셀러가 누구인지 알고 있고, 시장이 안정되어 있을 때 특히 유용하다. 대비 분석은 새로운 시장을 개척하거나 신제품을 취급해야 하는 상황에서 세일즈 효과성을 정의할 때 가 장 유용하다. 이 두 가지 방식은 세일즈 매니저 개인에 의해서는 물론 세일즈 매니저 그룹 차원에서도 세일즈 효과성을 정의하는 데 사용될 수 있다.

세일즈 효과성을 정의했다면, 그것을 가지고 무엇을 할 수 있을까? 효과적인 세일즈에 대한 이해를 어떻게 긍정적인 세일즈 결과로 전환할 수 있을까? 바로 이때 코칭이 필요하다. 5장과 6장에서는 코칭의 문제를 다룬다.

05

효과적인 세일즈 수행의 지도
전략 코치로서의 매니저

식음료 분야 대기업의 세일즈 부서와 일하면서, 우리는 그들이 일선 세일즈 매니저에 대한 새로운 업무평가 제도를 설계하는 일을 돕고 있었다. 당시 회의는 업무평가 제도가 코칭 활동을 장려하도록 해야 하는지의 문제로 넘어갔다. 우리는 코칭의 중요성에 관해서는 누구나 쉽게 동의할 것이라고 생각했다. 다만 코칭을 수행하는 매니저에 대해서 어디까지 보상을 할 것인지가 논의 대상일 것으로 예상했다. 그런데 간부 한 사람이 "잠깐만요, 코칭을 업무평가 제도에 포함해야 하는지 의문입니다."라는 말로 제동을 걸면서, 우리가 전혀 예상하지 못했던 문제가 드러났다. 주변에서는 무언의 동의가 이뤄지고 있었다.

매니저 한 사람이 말을 받았다. "코칭이 이론적으론 좋지만, 제대로 수행되는 걸 본 적이 없습니다." 또 한 사람은 이렇게 말했다. "저는 시티뱅크에서 일한 적이 있습니다. 그곳에서는 2년마다 반복적으로 매니저에게 코칭 훈련을 시킵니다. 매니저들은 전부 4 종류의 코칭 프로그램을 이수했습니다. 그런데 그런 교육이 매니저나 셀러에게 도움이 되는지는 알 수 없었습니다." 다른 한 간부는 이렇게 말했다. "코칭이 누구나 배울 수 있는 것이라고 생각하지는 않습니다. 일선 세일즈 매니저들 중에는 코칭을 수행할 능력이 안 되는 사람도 있을 겁니다. 그런 사람이 코칭을 했다가는 오히려 손해만 끼칠 겁니다. 실패할 게 뻔한 일에 사람들이 에너지를 투입하게 하는 업무평가 시스템은 원하지 않습니다."

그들은 하나같이 코칭에 대해 부정적인 견해를 보였다. 우리가 아무리 애를 써도, 경험 많은 세일즈 매니저들에게 코칭의 중요성을 확신시킬 가능성은 없어 보였다.

결국 우리의 시도는 반박하기 힘든 주장을 들고 나온 다른 이에 의해 좌절되고 말았다. "코칭의 목적은 셀러들이 더 잘 세일즈하도록 하기 위한 것 아닙니까?"라고 그가 물었다. "그렇죠."라고 우리가 대답했다. "그렇다면 일선 세일즈 매니저는 접어두고, 셀러들을 대상으로 직접 교육하면 어떨까요? 전문 트레이너를 써서 직접 교육을 하면 됩니다. 일선 매니저들이 코칭을 하게 하는 것보다 셀러를 대상으로 직접 트레이닝을 하는 것이 더 신속하고 저렴하면서 효과적일 겁니다."라고 그는 말을 맺었다. 나머지 사람들도 모두 그의 의견에 동의를 표시했다. 무척 단순한 해결책이었다. 우리는 그것이 틀렸다는 것을 납득시키지 못했다.

트레이닝 vs 코칭

대형 세일즈 조직에서는 어떤 형태로든 위의 경우와 유사한 문제가 정기적으로 제기된다. 매니저들은 코칭이 현실적인지의 여부를 놓고 논쟁을 벌인다. 그들은 전형적으로 다음과 같이 주장한다.

- 코칭은 수행하기 어렵다.
- 매니저들은 코칭을 하고 싶어하지 않는다.
- 예전에 코칭을 해 보려고 했지만 제대로 되지 않았다.
- 세일즈 효과성을 향상시키려면 세일즈 트레이닝이 더 간편한 방식이다.

불행하게도 이런 말들은 모두 일리가 있다. 코칭은 수행하기 어렵다. 매니저들은 늘 시간이 부족하다거나 다른 일이 급하다는 핑계로 체계적으로 코칭을 사용하길 꺼려한다. 대부분의 조직에서 코칭을 도입하려는 시도는 실패하거나, 기껏해야 부분적으로만 성공을 거두었다. 그리고 결정적으로 코칭보다 세일즈 트레이닝이 더 쉽고 간편하다. 이러한 어려움에도 불구하고, 왜 우리는 코칭이 세일즈 효과성을 향상시키는 가장 중요한 관리 도구라고 굳게 믿는 것일까?

중추 직무

조직 운영에 관해 가장 정통한 집단을 꼽으라면 경영 컨설팅 그룹인 맥킨지앤컴퍼니를 빼놓을 수 없다. 맥킨지앤컴퍼니에서는 조직의 수행력 향상과 관련된 개념으로 '중추 직무(pivotal job)'라는 틀을 개발했다. 보통의 세일즈 부서와 같이 전통적인 위계 구조로 조직되어 있는 주요 부서에는 어떤 다른 직무보다 업무 수행에 더 큰 영향력을 행사하는 특정한 직무가 있다. 맥킨지는 그것을 중추 직무라고 불렀다.

중추 직무의 업무 수행 방식에 영향을 미침으로써 부서 전체의 수행력에 영향을 미치는 것이 가능하다. 반대로 중추 직무를 담당하는 사람에게 영향을 미치지 못하면, 부서 전체의 수행력에도 영향력을 미치기 어렵다. 대형 세일즈를 하는 대부분의 조직에서 중추 직무 담당자는 일선에 있는 세일즈 매니저들이다. 다른 어떤 직급의 담당자도 세일즈 매니저만큼 세일즈 효과성에 직접적이고, 큰 영향력을 행사할 수는 없다.

2장에서 살펴보았지만, 조직의 정책과 시스템을 결정하는 고위 관리자는 단지 세일즈 생산성에만 영향을 줄 수 있다. 고객과의 일상적인 접촉이 없는 고위 관리자는 세일즈 효과성에 영향을 미치기 어렵다. 세일즈 효과성의 향상에 있어 중추 직무는 일선의 세일즈 매니저이며, 세일즈 매니저의 핵심적인 관리 도구가 바로 코칭이다.

많은 기업들은 이 중추 직무의 중요성을 쉽게 간과한다. 그들은 조직 체계의 가장 밑에 있는 셀러들을 트레이닝하는 데 자원을 투여하고, 상층에 있는 고위 관리자들은 경영자 프로그램이나 비즈니스 스쿨에 보낸다. 그러나 정작 중추 직무를 담당하는 매니저에 대한 훈련은 소홀히 한다. 우리와 함께 일했던 대부분의 세일즈 조직들은 중추 직무를 담당하는 일선의 세일즈 매니저에게 직접 투자를 함으로써 막대한 성과를 거둬들였다. 매니저의 코칭 기술을 향상시키면, 셀러를 대상으로 직접 세일즈 트레이닝을 수행했을 때 얻을 수 없었던 지속적인 판매 실적의 증가가 나타난다. 우리가 셀러보다는 그들의 매니저에게 더 중점적인 교육을 실시하도록 권하는 것도 바로 그런 이유 때문이다.

세일즈 트레이닝이 실패하는 이유

셀러보다 세일즈 매니저에게 중점을 두어야 하는 실질적인 이유는 그것만이 아니다. 1970년대 말, 우리는 제록스 사에서 세일즈 트레이닝에 대한 평가 작업을 실시했다. 우리는 당시 곤혹스러운 한 가지 문제에 대한 답을 구하고자 했다. 우리는 세일즈 트레이닝의 결과 셀러의 기술이 얼마나 향상되었는지 측정하는 방법을 개발했다. 우리가 몰랐던 것은 세일즈 트레이닝이 끝나고 셀러들이 현업에 복귀했을 때 실제 어떤 일이 일어나는가였다. 셀러들이 실제 상담을 수행하게 되면 트레이닝에서 배운 기술이 훨씬 더 나아질까? 만일 그렇다면 현업에서의 수행력은 세일즈 트레이닝 기간에 평가했던 것보다 훨씬 더 나아져야 한다. 그러나 트레이닝을 통해 얻은 실력 향상이 실제 상담 현장에서 나타나지 않으면 어떻게 될까? 셀러가 교육장에서 익힌 새로운 기술이 현장에서 아무런 효과가 없는 경우도 있을까?

이러한 물음은 트레이닝의 계획을 수립하는 우리들뿐만 아니라, 세일즈 트레이닝의 효과를 확신하지 못하면서도 한 해 1,500만 달러 이상을 들여 세일즈 트레이닝을 실시하는 제록스에게도 무척 중요했다. 우리는 트레이닝을 통한 실력 향상이 강의실에서 상담 현장으로 전이되는 정도를 파악함으로써, 제록스가 실시한 세일즈 트레이닝의 효과를 더 잘 관리하기를 바랐다.

그런데 표 5.1에 나타난 결과는 우리를 아연하게 만들었다. 연구 결과에 따르면 평균적으로 트레이닝을 수료한 지 한달 이내에 세일 즈 기술의 87퍼센트가 무용지물이 된다는 사실이 드러났다. 70년대 당시, 세일즈 트레이닝의 효과를 톡톡히 보는 것으로 인정받던 제록 스에서 셀러가 한달 내에 87퍼센트의 세일즈 기술을 상실한다면 다 른 기업들의 상황은 더 나쁠 것이다. 결국 세일즈 기술 트레이닝에 들인 비용의 87퍼센트가 상실된다는 사실을 보며, 우리는 세일즈 기 술 트레이닝이 세일즈 효과성 문제를 해결하는 데 적합한 도구가 아 닐 수 있다는 확신을 갖게 되었다.

이후 제록스의 자료를 면밀히 조사하면서 우리는 흥미로운 결과를 발견했다. 평균적으로 셀러는 새로 익힌 기술의 87퍼센트를 한달 내 에 상실하지만, 어떤 셀러의 경우 그 손실 정도가 작았고, 경우에 따 라서는 오히려 향상되는 사람도 있었다. 이런 예외적인 경우를 조사 한 결과, 기술이 향상된 대부분의 셀러에게는 매니저의 체계적인 기 술 코칭이 뒤따랐다는 사실을 알아냈다. 매니저가 적절한 코칭을 수 행함으로써, 셀러의 기술 손실이 획기적으로 줄어든 것이다. 이러한 증거는 세일즈 효과성 향상에 코칭이 중요하다는 사실을 다시 한번 보여주었다.

코칭의 장벽

코칭이 세일즈 효과성을 향상시키는 결정적인 도구라면, 왜 그토 록 많은 기업들이 코칭을 실제로 활용하는 데 어려움을 겪을까? 대부

| 표 5.1 | 체계적인 코칭이 없으면 세일즈 트레이닝의 87%는 무용지물이 된다

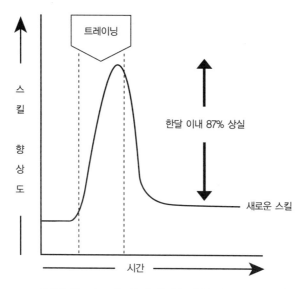

트레이닝

스
킬

향
상
도

한달 이내 87% 상실

새로운 스킬

시간

※ 출차: 〈American Society for Training & Development Journal〉,
1979년 11월호, 허스웨이트 연구조사

분의 세일즈 조직은 효과성을 향상시키는 도구를 찾는 데 혈안이 되
어 있다. 코칭은 쉽게 받아들이고 수행할 수 있는 도구처럼 보인다.
그런데 코칭을 해서 성공을 거둔 조직은 극소수에 불과하다. 우리는
세일즈 조직의 내부에 효과적이고 체계적인 코칭을 가로막는 장벽이
많이 있으며, 나날이 그 장벽이 높아진다는 사실을 알았다. 그 장벽은
대개 다음과 같은 것들이다.

• 업무 압박
• 부적절한 모델

- 코칭에 대한 두려움
- 보상이나 강화 미흡

이들 장벽은 대부분의 세일즈 조직에 존재한다. 이 문제들을 좀더 자세히 들여다보자.

업무 압박

많은 세일즈 조직들이 코칭에 대해서 입에 발린 말을 한다. 우리와 함께 일했던 한 세일즈 책임자는 코칭의 중요성을 강조하는 모범적인 강연을 하기도 했다. 그는 강연에서 이렇게 말했다. "코칭은 우리를 지탱해주는 동력입니다. 올바른 코칭이 없다면 세일즈 부서는 제각각이 되고 무너져버리고 말 것입니다. 저는 세일즈 매니저에게 코칭 기술보다 더 중요한 것이 없다고 감히 말씀드릴 수 있습니다." 그의 말에는 추호의 거짓이 없었다. 이 세일즈 책임자는 자신의 말 한마디 한마디를 모두 사실로 믿고 있었다. 그런데 우리가 그의 부하 매니저들과 일을 시작했을 때 실제 그들은 전혀 코칭을 수행하지 않는다는 사실을 알았다.

그 원인을 찾기는 어렵지 않았다. 한 매니저는 이렇게 말했다. "금요일까지는 코칭을 하지 않아도 됩니다. 다음 주로 연기해 두었습니다. 당장 처리해야 할 일들이 쌓여 있거든요. 오늘 이 일을 끝내지 못하면 직원들의 급여를 제 때 지급할 수 없습니다. 또, 이쪽 일은 고객에게 청구서를 보내기 전까지 마쳐야 됩니다. 이 일을 못 끝내면 기한 내에 시스템을 설치할 수 없습니다. 저쪽 책상에 쌓인 일들은 이번 주까지 마쳐야 합니다, 그렇지 않으면 전 회사에서 쫓겨나고 말겁니다. 아무튼 이 모든 사태가 좀 진정되는 다음 주부터는 코칭에 신경을 써야죠." 물론 다음 주가 되어도 사태가 진정될 기미는 없을 것이다. 결과적으로 금요일까지는 코칭을 수행할 여유가 없으며 아마 영원히 그럴 것이다.

안타까운 사실은 세일즈 조직들 대부분이 단기적인 업무들로 압박을 받고 있으며, 따라서 코칭은 언제나 일의 우선순위에서 밀린다는 점이다. 코칭에 대해 아무리 좋은 말을 한다고 해도, 실제 업무 우선순위에서 밀린다면 코칭이 수행될 가능성은 거의 없다. 그렇다면 업무의 압박을 제거할 수 있는 방법이 있을까? 아무리 진지하게 충고한다고 해도 이 문제는 쉽게 해결되지 않는다. 코칭이 중요하다는 사실을 최고 경영진이 직접 보여주는 수밖에 없다. 즉 세일즈 매니저에게 코칭을 수행하라는 목표를 정해주고, 코칭을 업무평가 대상으로 삼아 보상을 줘야 한다. 지난 몇 년간 제법 많은 세일즈 조직들에서 이러한 일이 실천으로 옮겨지기 시작했다. 그 대표적인 예가 IBM이다. IBM은 세일즈 매니저에게 업무 시간의 70퍼센트를 셀러와 함께 현장을 돌며 코칭을 실시하라는 목표를 정해주었다.

그런데 목표를 정해주는 것만으로는 충분하지가 않다. 다른 업무의 압박을 물리치고 코칭을 수행하면, 그러한 매니저의 노력에 적절한 보상을 해줘야 한다. 매니저가 코칭을 수행했다고 해서 보상을 주는 조직은 거의 없다. 그 이유 중 하나는 코칭의 효과를 판단하는 기준을 정하기 어렵기 때문이다. 그렇지만 세일즈 조직에서 코칭을 실시하는 매니저에게 보상을 주는 방식을 택하지 않는다면, 매니저 앞에 산더미 같이 쌓인 업무들 중에서 코칭을 우선적으로 수행할 가능성은 아주 희박하다.

치열한 업무의 압박 아래서도 코칭이 이루어지게 하는 한 가지 방법은 우선 체계적이고 구조적인 코칭 절차를 구축하는 것이다. 기업이 세일즈 수행력을 향상시키기 위해 우리에게 도움을 요청할 경우, 우리는 체계적인 코칭 제도를 도입하는 것부터 시작한다. 사실, 효과적인 코칭 절차를 구축하는 데 반드시 우리 같은 외부 컨설턴트의 도움을 받아야만 하는 것은 아니다. 코칭 절차를 수립하는 전형적이고 기본적인 과정은 다음과 같다.

- 세일즈 매니저들을 모두 모아, 코칭 기술을 가르치고 코칭을 수행하겠다는 약속을 받아낸다.
- 매니저에게 제한된 숫자의 코칭 대상자를 선정하게 한다. 코칭 절차를 만드는 이유는 다른 업무보다 코칭을 우선해서 실시하도록 하려는 것이므로, 매니저는 셀러 전체를 코칭하겠다는 비현실적 계획을 세우기보다는 실제 가능한 시간에 맞춰 코칭 대상을 두세 명으로 한정해야 한다.
- 매니저가 코칭을 위한 동행 상담 또는 전략 코칭 논의를 몇 회 실시할 것인지 그리고 각각의 상담에서 어떤 기술을 중점적으로 개발시킬 것인지의 측면에서 코칭 목표를 정하게 한다.
- 매니저들과 한달에 한 번씩 다시 모여, 코칭의 진척 정도를 점검하고, 까다로운 문제들에 대해 논의하고, 코칭 프로세스를 개선한다.

업무 압박에 대응하는 이러한 방법들은 회사 차원에서 이루어지는 것들이다. 한편 세일즈 매니저들이 개인 차원에서 이 문제에 대처하는 방법은 없을까? 세일즈 매니저들 중에는 끝없는 업무의 압박 때문에 무력감을 느끼는 이들이 많다. 그들로서는 코칭이 좋은 의도로만 남아 있는 것이 더 편안할지 모른다. 업무 압박에 대응하기는 회사 차원에서 하는 것이 더 용이할 수는 있지만, 그럼에도 불구하고 세일즈 매니저가 결단력이 있다면 스스로 업무의 우선순위를 조정해 효과적인 코칭을 수행하는 것이 불가능하지는 않다. 어느 대형 은행의 세일즈 매니저가 털어놓은 경험담을 들어 보도록 하자.

저희 은행의 문제점 가운데 하나는 매니저가 처리해야 할 급한 일이 너무 많다는 것입니다. 가령, 대출 신청서가 들어오면 고객의 사업에 차질을 주지 않기 위해 가능한 한 신속히 대출 위원회에 서류를 접수시켜야 합니다. 항상 이런 급한 일들이 밀려 있죠. 결과적으로 저는 지난 1년 동안 제 업무를 처리하느라 직원들을 코칭할 엄두를 내지 못했습니다. 저는 이 상황이 정말 잘못되었다고 생각합니다. 사실 대부분의 은행원들처럼 저희 직원들 역시 세일즈에 능숙하지 못합니다. 그런데 제가 시간이 없어 코칭마저 못하게 되니 직원들의 실력은 조금도 늘지 않았습니다.

결과적으로 중요한 세일즈 상담은 제가 도맡아 처리를 해야 했고, 그러다보니 시간 압박은 더욱 심해졌습니다. 코칭을 해야 한다고 생각하지만, 일주일에 60시간씩 일을 해도 시간이 부족한 실정이거든요. 하는 수 없이 저는 상사를 찾아가 직원을 코칭할 수 있게 지원해달라고 요청했습니다. 상사는 제 생각을 신통치 않게 받아들였어요. 비용도 신경 쓰이고, 지점장에게도 그 생각이 통하지 않을 거라고 여긴 겁니다.

어쩔 수 없이 저는 다른 식으로 접근해 보기로 마음을 먹었죠. 그래서 실력은 보통이지만 배우려는 열의가 강한 직원 한 명을 골랐습니다. 제 일을 하면서 추가로 시간과 노력을 들여야 했지만, 아무튼 저는 이 직원과 석 달 동안 작업을 했습니다. 저는 모든 수단을 써서 그의 실력을 향상시키려고 애썼습니다. 막상 처음에는 아무런 성과가 없었지만 석 달이 지나자 실력이 향상되었고, 결국 가장 우수한 실적을 거두었습니다.

이후 저는 그의 실적 자료를 들고 다시 상사를 찾아가 결국 그의 마음을 움직일 수 있었습니다. "시간만 주신다면 다른 직원들에게도 똑같은 결과를 낼 수 있습니다."라고 저는 말했습니다. 상사는 곧 제 업무를 줄여 주었습니다. 별다른 지원이 있었던 건 아니지만, 다른 직원 두 명을 코칭할 수 있는 시간이 생겼습니다. 직원들의 실력이 나아지자 제가 굳이 세일즈를 할 필요가 없어졌고, 오히려 시간 여유가 더 많아졌습니다. 요즘은 셀러를 코칭하는 데 제 업무 시간의 25~30퍼센트 가량을 쓰고 있습니다.

위 사례는 매니저 개인이 과중한 업무 여건에서 코칭을 시도할 때의 세 가지 중요한 원칙을 보여주고 있다. 매니저가 혼자서 성공적으로 코칭을 완수한 다른 사례들에서도 이 세 가지 원칙이 나타난다.

- 집중 코칭: 시간이 한정되어 있다면, 두 사람에게 절반씩 코칭하기 보다는 한 사람에게 집중하는 것이 더 효과적이다.

- 성공 사례 구축: 더 많은 코칭 시간을 얻어내려면, 당신과 경영진

이 우선 코칭 활동이 결실을 맺는다는 점을 확신할 수 있어야 한다. 성공 사례만큼 사람의 마음을 움직일 수 있는 것은 없다. 성공을 증명해 보일 수 있다면, 경영진에게 업무 부담을 줄여달라는 요청을 하기도 쉬워지고, 코칭이 결실은 맺는다는 자신의 신념도 강화할 수 있다. 무엇보다도 중요한 사실은 셀러들이 매니저의 코칭을 더욱 적극적으로 받아들이게 된다.

• 성공 사례 전파: 코칭에 성공했다면 그것을 활용해야 한다. 도표를 활용하면 그 성과를 널리 알릴 수 있으며, 코칭 받는 직원의 증언이나 일화 역시 유용한 홍보 수단이 될 수 있다. 코칭에 성공했다면 침묵하지 마라. 코칭을 활성화하기 위한 자원으로 그 사례를 활용할 때 코칭에 더 유리한 환경을 조성할 수 있다.

부적절한 모델

코칭을 방해하는 요소 가운데 업무 압박은 가장 흔히 볼 수 있는 장애물이다. 그런데 업무 압박을 줄이거나 없앤다고 해서 반드시 코칭이 성공한다는 보장은 없다. 우리와 함께 일했던 한 세일즈 책임자는 코칭을 성공적으로 수행하겠다는 결단으로 세일즈 매니저의 업무를 두 분야로 나누었다. 즉, 일부 매니저들에게는 서류 작업과 주문 처리 같은 행정 업무를 맡겼고, 다른 매니저들에게는 셀러를 코칭하고, 셀러의 기술을 개발시키는 책임을 맡겼다.

코칭 담당 매니저에게는 코칭을 위해 셀러와 고객을 방문하는 일에 업무 시간의 90퍼센트를 쏟게 했고, 따로 사무실을 제공하지도 않았다. 과중한 업무 부담을 해소시키기 위해서 그렇게 과감한 시도를 한 경우는 없었다. 그런데 그러한 노력을 기울여도 코칭 담당 매니저가 실제 코칭에 들이는 시간은 얼마 되지 않았다. 사실상 셀러들과 동행한 매니저는 코칭보다는 세일즈에 더 많은 신경을 쓰고 있었다. 세일즈 책임자는 코칭 담당 매니저들의 코칭 기술이 부족하기 때문일 것으로 생각하고, 그들을 코칭 프로그램에 보냈다. 그런데 훈련을 받고 난 후에도 이들은 코칭을 주저하는 것처럼 보였다.

그가 우리에게 조언을 요청한 것은 바로 이 무렵이었다. 우리는 코칭 담당 매니저들과 상담을 했으며, 곧바로 심각한 문제점을 발견할 수 있었다. 매니저들은 성공적인 세일즈 상담이 무엇인지에 대해 정확한 개념을 갖고 있지 않았다. "코칭을 하려면 어떤 말을 해야 하죠?"라고 묻는 매니저도 있었다. 그의 불만은 이랬다. "저는 상담 과정을 지켜보지만 도대체 그 상담이 왜 성공하거나 실패하는지를 알 수가 없어요. 셀러가 저항 처리를 잘했기 때문일까요? 아니면 제품에 대한 지식이 뛰어나서일까요? 어떤 때는 아예 아무런 이유가 없는 것처럼 보이기도 해요." 다른 매니저들도 사정은 비슷했다.

4장에서 이미 언급했지만, 세일즈 효과성을 향상시키려면 우선 성공적인 세일즈 상담에 대한 그림을 갖고 있어야 한다. 그런데 이 매니저들은 성공적인 수행 모델을 머릿속에 갖고 있지 못했다. 그들은 상담에서 무엇을 기대해야 하는지, 어떤 행동을 개발해야 하는지 몰랐다. 매니저들이 상담에 나가 코칭을 하기보다는 세일즈에 관여하는 것도 어쩌면 당연한 노릇이었다.

4장에서 우리는 효과적인 세일즈 수행의 모델을 개발하는 방법들을 설명했다. 대비 분석과 수행자 분석은 그 중 활용하기 가장 용이한 방법이었다. 어떤 방법으로 모델을 개발하든, 중요한 것은 효과적으로 세일즈를 하기 위해 셀러들이 어떻게 행동해야 하는지에 대한 정확하고 구체적인 그림을 갖는 것이다. 그런 그림이 없다면 코칭은 불가능하다. 그렇다면 효과성 모델이 코칭에 왜 그렇게 중요한 것일까? 좋은 모델은 다음과 같은 이점을 제공하기 때문이다.

- **공통 언어**: 좋은 모델은 매니저와 셀러 간에 효과적인 세일즈에 관한 신속하고 의미 있는 의사소통을 가능하게 한다. 세계 유수의 세일즈 조직들 대부분은 세일즈 과정에 일어나는 일을 묘사하고 이해하기 위한 공통의 언어를 개발했다. 그 전문용어를 공유함으로써 서로의 경험을 더 쉽고 간편하게 전달할 수 있다. 공통의 언어가 없다면 코칭은 힘든 과정이 될 것이다.

- **진단**: 매니저가 효과적인 행동에 관한 명확한 그림을 갖고 있다면, 셀러들 각각의 장단점을 더 쉽게 진단할 수 있다. 좋은 모델은 매니저로 하여금 세일즈 효과성을 향상시킬 수 있는 중요한 행동들에 주의를 기울이게 한다. 4장에서 밝혔듯이, 효과성 모델은 뛰어난 셀러가 사용하는 행동에 관해 구체적이고 상세하게 설명해야 한다. 모델이 셀러의 행동을 진단하는 데 유용하려면 구체적이어야 한다. 좋은 효과성 모델은 코칭을 통해 어떤 기술과 행동이 개발되어야 하는지 매니저가 정확히 알 수 있게 한다. 반대로 성공적인 모델 없이는 셀러가 어떤 행동을 향상시켜야 하는지 진단하기 어렵다.

그렇다면 어떤 모델이 가장 효과적이고 적절한 모델일까? 지난 몇 년간 효과성 모델에도 일부 획기적인 발전이 있었다. 1920년대부터 쓰였던 구식 모델은 효과적인 행동을 설명하는 더 정교한 모델에게 자리를 내주었다. 대비 분석이나 수행자 분석을 사용해 자체 모델을 만들어낼 자원을 가지고 있지 않다면 최근에 나온 세일즈 서적들을 참고하는 것이 유익할 것이다. 또한 셀러와 동행한 자리에서 자신의 눈과 귀를 최대한 이용하는 것도 좋은 방법이다.

어떤 행동이 효과가 있는지, 혹은 없는지를 주시해야 한다. 효과성 모델은 효과적인 행동의 리스트라고 간략히 정의할 수 있다. 당신의 셀러에게 그리고 당신의 시장에서 무엇이 가장 효과적인 행동인지 찾기 위해 관찰력을 발휘하라. 그것이 바로 세일즈 코칭을 수행하는 첫 걸음이다.

코칭에 대한 두려움

이상하게 들릴지 모르지만, 코칭을 가로막는 가장 흔한 장벽 중에는 두려움도 있다. 코칭을 겁내는 매니저는 의외로 많다. 그것은 불면증을 유발하거나 식은 땀을 흐르게 하는 두려움은 아니다. 그것은 어쩌면 쉽게 깨닫지 못하는 두려움이다. 그러한 두려움은 불확실성에서 비롯된다. 우리는 대형 은행의 매니저들과 상담을 하면서 그들이 코칭을 실시하지 않는 이유를 알아내려고 했다. "도무지 할 말이 생각나지 않아서 꺼려집니다." "경험이 많은 직원들 앞에서 바보처럼 보이고 싶지 않았습니다." "직원들의 반발을 불러온다는 것을 알기 때문에 시도할 가치가 없다고 생각합니다."라는 대답들은 '두려움'에 대한 전형적인 반응이었다.

만약 코칭이 첫날부터 매니저 업무의 일부가 되지 않는다면, 코칭을 시작하기가 쉽지 않다. 셀러는 무엇을 기대해야 할지 알지 못한다. 코칭은 대개 환영을 받지만, 일단 그것이 시작되면 어느 정도 반발이 따른다. 게다가 기술 코칭은 고객이 있는 자리에서 셀러의 행동을 지켜보기 때문에 매니저와 셀러 모두 불편할 수밖에 없다. 그리고 그러한 주저는 천천히 두려움으로 변하게 된다.

다행히 이러한 두려움은 쉽게 극복될 수 있다. 코칭 트레이닝을 통해 도움을 받을 수 있는데, 다만 여기에 특별한 단서가 붙는다. 우리가 매니저를 대상으로 코칭 트레이닝을 할 때는 그의 부하 셀러들 역시 프로그램에 참가해서 그 기간 동안 매니저에 의해 집중적으로 코칭을 받게 한다. 결과적으로 프로그램이 끝날 무렵이면 코칭 관계가 형성된 상태이며, 매니저와 셀러 모두 코칭을 통해 무엇을 얻을 수 있는지 알게 된다.

이러한 방식은 실제 코칭을 훨씬 쉽게 만든다. 도대체 왜 수많은 코칭 프로그램들이 매니저만 교육시키고 셀러는 빼놓을까? 코칭은 이들 간의 상호작용이다. 매니저와 셀러를 동시에 훈련시킬 때 상호작용의 효과를 볼 수 있고, 서로가 더 많은 것을 배울 수 있다. 매니저만 한곳에 따로 모아서 코칭 훈련을 시키고 셀러는 다른 곳에서 따로 훈련을 시킨다면, 이후 세일즈 현장에서 각자 배운 내용을 효과적으로 결합하기 어려울 것이다. 우리는 세일즈 훈련과 코칭 훈련을 결합한 프로그램을 개발해 큰 성공을 거두었다. 비록 이 프로그램들은 종래의 트레이닝과 비교할 때 어렵기는 하지만, 그 탁월한 성과를 감안하면 노력할 만한 가치는 충분하다.

매니저로서 코칭을 수행하기가 까다롭고 망설여진다면, 코칭을 더 쉽게 수행할 수 있는 간단하고 효과적인 방법에 대해 알아보자.

- 처음에는 셀러 한 명을 대상으로 코칭을 실시한다. 코칭을 잘 받아들일 수 있는 사람을 선택하는 것이 좋다.
- 실제 상담에 나가 코칭을 할 예정이라면, 미리 역할 연기를 통해 코칭을 연습해 본다.
- 코칭을 할 때 자신이 평가자나 재판관이라는 생각을 가져서는 안 된다. 셀러에게 도움을 주기 위해 그 자리에 있다고 생각해야 한다. 상담 후 검토하고 비평하는 것뿐만 아니라, 상담 전 계획을 세우는 것도 도와야 한다.

매니저는 위의 단순한 도구들을 통해 코칭을 망설이게 하는 장벽들을 극복할 수 있다.

보상이나 강화 미흡

마지막으로, 여러 세일즈 조직에서 볼 수 있는 코칭의 장벽 가운데 매니저 개인이 해결하기 어려운 종류의 것이 있다. 즉 매니저가 코칭을 실시해도 상사로부터 격려를 받지 못하는 경우가 있다. 코칭은 입에 발린 칭찬 말고는 아무런 보상도 받지 못한다는 메시지가 다양한 형태로 나타난다. 이미 앞서 언급했던 과다한 업무도 그 중 하나이다. 코칭을 실시한 매니저에게 성과급을 지급하거나 승진의 기회를 보장하는 일은 거의 없다. 물론 코칭에 보상이 뒤따르지 않는다고 해서 그 조직이 코칭을 중요하게 여기지 않는다고 판단할 이유는 없다. 금전적 혹은 경력상의 보상을 하지 않는 이유는 대개 회사의 경영진이 코칭의 질적 수준을 평가하는 방법에 대해서 확신을 갖지 못하기 때문인 경우가 많다.

어느 정보통신 회사의 경영자는 우리에게 이런 말을 한 적이 있다. "저는 매니저들이 코칭을 더 잘 하기를 바라고, 코칭에 노력을 기울인 만큼 보상을 해야 한다는 점을 알고 있습니다. 그런데 그게 말처럼 쉽지는 않아요. 매니저가 훌륭한 코칭을 했다는 것을 어떻게 검증하겠습니까? 어쩌면 셀러의 실적을 보면서 부분적이나마 평가가 가능할 수도 있지만, 그에 대한 보상은 이미 매니저들에게 하고 있습니다. 그리고 저는 코칭의 양에 대해서는 댓가를 지불하고 싶지 않습니다. 왜냐하면 그것은 효과적이지 못하기 때문입니다. 예를 들어 매니저가 셀러에게 코칭을 실시할 때마다 보너스로 50달러를 지급한다고 칩시다. 과연 어떤 일이 벌어질까요? 코칭을 했다는 보고서가 산더미처럼 쌓일 겁니다. 그런 보고서 중에서 적어도 4분의 3은 쓸모가 없을 텐데, 진짜 성과가 있는 4분의 1을 가려낼 방법이 있을까요?" 코칭 노력에 대해 금적적으로 보상을 해야 하는지 고민하는 많은 고위 관리자들이 이와 유사한 걱정을 한다.

만일 회사가 코칭에 금전적인 보상을 하기 어렵다면, 코칭을 권장하는 다른 대안을 찾아볼 수도 있다. 직접적인 보상이 어려운 경우, 코칭을 강화하는 다음과 같은 방법을 시도해 볼 수 있다.

- **코칭을 업무 평가 대상에 포함시킨다:** 매니저의 업무 평가 항목에 코칭 수행을 포함시키면, 경영진은 코칭의 중요성을 전달할 뿐만 아니라, 업무 평가 과정에서 코칭이 논의된다는 것을 분명히 할 수 있다. 솔직히 말해서, 우리는 이런 업무 평가가 실질적으로 행해지기를 바란다. 이를테면, 매니저가 받는 급여의 20퍼센트는 코칭 수행 능력에 따라 결정된다는 식으로 급여에 반영하는

것이다. 코칭의 질적 수준을 객관적으로 판단하기는 어렵지만, 적어도 매니저에게 코칭을 권장한다는 측면에서 보면 그 평가가 다소 정확하지 않다고 해서 큰 문제가 되지는 않을 것이다.

- **매니저들 간의 코칭 프로젝트를 활용한다:** 매니저들을 한데 모아 코칭 프로젝트를 짜게 하는 것도 코칭을 강화하는 한 방법이다. 우리는 대개 매니저 그룹과 일하면서 그들이 코칭 목표와 대상을 설정하는 일을 돕는다. 매니저들과 정기적으로 만나 코칭의 진행 사항을 점검하기도 한다. 이 모임에서 매니저들은 서로의 성공담과 문제점을 털어놓음으로써 정보를 공유할 수 있다. 사실 우리 같은 외부 컨설턴트의 도움이 없어도 어떤 조직이든 나름대로 코칭 계획을 수립하고 점검할 수 있다. 한편 코칭 프로젝트를 함께 짜는 것의 또 다른 이점은 매니저들이 수행자 분석이나 대비 분석을 함께 수행함으로써 효과성 모델을 구축하는 데 기여할 수 있다는 것이다. 이를 통해 조직은 더 나은 세일즈 효과성 모델을 개발하고, 매니저들은 자신들이 개발에 참여한 모델을 진정한 주인의식을 갖고 이행하게 된다.

- **코칭 노력을 격려한다:** 적극적이고 창의적으로 코칭을 격려하는 많은 다른 방법이 있다. 우리가 함께 일한 적이 있는 어떤 항공사의 경우, '이달의 코칭 왕' 경쟁을 유도한다. '이달의 코칭 왕'을 뽑는 방법은 셀러들로 하여금 매니저가 어떻게 그들이 더 나은 세일즈 방법을 배우도록 도왔는지 적어내는 것이었다. 셀러들로 구성된 심사위원단은 참가 후보들을 심사하고 우승자를

선정했다. 이 회사는 3개월 마다 '분기별 코칭 왕'을 뽑아 상금을 주었고, 연말에는 '올해의 코칭 왕'을 뽑아 매니저와 셀러 모두에게 시상을 하였다.

코칭을 가로막는 조직적 장벽은 코칭의 성공적 수행이 왜 어려운지를 잘 보여준다. 하지만 결단력 있는 경영자나 매니저는 그 장벽을 극복할 수 있으며, 코칭이 세일즈 효과성에 잠재적으로 중요한 기여를 할 수 있는 조건을 만들어낼 수 있다. 여기에서 '잠재적으로'라고 말한 이유는 모든 조직적 장벽이 제거되었다 해도, 효과적인 코칭이 수행되기 앞서 해결되어야 할 몇 가지 사항이 더 있기 때문이다.

소형 세일즈와 대형 세일즈의 재비교

이러한 사항들 중 하나는 우리로 하여금 이 책의 중심 주제로 다시 돌아가게 한다. 대형 세일즈는 소형 세일즈와 다르다. 그리고 당연히, 대형 세일즈에서 코칭은 몇 가지 중요한 측면에서 그러한 차이를 반영한다. 소형 세일즈 분야에서 코칭으로 셀러들의 효과성을 획기적으로 향상시킨 매니저들을 우리는 자주 만날 수 있었다. 그런데 바로 그 매니저들 가운데 일부는 과거 소형 세일즈에 쓰던 방식을 대형 세일즈에 그대로 쓰기 때문에 문제에 부딪친다. 우리는 하니웰을 상대로 효과적인 코칭 방법을 연구하면서 이 문제를 처음 깨달았다.

우리와 함께 작업한 한 세일즈 매니저는 비교적 저가의 가정용 제어 기기를 판매하는 부서에서 셀러들의 관리를 맡았다. 그 일은 전형적인 소형 세일즈 관리였다. 그가 우리의 주목을 받은 이유는 경영진에서 그를 코칭에 성공한 인물로 꼽았기 때문이었다. 그의 부하 직원들이 그의 명성을 확인해주었다. 셀러 중 한 명은 이렇게 말했다. "정말 훌륭한 코치예요. 그가 새 매니저로 오고 나서 지난 석 달 동안 배운 것이 과거 2년 동안 배운 것보다 더 많아요." 이 매니저의 성공을 뒷받침하는 객관적인 지표도 있었다. 그가 팀을 석 달 동안 이끌면서 평균 수준이었던 세일즈 실적은 사업부 전체에서 2위로 올랐다.

2년 뒤 그가 전화를 걸어왔을 때 우리가 놀란 이유는 바로 그의 전력을 알고 있었기 때문이다. 그는 이렇게 말했다. "저는 작년에 새 부서로 옮겼습니다. 그리고 지금은 산업용 제어 기기 세일즈를 맡고 있어요. 지난 번 선생님께서 대형 세일즈에도 코칭이 중요하다고 말씀하셨던 적이 있는데, 그래서 저는 여기서도 손쉽게 해낼 줄 알았어요. 아시다시피 저 스스로 훌륭한 코치라고 믿었거든요. 그런데 이번에는 제 생각대로 되지 않았어요. 제 코칭이 아무 효과가 없어요." 당시 우리는 그에게 적절한 대답을 해주지 못했고, 다만 그 문제를 머릿속에 담아두기만 했다. 그런데 이후 우리는 몇 차례 더 그와 유사한 경우를 접하게 되었다. 소형 세일즈 분야의 성공적인 코치였던 매니저가 대형 세일즈를 맡으면서 코칭 기술의 한계를 느끼는 경우를 다시 접한 것이다.

이유가 뭘까? 대형 세일즈 코칭에 뭔가 다른 점이 있는 걸까? 혹시 대형 세일즈에서 코칭의 중요성이 덜하기 때문에 그런 것은 아닐까? 우리는 그렇지 않다고 생각한다. 우리가 알기로는 대형 세일즈에서 코칭이 더 중요하다. 그러면 왜 이 코치들이 실패한 걸까? 우리는 대형 세일즈에서는 다른 방식의 코칭이 요구되기 때문이라고 결론지었다. 우리가 앞서 논의했던 것처럼 대형 세일즈에서는 다른 행동이 효과적이며, 따라서 코칭 방식도 달라져야 한다.

예를 들어, 소형 세일즈에서는 매니저가 셀러에게 클로징과 저항처리 기술을 코칭함으로써 성공을 거둘 수 있는데, 그 이유는 그런 기술이 소형 세일즈에서 가장 적절히 통하기 때문이다. 반대로, 복잡한 탐색 기술은 대형 세일즈에서는 유효하지만, 탐색 기술의 중요성이 떨어지는 소형 세일즈에서는 그다지 효과가 없다.

우리는 처음 이 사실을 밝히고 난 후 상당히 만족했다. 우리는 고객들에게 소형 세일즈와 대형 세일즈 코칭의 차이를 설명하면서 세일즈 기술의 차이점을 강조했다. 그런데 대형 세일즈 코칭에 관한 조사를 수년에 걸쳐 수행하면서 우리는 또 다른 중대한 차이점을 발견하게 되었다. 그 중 특별히 중요한 세 가지는 다음과 같다.

- 경험인가, 코칭인가? 소형 세일즈는 셀러가 세일즈 경험을 쌓아가다 보면 굳이 코칭을 받지 않아도 스스로 실력을 향상시킬 수 있다. 그런데 대형 세일즈에서는 혼자만의 경험으로 실력을 쌓기가 훨씬 어렵다. 따라서 코칭은 대형 세일즈에 종사하는 셀러에게는 더 필수적이다.

- 평가인가, 계획인가? 소형 세일즈에서 가장 중요한 코칭 과제는 평가(review)이다. 즉 상담 과정에 사용했던 기술에 대해 평가해 주는 것이다. 대형 세일즈에서 가장 중요한 과제는 계획이다. 즉 셀러의 상담 준비를 돕는 것이 핵심이다.

- 기술인가, 전략인가? 소형 세일즈에서 코칭은 셀러의 기술을 개발함으로써 성공할 수 있다. 대형 세일즈에서 코칭은 기술과 함께 전략도 개발해야 한다.

그러면 이들 각각의 차이점들을 더욱 깊이 있게 살펴보자.

경험인가, 코칭인가?

앞서 소형 세일즈는 경험을 통해 배우기가 더 쉽다고 말했다. 확실히 소형 세일즈는 코칭을 하지 않아도 경험만으로 실력을 향상시키는 것이 가능하다. 우리는 제록스에서 소형 복사기를 세일즈하는 셀러들을 대상으로 조사를 실시했다. 그리고 셀러의 경력과 세일즈 실적이 확실히 비례한다는 사실을 알아냈다. 즉 코칭을 받았는지의 여부와 상관없이 경험이 많은 셀러일수록 세일즈에 능숙했다. 그렇다고 해서 코칭이 기술을 늘리는 데 도움이 되지 않는다는 뜻은 아니다. 제록스에서 소형 세일즈를 연구했을 때, 코칭을 받았는지의 여부도 판매 실적과 관련이 있다는 사실을 알 수 있었다.

그런데 코칭과 실적의 관계는 경험과 실적의 관계보다 훨씬 약했다. 우리는 경험이 더 나은 스승이라는 결론을 내렸다. 그런데 제록스의 대형 복사기를 파는 셀러들을 대상으로 한 비슷한 조사에서는 그 관계가 다르게 나타났다. 세일즈 경력과 성공의 연관성은 그리 크지 않았다. 성공의 열쇠는 오히려 체계적으로 코칭을 받았는지의 여부였다. 성공의 열쇠가 소형 세일즈에서는 경험이고, 대형 세일즈에서는 코칭인 이유는 무엇일까? 소형 세일즈는 경험을 통해서 배우기 쉽다는 것이 그 이유이다.

극단적인 예로, 하루에 셀러가 평균 20건의 세일즈 상담을 하는 소형 세일즈를 생각해 보자. 이 경우 셀러는 평균 하루 두 건의 상담을 실시하는 대형 세일즈의 경우보다 10배나 많은 경험을 쌓을 수 있다. 더 중요한 사실은 소형 세일즈에서는 셀러의 행동에 대한 결과가 금방 나타난다는 점이다. 세일즈 방식을 바꾸기로 아침에 마음을 정했다면, 점심 무렵까지 10여 명의 고객을 상대하면서 새로운 행동 방식이 어떤 반응을 일으키는지 쉽게 알 수 있다. 이와는 대조적으로 대형 세일즈는 행동에 대한 결과가 나타나는 데 1년 이상이 걸리기도 한다.

기회의 횟수와 피드백의 즉각성이라는 두 가지 요소는 대형 세일즈에서 경험을 통해 배우기가 어려운 이유를 설명한다. 불행히도 대형 세일즈에서 경험은 세일즈를 성공으로 이끌기에는 혼동스럽고 부적절한 지침이다. 코칭이 중요한 것은 바로 이 때문이다. 훌륭한 코칭은 셀러가 스스로 경험을 깨닫게 도와준다. 또한 소형 세일즈에서 그날의 실적으로 나타나는 결과를 대형 세일즈에서는 코칭을 통해서 알 수 있다. 소형 세일즈에서 코칭은 효과성을 향상시키는 중요한 도구지만, 대형 세일즈에서는 필수적인 도구라고 말할 수 있다.

평가인가, 계획인가?

소형 세일즈에서 전통적인 형태의 기술 코칭은 상담이 끝난 뒤 코치와 셀러가 무엇이 잘되고, 못되었는지, 다음에 있을 상담에 무엇을 준비해야 하는지를 평가하는 식이다.

| 표 5.2 | 소형 세일즈에서의 기술 코칭

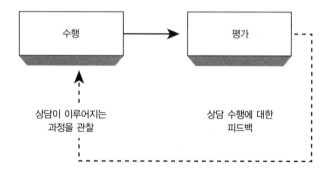

이러한 기술 코칭은 표 5.2에서처럼 두 단계의 과정이다.

• 수행: 매니저가 고객과 상담하는 셀러의 행동을 관찰한다.
• 평가: 매니저가 셀러에게 피드백을 주는 단계로, 상담을 평가하
고 개선해야 할 점에 대해 합의한다.

이 단순한 모델은 기본적으로 평가 단계를 강조한다. 실제 많은 조
직에서는 코칭이라는 말보다 '상담 검토'나 '상담 평가'라는 용어를
선호한다. 소형 세일즈에서의 코칭은 전형적으로 수행 → 평가 → 수
행 → 평가 순으로 진행되며, 코치인 매니저는 셀러와 함께 상담에
참여한다. 여기서 계획은 좀처럼 등장하지 않는다. 계획을 세우는 것
에도 시간을 들인다고 주장하는 매니저를 만난 적이 있었다. "무엇에
중점을 두고 계획을 세웁니까?"라고 묻자 그는 "제가 상담에 참여하

| 표 5.3 | 대형 세일즈에서의 기술 코칭

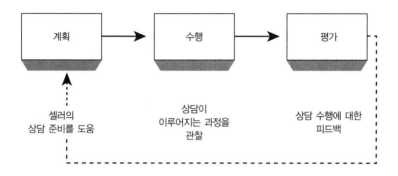

는 이유를 고객에게 어떻게 설명할지 의논합니다."라고 말했다. 그 외에 다른 계획을 세우는지 우리가 묻자, 매니저는 잠시 생각한 후 이렇게 대답했다. "글쎄요, 저는 가끔 고객의 사무실로 엘리베이터를 타고 올라가는 동안 심각하게 고민을 합니다. 그것 역시 일종의 계획으로 봐야 하지 않을까요?"

고민의 순간을 계획으로 보는 것이 소형 세일즈에서는 가능할지 모르지만 대형 세일즈에서는 다르다. 그것은 중대한 차이점이다. 대형 세일즈에서의 코칭은 평가보다 계획을 더 강조한다. 대형 세일즈에서의 코칭은 표 5.3에 나온 모델과 같다.

대형 세일즈에서 훌륭한 코치는 평가 단계보다 계획 단계를 더 강조한다. 소형 세일즈 코칭은 수행 → 평가가 전부인데 반해, 효과적인 대형 세일즈 코칭은 '계획' → 수행 → 평가 순으로 진행된다. 계획은 더 효과적인 상담이 되게 할 뿐만 아니라, 상담의 목적을 분명히 해서 수행과 평가를 용이하게 만든다. 매니저들과 코칭 기술을 향상시키는 작업을 하면서, 우리는 항상 코칭의 계획 측면을 더 많이 강조하는 것이 코칭 성과를 훨씬 더 향상시키는 결과를 가져온다는 사실을 발견한다.

기술인가, 전략인가?

소형 세일즈 코칭과 대형 세일즈 코칭의 마지막 차이점은 어떤 문제를 강조하는가에 있다. 일회성인 소형 세일즈의 경우 셀러 개인이 고객을 만나 직접 상황에 대처하는 것 외에는 별다른 전략이 필요하지 않다. 반대로 대형 세일즈에서 개별 상담은 고객을 상대하는 더 큰 전략의 일부로서만 이루어진다. 코칭은 이러한 차이를 반영해야 한다. 소형 세일즈에서는 전략을 무시해도 훌륭한 코치가 될 수 있다. 앞서 이야기했던 하니웰의 매니저가 그 대표적인 예이다.

저가의 제품을 일반 소비자에게 판매할 때, 그 매니저는 셀러가 각각의 상담에 능숙하게 대처하도록 하는 데 코칭의 중점을 두었다. 실제 그것은 아주 효과적인 방식이었다. 그런데 그가 수백만 달러의 산업용 제어 시스템 세일즈를 책임지면서부터 개별 상담에 대처하는 요령만으로는 충분한 성과를 거둘 수가 없었다. 그는 고객 전략이라는 더 큰 틀에서 셀러들의 기술을 점검하고 지도해야 했다. 그가 진단한 대로, 더 이상 기술 코칭이 통하지 않기 때문이다.

그런데 소형 세일즈에는 기술 코칭이 가장 중요하고, 대형 세일즈에는 전략 코칭이 가장 중요하다고 말하면 그것 또한 지나친 단순화가 될 수 있다. 그런 잘못된 생각 때문에 막대한 비용을 들이고도 손해를 보는 기업들을 우리는 많이 보아왔다. 익명을 요구한 한 다국적 기업에서 일부 셀러들을 위한 전략 프로그램 문제로 우리에게 조언을 구한 적이 있었다. 그들은 새로운 전략 프로그램이 어떻게 자신들의 전반적인 계획에 부합하는지를 설명했다. "저희는 소형 세일즈를 담당하는 셀러와 매니저에게는 기술 훈련을 시켰고, 기업 대상의 대형 세일즈를 하는 셀러들에게는 전략을 가르치는 데 초점을 뒀습니다. 소형 세일즈에서는 기술이 중요하고, 대형 세일즈에서는 기술 대신 전략이 필요하다는 것이 저희의 생각이었습니다." "새 프로그램을 도입하신 이유는 뭡니까?"라고 우리가 묻자, 그때서야 이들은 사실을 털어놓았다. "기존의 전략 프로그램은 만족스럽지 못했습니다. 기대만큼 세일즈 실적을 끌어올리지 못했거든요. 우리는 그 프로그램이 너무 기초적이라고 판단했습니다. 그래서 새로운 고급 전략 프로그램을 도입해야겠다고 생각한 겁니다." 겉보기에는 아주 그럴듯한 접근이었다.

이 회사의 대형 세일즈 매니저들은 수백만 달러의 거래들을 책임지고 있었다. 그들의 성공에 전략이 필수 요건이라는 사실은 분명했다. 복합적인 세일즈를 해야 했으므로 그들의 말대로 고급 프로그램을 적용하는 것이 당연해 보였다. 그런데 그들의 생각이 맞아 떨어졌다면 이 기업이 익명을 요구한 까닭은 뭘까? 우리는 이 회사 세일즈 매니저들의 활동을 지켜보면서 충격을 받았다. 그들은 최고급 전략 프로그램을 수행할 당사자들이었지만, 도대체 기본적인 세일즈 기술도 갖고 있지 않은 상태였다.

그들은 고객을 만나도 질문은 생략하고 설명으로 일관했으며, 1950년대에나 유행했던 구식의 세일즈 기술을 쓰고 있었다. 더욱 심각한 문제는 세일즈 기술 같은 저차원의 문제를 고민하기에는 자신들이 너무나 중요한 일을 한다고 생각한다는 점이었다. "저희는 이미 숙련된 사람들입니다. 저희에게는 최신의 고급 세일즈 전략이 필요합니다."라고까지 말했다. 안타깝지만, 정말 그들에게 필요한 것은 가장 기초적인 세일즈 기술이었다. 그 세일즈 매니저들 가운데는 심지어 가장 단순한 전략을 실행하는 기술조차 알지 못하는 사람도 있었다. 익명의 이 회사는 심각한 잘못을 저지르고 있었으며, 솔직히 고급 전략 프로그램을 도입해 보았자 순전한 비용 낭비일 뿐이라고 말할 수밖에 없었다.

우리는 이와 유사한 사례들에서 몇 가지 실질적인 결론을 끌어낼 수 있었다.

- 전략과 기술이 별개라고 생각하는 것은 착각이다. 세일즈 기술은 전략을 수행하는 도구이다. 아무리 독창적인 전략이 있다고 해도, 세일즈 기술이 뒷받침되지 않으면 실패는 뻔한 것이다. 앞의 사례에서 전략 프로그램이 효과가 없었던 이유는 프로그램의 문제 때문이 아니었다. 그것은 세일즈 매니저들이 전략 수행에 필요한 기본적인 기술조차 갖고 있지 않기 때문이다.

- 대형 세일즈 셀러가 기본 세일즈 기술을 갖추었다고 가정하고 그들을 위한 전략에만 중점을 두는 경우가 있다. 바로 앞의 사례에서 보듯이 그런 가정은 위험하다. 더욱 문제가 되는 것은, 매니저가 자신에게는 세일즈 기술이 필요 없다고 믿게 되면 트레이닝을 하거나 코칭을 할 때도 기술을 소홀히 한다는 것이다.

- 일반적으로 (코칭이나 트레이닝 모두) 전략보다 먼저 세일즈 기술에 중점을 두는 것이 올바르다. 세일즈 기술은 습득하는 데 오랜 시간이 걸린다. 셀러들이 세일즈 기술에 숙달되면 매니저가 새로운 세일즈 전략을 실행하는 데도 도움이 된다.

전략 코칭은 무엇이 다른가

전략 코칭과 기술 코칭을 별개로 여기는 것이 위험하다고 앞서 경고했지만, 소형 세일즈와 대형 세일즈는 서로 다르며, 대형 세일즈의 코칭은 전략에 더욱 중점을 둔다. 과연 이러한 사실은 무엇을 의미할까? '전략 코칭'은 과연 무엇일까? 기술 코칭과는 어떤 점이 다를까? 매니저는 셀러들에게 어떻게 전략을 지도할 수 있을까? 지금부터는 이 문제를 다룰 예정이다. 세부적인 논의에 들어가기 전에 우선 전략 코칭과 기술 코칭의 차이점을 몇 가지 알아보자.

전략 코칭은 사무실에서 가능하다

셀러의 기술을 효과적으로 코치하려면 매니저는 셀러의 기술 수행 과정을 직접 눈으로 보아야 한다. 이 원칙에 예외는 없다. 운동을 지도하는 코치나 세일즈 코치는 우선 행위 당사자가 어떻게 자신의 역할을 수행하는지 지켜봄으로써 기술 코칭을 실시할 수 있다. 결국 매니저가 세일즈 기술을 코칭하려면 직접 셀러와 함께 상담에 나가야만 한다. 기술 코칭에서는 고객의 존재가 빠질 수 없다.

하지만 전략 코칭은 다르다. 물론 셀러의 세일즈 수행 과정을 지켜보는 것도 바람직하겠지만, 효과적인 전략 코칭은 사무실에서도 가능하며, 매니저가 고객을 상대로 한 전략 수행 과정을 반드시 지켜봐야 할 필요도 없다. 바로 이런 이유 때문에 전략 코칭은 아주 매력적인 도구이기도 하다. 전략 코칭은 고객을 찾아가지 않아도 가능하며, 다음과 같은 장점이 있다.

- 기술 코칭에서 큰 부담인 고객을 찾아가거나 기다리는 데 시간을 허비할 필요가 없다.
- 매니저의 일정에 맞춰 코칭을 계획할 수 있으며, 고객을 염두에 둘 필요가 없다.

게다가 대형 세일즈 상담은 보통 고객을 방문하고, 계획을 짜고, 코칭을 하는 데 한 시간 이상 소요되는데 반해, 전략 코칭은 15분 안팎의 시간으로도 충분히 할 수 있다. 시간의 압박을 받는 매니저로서는 기술 코칭보다 전략 코칭을 더 현실적인 방안으로 여기는 것도 당연하다. 분명 전략 코칭은 기술 코칭보다 시간적으로 훨씬 더 효율적이다. 하지만 앞서 보았듯이 전략 수행을 뒷받침할 만한 기본적인 세일즈 기술을 셀러가 갖추지 못했다면 아무리 좋은 전략을 세워도 무용지물이 될 것이다. 시간이 덜 든다고 해서 오직 전략 코칭에만 초점을 맞추고 기술 코칭을 소홀히 하는 것은 금물이다.

전략 코칭은 평가 단계가 중요하다

코칭의 과정이 계획, 수행, 평가의 세 단계로 이루어져 있다는 사실은 앞서 밝혔다. 전략 코칭은 계획에 중점을 두기 때문에 셀러가 상담을 수행하는 것을 직접 보지 않아도 효과적인 코칭이 가능하다. 그렇다면 마지막 단계인 평가는 어떨까? 사실 평가를 제대로 수행하지 못하는 매니저가 많다. 기술 코칭에서 매니저는 상담에 나가 셀러의 세일즈 수행 과정을 지켜본다. 상담을 직접 보기 때문에 상담이 끝난 후 당연히 코칭이 이어지고, 상담 내용을 평가할 수 있다. 즉 기술 코칭에서 상담 수행은 당연히 평가로 이어진다. 그런데 전략 코칭에서는 수행과 평가가 바로 이어지지 않거나 불분명한 경우가 있다. 우리는 매니저가 셀러와 함께 계획을 세우면서, 중요한 전략적 요소에 대해 상의하는 것을 자주 보았다. 매니저는 전략 코칭의 장점을 확실히 활용하고 있었고, 그후 셀러를 상담에 내보냈다. 여기까지는 괜찮았다. 그런데 평가 단계의 코칭도 이루어졌을까? 종종 그러지 못하는 경우가 발생한다. 전략 코칭에서는 수행에 이어 평가가 바로 이루어지지 않으며, 아예 빠뜨리고 넘어가는 경우도 있었다.

매니저의 코칭 실력 향상을 도우면서, 우리는 그동안 소홀했던 평가 단계에 신경을 쓰도록 하는 것이 효과적으로 전략 코칭을 하는 가장 신속한 방법 중 하나라는 점을 알았다. 한편 기술 코칭에서 계획이 소홀히 취급된다는 점을 보면 이런 차이는 꽤 흥미롭기까지 하다.

전략 코칭은 한정된 고객에 집중해야 한다

가장 흔한 코칭의 함정은 너무 많은 셀러들을 대상으로 집중도가 약한 코칭을 수행하는 것이라고 앞서 설명한 적이 있다. 기술 코칭에서 그런 실수를 미리 예방하는 가장 좋은 방법은 코칭 대상을 한정하고 대신 셀러 각각에 대해 깊이 있는 코칭을 실시하는 것이다. 그렇다면 전략 코칭도 그런 식으로 진행해야 할까? 매니저가 코칭의 강도를 높이기 위해 기술 코칭에서처럼 훈련 대상인 셀러의 수를 줄여야 할까? 아니다. 기술 코칭과 전략 코칭의 중대한 차이점을 여기서도 발견할 수 있다. 코칭의 여력이 한정된 상황이라면 코칭 대상을 줄이는 것이 기술 코칭에서는 유리하다. 그런데 전략 코칭은 전략을 구사할 상대인 고객을 줄이는 것이 더 좋다.

이런 차이가 발생하는 이유는 분명하다. 고객의 상황을 제대로 파악하지 못하면 효과적인 전략 코칭을 수행하기 어렵기 때문이다. 따라서 전략 코칭을 하는 매니저는 깊이 있는 전략을 세우기 위해 고객의 상황을 파악하는 데 충분한 시간을 투자해야 한다. 고객의 수가 많으면 고객을 충분히 파악할 수 없고, 따라서 효과적인 전략을 세우기도 어렵다. 물론 고객에 대한 사전 지식이 없어도 예리한 질문으로 정보를 얻어내 고객 전략을 세우는 매니저도 있다. 하지만 그런 경우는 아주 예외적이다. 고객을 잘 알지 못하는 상태에서 거래를 한 건 성사시켰을지라도, 그 열배에 해당하는 거래에서 실패를 맛볼 것이 분명하다. 충분한 정보를 얻지 않은 상태에서의 전략 코칭은 도박이나 다름이 없다. 그렇기 때문에 우리는 시간의 제약에 시달리는 매니저들에게 고객 수를 줄여서 코칭의 집중도를 높일 것을 조언한다.

218

전략 코칭 고객의 선택 기준

매니저가 전략 코칭을 수행하기 위해 고객을 선택해야 한다면, 어떤 고객을 선택해야 하는지에 대해 유용한 판단 지침이 있을까? 여기에 매니저가 염두에 두어야 할 세 가지 지침이 있다.

- 고객의 중요도: 대부분의 매니저에게는 전체 실적의 절반 이상을 차지하는 소수의 주요 고객이 있게 마련이다. 이러한 고객이 바로 전략 코칭을 위한 최상의 후보이다. 우선 이들 고객은 매니저가 공을 들일만한 가치가 있으며, 이미 이들에 대해서는 잘 알고 있는 경우가 대부분이다. 즉 이들 고객에 대해서는 정보를 파악하는 시간을 줄일 수 있다. 여기에 기술 코칭과의 또 다른 차이점이 있다. 우리는 매니저에게 기술 코칭을 할 때는 중요한 고객을 선택하는 일은 피하라고 충고했다. 즉 잠재력이 큰 고객일수록 전략 코칭 후보로 적합하다. 기술 코칭에서는 '안전하다'고 판단되는 고객을 선택하고, 전략 코칭에서는 '중요하다'고 판단되는 고객을 선택하는 것이 좋다.

- 특별한 기여: 전략 코칭 고객을 선택할 때 참고해야 할 또 다른 지침은 매니저가 전략에 특별한 기여를 할 수 있는지의 여부이다. 예를 들어 셀러에게는 부족한 관련 업계 지식을 매니저가 갖추고 있는지, 혹은 매니저가 고객의 시장 상황을 더 잘 이해하는지, 과거 유사한 사례의 상담을 다루어본 적이 있는지를 따져본다. 물론 매니저가 전략에 특별한 기여를 하지 못하는 경우에도 도움을 줄 수는 있다. 그렇지만 매니저가 코칭을 위해 고객을

선택하면서 조금이라도 더 기여할 수 있는 부분이 있다면 전략 코칭을 하는 데 더욱 유리한 것은 당연한 일이다.

- **학습 기회**: 마지막으로 고객이 셀러에게 학습 기회를 주는지 따지는 것이 중요하다. 어떤 고객을 대상으로 전략 코칭을 실시할 때 셀러에게 새로운 것을 가르칠 수 있고, 셀러가 다른 고객에게도 쓸 수 있는 유용한 능력을 개발하도록 도울 수 있을까?

이러한 지침을 참고해 전략 코칭을 위한 고객을 선택할 수 있다. 무엇보다도, 관리 중인 모든 고객을 대상으로 피상적인 전략 코칭을 하기 보다는 한정된 소수의 고객에 집중해 전략 코칭을 하는 것이 중요하다는 사실을 명심하자. 그러면 이제부터는 코칭 자체에 관심을 돌려서 효과적인 전략 코칭의 기술에 대해 살펴보자.

고객 목표와
실행 틀

전략 코칭에는 두 가지 요소가 필요하다.

- **명확한 고객 목표**: 매니저와 셀러는 세일즈를 통해 달성하고자 하는 목표를 서로 공감해야 한다. 목표를 공감하지 못하면 효과적인 코칭이 어렵다. 이후 살펴보겠지만, 좋은 목표는 세일즈 전략을 수립하는 첫 단계에서부터 확고하게 고정되어 있는 목표

를 의미하지는 않는다. 좋은 목표는 세일즈 사이클이 진행되는 과정에 끊임없이 발전하고 변화하는 유동적인 목표이다.

- 실행 틀: 실행 틀은 목표를 실천에 옮기고, 그 성공 여부를 판단하고, 그에 따라 고객 전략을 수정하는 수단이다. 실행 틀에 관해서는 이후 더 자세히 살펴볼 것이다.

우선 고객 목표에 대해서 알아보자.

고객 목표의 설정

세일즈 전략의 출발점은 고객으로부터 정확히 얻어내고자 하는 구체적인 목표를 세우는 일에서 시작된다. 그러나 안타깝게도 현실은 말처럼 간단하지 않다. 우선 고객 목표의 종류가 여러 가지일 수 있다. 그리고 목표들의 차원이 다를 수 있다. 예를 들어 다음과 같은 고객 목표가 있을 수 있다.

고객 거래 점유율을 올해 안에 현재 14%에서 30%로 끌어올린다.
고객의 신임 구매팀장과 관계를 맺는다.
고객의 회계 부서에 모델 2754 제품을 판매한다.

위의 목표들에서 가장 눈에 띄는 점은 어떤 목표가 다른 목표보다 훨씬 더 폭넓다는 사실이다. 예를 들어, 거래 점유율을 높이는 것은 특정 장비를 세일즈하거나 고객사의 한 개인과 관계를 맺는 것보다 더 폭넓은 목표이다. 교육이나 프로젝트 관리 분야에서의 목표 설정에 관한 많은 서적들이 있는데, 이 중 상당 수는 목표의 폭에 있어 차이를 인식하고 활용하는 것의 중요성을 강조한다. 일부 저자는 목표를 두 가지 차원으로 나눌 수 있다고 말한다.

- **전략적 목표**: 고객 거래의 점유율 제고와 같은 전반적인 목표.
- **전술적 목표**: 가령 특정한 제품을 세일즈하거나 고객사의 특정 부서에 영향력을 행사하는 것과 같은 목표를 달성하기 위해 필요한 일상적인 세일즈 활동.

목표를 전략적 목표와 전술적 목표로 구분하는 방식은 경우에 따라서 심각한 오해를 초래하기도 한다. 매니저들 중에는 고객 전략을 순전히 전략적 목표에 관한 것으로만 생각하는 사람들이 있다. 그들은 자신의 역할이 큰 그림을 그리는 것이라고 믿으며, 자신은 전반적인 전략 문제에 초점을 맞추고, 대신 일상적인 전술적 문제는 무조건 셀러에게 떠넘기는 경향이 있다.

어느 대형 화학 회사의 매니저는 우리에게 이런 말까지 했다. "제 업무는 전략을 담당하는 것입니다. 저는 매출 규모나 영업 이익 같은 전반적인 전략 목표를 설정합니다. 한편 저희 셀러들은 전술적 목표를 담당합니다. 제가 정한 전략 목표를 수행하는 역할을 맡죠. 저는 전술에 대해서 간섭하지 않고, 또 셀러들은 제가 짜는 전략에 대해서 관여하지 않습니다. 저는 전략가이고, 셀러들은 전술가인 셈입니다."

이러한 논리는 상당히 단순한 매력을 지니고 있다. 전략과 전술을 갈라놓는 방식은 몇 천 년 전의 군대 조직에서나 효과가 있었다. 하지만 세일즈 전략에서 그런 방식은 재앙을 불러올 뿐이다. 당시 우리가 그를 만난 것은 성공적이지 못한 매니저에 대해 조사하던 과정이었다. 성공하지 못한 매니저들 중에는 그와 유사하게 전략을 전반적인 목표 설정 활동으로 간주면서 일상적인 실행과는 관련이 없다고 보는 이들이 꽤 많았다. 용어 때문에 혼란을 일으켜서는 안 된다. 매니저가 전략 목표 설정에만 관여하는 것은 아니다. 성공적인 세일즈 매니저는 모든 차원의 목표 설정을 포함해 전략의 모든 요소에 대해 적극적으로 관여한다.

세일즈 목표의 차원

세일즈 목표를 다양한 차원으로 좀더 정교하게 구분하면 '상위 목표(Goal)', '하위 목표(Objective)', '실행(Activity)'의 세 범주로 나눌 수 있다. 〈포춘〉 선정 500대 기업들 중 다수가 이러한 구분법을 활용한다.

- '상위 목표'는 전략 목표처럼 고객을 상대로 한 전반적인 목표를 의미한다.
- '하위 목표'는 상위 목표를 구성하는 목표들을 말한다. 예를 들어, "모델 7999 제품을 회계 부서에 판매한다."라는 것은 30퍼센트 점유율 확보라는 '상위 목표'의 일부로서 하위 목표이다.
- '실행'은 가장 기초적인 단계로 목표를 수행하기 위한 행동이나 절차를 말한다.

| 표 5. 4 | 상위 목표, 하위 목표, 실행의 측면에서 고객 목표의 표현

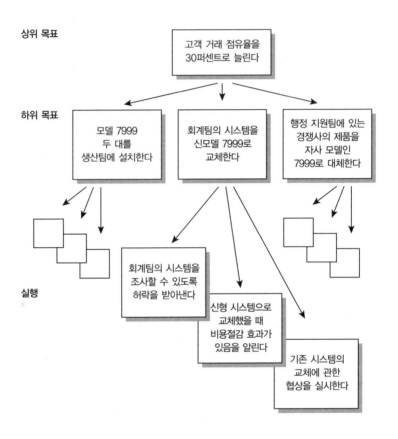

상위 목표

고객 거래 점유율을
30퍼센트로 늘린다

하위 목표

모델 7999
두 대를
생산팀에 설치한다

회계팀의 시스템을
신모델 7999로
교체한다

행정 지원팀에 있는
경쟁사의 제품을
자사 모델인
7999로 대체한다

실행

회계팀의 시스템을
조사할 수 있도록
허락을 받아낸다

신형 시스템으로
교체했을 때
비용절감 효과가
있음을 알린다

기존 시스템의
교체에 관한
협상을 실시한다

표 5.4는 전형적인 '상위 목표 — 하위 목표 — 실행' 의 관계를 나타
낸 것이다.

표 5.4처럼 고객을 상대로 한 다양한 목표를 매니저와 셀러 모두가
볼 수 있게 도표로 제시하는 방법은 아주 유용하다. 한 고객을 상대
로 다수의 인원이 작업을 진행할 때, 이 도표는 수천 단어의 말보다

더 확실한 가치가 있다. 우리는 한 컴퓨터 기업의 세일즈 팀과 일한 적이 있는데, 다국적 기업을 상대로 한 세일즈를 성사시키기 위해 26명의 셀러들 모두가 맡은 중요한 역할을 완수해야만 했다. 각 지역의 셀러, 시스템 기술자, 소프트웨어 전문가들의 활동을 조율하는 역할을 맡은 총괄 매니저는 표 5.4처럼 팀 전체의 목표 달성을 위해 각 개인이 해야 할 역할을 나타내는 큰 도표를 작성했다.

그는 도표에 대해 이렇게 설명했다. "저는 26명의 인원을 한 방향으로 움직이도록 하는 것이 중요하다고 생각했습니다. 큰 도표 한 장에 모든 인원들의 목표를 펼쳐놓으면 셀러들은 자신의 행동이 팀 전체의 목표에 어떻게 기여하는지를 알 수 있습니다. 아울러 서로가 다른 사람의 역할을 아는 것도 중요했어요. 셀러와 엔지니어가 함께 일을 할 경우 서로 적대감을 갖는 경우가 많은데, 그 표는 그러한 적대감을 누그러뜨리고 우리를 한 팀으로서 일하도록 만들었습니다."

주의 사항

전략적 세일즈 목표를 설정하는 유일하게 올바른 한 가지 방법이란 존재하지 않는다. 매니저가 우리에게 어떤 종류의 목표 설정 유형이 가장 좋은지 물으면 우리는 항상 "가장 편안한 것으로 하십시오." 라고 말한다. 그리고는 몇 가지 주의할 점에 대해 덧붙인다.

목표 설정을 단순하게 하라

목표 설정이 실패하는 가장 주된 이유는 그것이 지나치게 복잡하기 때문이다. 우리는 아주 복잡한 방식으로 정교한 세일즈 목표를 세우는 예를 본 적이 있다. 그렇게 정교한 목표는 꽤 많은 서류 작업과 전산 작업을 요구하기도 한다. 복잡한 세일즈 목표 체계가 실패하고 나서 우리에게 도움을 요청하는 기업도 여럿 있었다. 당시 우리가 경영진에게 보낸 보고서는 다음과 같은 간결한 내용을 담고 있었다.

- 셀러들이 그것에 분통을 터뜨리고 있습니다.
- 세일즈 매니저들은 그것이 어떻게 관리 업무에 도움이 되는지 모르고 있습니다.
- 관련 자료의 현실성이 떨어집니다.
- 누구도 변화하는 상황에 맞춰서 목표를 새롭게 갱신하고 수정하려는 노력을 하지 않습니다.
- 목표가 지나치게 복잡합니다. 더 쉽고 단순하게 바꿀 필요성이 있습니다.

목표 설정은 단순해야 한다. 목표 설정을 위해 모인 자리에서 세 시간 중 두 시간을 상위 목표와 하위 목표의 차이를 설명하는 데 허비하는 매니저가 되어서는 안 된다. 무엇보다도 목표를 설정할 때는 매니저와 셀러 모두가 고객을 상대로 무엇을 성취해야 하는지 간단하고 명확히 알 수 있도록 하는 것이 가장 중요하다.

목표는 자주 수정되어야 한다

고객 목표를 설정할 경우, 처음부터 정확성이나 현실성을 갖출 확률은 낮다. 정확한 목표를 세우기에 충분한 정보를 확보하지 못하는 경우가 대부분이기 때문이다. 새로운 고객과 거래를 시도하거나, 또

226

는 기존 고객이라도 다른 분야에서 새로운 거래를 시작하는 경우라면, 실질적인 면을 따지기보다 거래의 잠재성을 우선 고려할 수도 있다. 이후 세일즈 사이클이 진행되는 과정에 고객에 대한 정보가 늘어나면 현실적인 목표를 설정할 기회도 더 늘어난다. 그런데도 거래 초반부터 구체적인 목표를 세우는 데 너무 많은 시간을 소비하는 매니저와 셀러들을 자주 볼 수 있다. 이 경우 목표를 세운 지 2주 정도가 지나면 고객에 대한 새로운 정보가 입수되고, 또 고객과의 관계가 발전되면서 처음에 그토록 정확하게 설정했던 목표는 이미 한물 지난 것이 되어버리고 만다. 목표 설정은 한 번에 완결될 문제가 아니다. 점진적으로 고쳐 나가야 하는 작업이다.

목표를 단순하게 설정해야 하는 또 다른 이유는 복잡한 목표는 고치기가 어렵기 때문이다. 1960년대 뛰어난 컨설턴트 중 한 사람이었던 빌 앨런은 셀러에게 결코 잊을 수 없을 만한 교훈을 남겼다. 빌은 부하 직원에게 한 회사에 대한 컨설팅 목표를 짜도록 지시했다. 직원은 과제를 근사하게 할 요량으로, 많은 시간을 들여서 목표, 지향점, 수행 평가 등의 내용을 담은 5쪽 분량의 자료를 작성했다.

다음날 빌에게 자료를 제출했을 때 빌은 이렇게 말했다. "내가 보기에 이 자료의 문제는 필체가 너무 좋다는 거야." 직원은 빌의 엉뚱한 반응에 당황했다. 일주일 후 빌은 목표를 갱신하라고 시켰다. 그동안 새로운 정보들이 나왔기 때문에 수정이 간단치 않았다. 각각의 목표와 하위 목표, 행동 기준까지 모두 수정이 필요했다. 그는 밤을 새워 작업해서 그 다음날 아침 빌에게 수정본을 내밀었다. "필체가 여전히 좋군."이라는 대답이 빌의 유일한 코멘트였다. 일주일이 지나자 빌은 또 다시 수정을 요구했다. 그는 더 이상 공들여서 일할 의욕

| 표 5.5 | 목표 설정에 대한 전통적인 하향식 접근

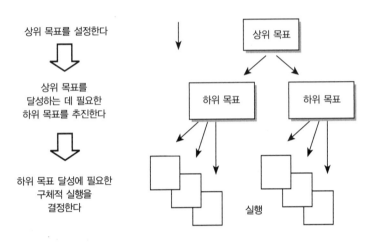

이 생기지 않았고, 핵심 사항만을 대충 휘갈겨 쓴 자료를 제출했다.

그러자 빌은 의외로 기뻐했다. "아주 훌륭해. 글씨가 너무 엉망이라 알아 보지는 못하겠군. 자네가 이제 석판(tablet of stone)이 아니라 작업 문서를 제출했으니 목표에 대해 이야기해 보세." 빌은 중요한 교훈을 가르쳐주었다. 목표를 세우는 일은 한 번 정해놓으면 끝이 나는 작업이 아니다. 전략 목표가 실제 행동의 지침이 되려면 끊임없이 갱신되어야 한다.

목표를 세일즈를 진전시키는 실행과 연결시켜라

목표 설정에 관해서 마지막으로 당부하고 싶은 말은, 목표가 구체적인 실행으로 옮겨지기 전까지는 선의의 진술서에 지나지 않는다는

| 표 5.6 | 현실적인 목표 설정 - 순환 구조

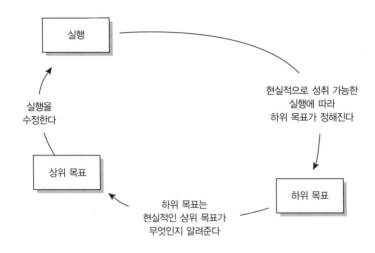

점이다. 목표 설정에 관한 훈련 과정을 진행하면서 우리는 매니저와 셀러가 상위 목표를 15만 달러로 할지, 25만 달러로 할지의 문제로 열을 올리며 논쟁하는 것을 보았다. 그런 논의는 그야말로 쓸데없는 일이었다. 왜냐하면 새로운 사업에서 당장 100달러를 벌기 위해서 어떤 일을 해야 하는지 정확히 아는 사람은 그 중에 아무도 없었기 때문이다. 상위 목표를 달성할 수 있는 구체적인 실행을 제시하지 못한다면 목표 자체는 아무런 의미가 없다.

이 문제는 나중에 자세히 다룰 예정이며, 다만 현재로서는 매니저들이 목표를 세울 때 너무나 쉽게 간과하는 기본적인 핵심 사항만을 짚어 보았으면 한다. 논리적으로 보면, 목표 설정 과정은 "올해 이 고객에게 25만 달러를 판매한다."와 같은 상위 목표를 설정하는 것에서 출발한다. 그런 다음 그 상위 목표에 근거해 일련의 구체적인 하위 목표와 실행을 정하게 된다.

이 과정은 표 5.5에 나와 있는데, 논리적으로는 그럴듯해 보이지만, 실제 이 방식은 제대로 작동하지 않는다. 현실적으로 고객과 얼마나 많은 거래를 성사시킬 수 있는지 알지 못하는 상황에서 그런 포괄적인 목표를 세울 수는 없다. 25만 달러라는 목표는 지나치게 높거나, 아니면 실제 달성할 수 있는 목표의 10분의 1에도 미치지 못할지 모른다. 실제 성취 가능한 목표가 어느 정도인지 판단하려면, 먼저 상위 목표를 달성하는 데 필요한 구체적 실행들에 대해서 알고 있어야 한다. 어떤 구체적 실행이 필요한지를 모른다면, 막연히 목표를 세워도 그것은 단지 희망 사항에 그칠 뿐이다. 현실적으로 목표 설정의 과정은 직선형이 아니라 순환형이며, 표 5.6에서 보듯이 상위 목표, 하위 목표, 실행이 서로 영향을 미치며, 계속해서 수정해 나간다.

완성된 그림을 미리 예상할 수 있는 전통적인 목표 설정 모델과는 달리, 순환식 모델은 세부적인 사항과 완성된 그림이 상호작용을 한다. 목표 설정에 이 방식이 더 유용하다는 사실을 우리는 경험을 통해 알게 되었다. 구체적인 실행들이 확정되지 않았다면 상위 목표 결정을 미뤄야 한다. 매니저가 전략을 세우고 셀러에게 전술을 맡기는 방식을 우리가 비판하는 것도 바로 그런 이유 때문이다. 목표 달성에 필요한 전술을 구체적으로 이해하지 못한다면 현실적인 전략 목표를 세우는 것은 불가능하다.

한편 대다수의 매니저들은 상위 목표 설정에 관해 자신이 아무런 영향을 미칠 수 없다고 느낀다는 것을 우리도 알고 있다. 주로 고위 경영진이 세일즈의 목적과 방향을 제시하므로 매니저는 목표에 관해

상의할 기회를 갖기 어려운 것이 사실이다. 그렇지만 개별 고객에 대한 특정한 차원의 전략 목표에 대해서는 매니저가 목표 설정 과정을 통제할 수 있다. 고객 전략을 개발하는 데 있어 첫 단계는 목표를 수립하고, 수정하고, 다듬는 것이다.

실행 틀

대형 고객에 대한 전략을 세우고 셀러를 대상으로 전략을 코칭하려면 다음의 두 가지 요소가 필요하다.

- 명확한 고객 목표
- 실행 틀

앞서 명확한 고객 목표의 의미에 대해 설명했다. 그러므로 지금부터는 고객 목표가 실행으로 전환될 수 있게 하는 틀의 개념에 대해 알아보자.

우선 '실행 틀'이 어떤 의미인지부터 자세히 알아보자. 지금까지 우리의 논리대로라면 '세일즈를 진전시키는 구체적인 실행'이 실질적인 전략의 핵심이라는 것을 알 수 있다. 그런데 구체적인 실행에 초점을 맞출 경우 문제가 발생한다. 전형적인 고객의 경우, 매니저가 상위 고객 목표를 향해 세일즈를 진전시키는 데 대개 백여 가지 이상의 실행이 필요하다. 목표가 구체적일수록 고려해야 할 실행의 수는 더 늘어난다. 반면 전체적 사고 방식(big picture thinking)은 그런 문제를 피해갈 수 있다. 만약 당신이 고객 전략을 구성하는 구체적인

| 표 5.7 | 세일즈 실행의 조직화를 위한 일정표

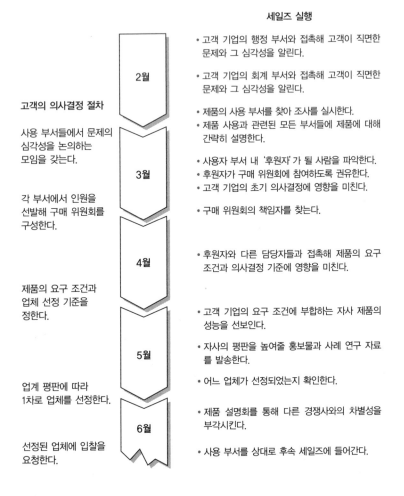

세일즈 실행

- 고객 기업의 행정 부서와 접촉해 고객이 직면한 문제와 그 심각성을 알린다.

2월

- 고객 기업의 회계 부서와 접촉해 고객이 직면한 문제와 그 심각성을 알린다.

고객의 의사결정 절차

사용 부서들에서 문제의 심각성을 논의하는 모임을 갖는다.

- 제품의 사용 부서를 찾아 조사를 실시한다.
- 제품 사용과 관련된 모든 부서들에 제품에 대해 간략히 설명한다.
- 사용자 부서 내 '후원자'가 될 사람을 파악한다.

3월

- 후원자가 구매 위원회에 참여하도록 권유한다.
- 고객 기업의 초기 의사결정에 영향을 미친다.

각 부서에서 인원을 선발해 구매 위원회를 구성한다.

- 구매 위원회의 책임자를 찾는다.

4월

- 후원자와 다른 담당자들과 접촉해 제품의 요구 조건과 의사결정 기준에 영향을 미친다.

제품의 요구 조건과 업체 선정 기준을 정한다.

- 고객 기업의 요구 조건에 부합하는 자사 제품의 성능을 선보인다.

5월

- 자사의 평판을 높여줄 홍보물과 사례 연구 자료를 발송한다.
- 어느 업체가 선정되었는지 확인한다.

업계 평판에 따라 1차로 업체를 선정한다.

6월

- 제품 설명회를 통해 다른 경쟁사와의 차별성을 부각시킨다.

선정된 업체에 입찰을 요청한다.

- 사용 부서를 상대로 후속 세일즈에 들어간다.

실행 사항 10여 가지를 가지고 있다면, 어떻게 그것들을 무작위로 나열하지 않고 좀더 유용한 형태로 조직화하겠는가? '실행 틀'이란 그 구체적인 실행들을 조직화하는 과정을 의미한다.

232

일정표의 활용

우리가 단순한 것에 매력을 느낀다는 점은 이미 수차례 밝혔다. 고객 실행을 조직화할 때 표 5.7에 나타난 것처럼 일종의 일정표에 따르는 것이 가장 간단한 방법이라고 말할 수 있다.

표 5.7은 일정에 따라 다양한 세일즈 실행들을 손쉽고 깔끔하게 정리한 예이다. 물론 이보다 훨씬 더 정교한 형태의 일정표들도 있다. 또한 일정표에는 단 하나의 세일즈 실행 항목만을 넣기보다는 여러 개의 항목을 추가할 수 있다. 예를 들어, 매니저의 세일즈 실행 항목, 셀러의 세일즈 실행 항목, 기술 지원팀의 세일즈 실행 항목 등을 추가할 수 있다.

일정표는 우리가 말하는 '조직화 틀(organizing framework)' 중 하나이다. 이 외의 다른 예들을 살펴보기 전에, 우선 좋은 조직화 틀이 갖추어야 할 특징 세 가지에 대해 알아보자.

조직화 틀은 세일즈 실행을 논리적인 방식으로 조직화한다: 표 5.7에 나와 있는 조직화 틀의 가장 주목할 만한 특징은 14가지의 세일즈 활동을 의미 있는 시간 흐름에 따라 배치했다는 점이다. 그렇게 함으로써 일정표라는 조직화 틀은 하나의 리스트를 계획으로 바꾸어 놓았다. 이는 모든 조직화 틀의 가장 분명한 기능 중 하나이다.

조직화 틀은 세일즈 실행을 고객의 의사결정 프로세스와 연결시킨다: 효과적인 조직화 틀이 가진 또 다른 특징은 세일즈 실행을 고객의 구매 프로세스와 연결시킨다는 것이다. 표 5.7에 나와 있는 도표는 왼편에 고객의 의사결정 프로세스를 보여주고, 이들 가운데 일정 부분을 지나 오른 편의 세일즈 단계와 연결시킨다. 그런데 왜 이러한 연결이 중요한 것일까? 정말 중요한 것은 고객의 의사결정 프로세스가 아니라 세일즈 단계를 명확히 하는 것이다. 그렇지만 고객의 의사결정 프로세스와 동떨어진 세일즈 전략은 실패하게 되어 있다.

너무도 많은 세일즈 전략과 일정이 오직 세일즈 프로세스만을 중심으로 되어 있다. 결과적으로, 세일즈 실행들은 용의 고객 발굴, 가망 고객 발굴, 초기 상담, 제품 설명, 제안서 작성, 클로징 등과 같은 연속적인 세일즈 단계들로 전개된다. 기업들은 그러한 세일즈 단계를 오랫동안 채택해 왔으며, 그것을 세일즈 조직을 관리하는 도구로 삼아왔다. 그런 기업의 매니저들은 셀러들이 그런 각각의 세일즈 단계에서 얼마나 많은 활동들을 수행하는지를 확인한다. "이번 달에는 발표를 몇 건이나 했지?", "왜 아직 제안서를 보내지 않았어?", "내가 알기로 자네는 4월 들어 신규 상담을 두 건밖에 하지 않았군."

이런 식으로 세일즈 단계를 관리할 경우 두 가지 문제가 발생한다. 첫 번째 문제는 앞서 2장에서 논의한 대로, 그러한 세일즈 과정이 효과성이 아닌 '활동(activity)'을 관리한다는 점이다. 그 결과, 소형 세일즈에서는 그러한 세일즈 과정이 통하겠지만, 대형 세일즈에서는 실패할 확률이 크다. 두 번째 문제는 그러한 세일즈 과정은 고객이 어떻게 의사결정을 하는지 고려하지 않는다는 점이다. 세일즈 전략이 세일즈 단계에만 초점을 맞추는 경우 난감한 문제들이 발생한다. 세일즈 전략은 그 명칭과는 달리 고객이 어떻게 구매하는지에 관한 것이다. 구매 프로세스를 제대로 이해하고, 그에 기초할수록 세일즈 전략이 더 현실적이고 효과적이 된다. 이는 우리가 효과적인 실행 틀이 고객의 구매 단계에 기초해야 한다고 확신하는 이유이다.

234

이 점의 중요성에 대해서는 누구나 쉽게 확인할 수 있다. 표 5.7을 더욱 자세히 살펴보자. 만일 경쟁업체가 고객의 구매 프로세스는 고려하지 않고 오직 전통적인 세일즈 단계에 따라 고객에게 세일즈를 한다고 가정해 보자. 경쟁업체에게 승산이 있을까? 승산은 거의 없다. 구매 프로세스를 고려하지 않는 세일즈 전략은 성공하거나 말거나 식밖에 되지 않는다.

조직화 틀은 '주요 개입 시점'을 포착할 수 있게 한다: 좋은 전략적 틀의 또 다른 중요한 특징은 매니저가 언제 세일즈 과정에 개입해야 하는지를 알려준다는 것이다. 전략 코칭의 실제적인 문제 중 하나는 타이밍이다. 매니저라면 누구나 정확한 타이밍을 몰라 거래에 실패한 경험들을 갖고 있다. 그렇다면 세일즈를 진행하면서 결정적인 전략을 구사할 시점을 알 수 있는 방법이 없을까? 전략적 틀이 가진 기능 중 하나는 매니저가 세일즈에 개입해야 할 시점을 미리 알려주는 것이다. 우리는 이러한 결정적인 시점을 '주요 개입 시점(Key Intervention Points), 줄여서 KIPS로 불렀다.

KIPS는 세일즈가 진행되는 과정에 매니저가 개입함으로써 거래의 성사 여부에 영향을 줄 수 있는 시점을 일컫는다. 매니저는 직접 세일즈를 하거나 혹은 코칭을 할 수 있다. 매니저가 언제, 어떻게 세일즈 역할을 수행해야 하는지에 관해서는 3장에서 설명했다. 코칭 역할의 측면에서, 매니저의 주요 개입 시점은 다음과 같다.

- 매니저가 코칭을 통해 셀러의 전략이나 거래 성사에 영향을 줄 수 있을 때.

| 표 5.8 | 일정표에 주요 개입 시점 표시하기

	세일즈 실행	주요 개입 시점(KIPS)

2월
- 고객 기업의 행정 부서와 접촉해 고객이 직면한 문제와 그 심각성을 알린다.
- 고객 기업의 회계 부서와 접촉해 고객이 직면한 문제와 그 심각성을 알린다.
- 제품을 사용할 부서를 찾아 조사를 실시한다.

> 문제를 검토하고, 제품 사용 부서에 대한 접근 방법 결정을 도와준다.

> 조사 결과를 검토하고, 제품의 성능에 대해 소개하는 것을 돕는다.

3월
- 제품 사용과 관련된 모든 집단에 제품을 간략히 설명한다.
- 사용자 부서 내에서 '후원자'가 될 사람을 찾는다.
- 그 후원자가 구매 위원회에 참여하도록 권유한다.
- 고객 기업의 초기 의사결정에 영향을 미친다.

> 고객의 의사결정 기준을 알아내고, 영향을 미칠 수 있는 상담 계획을 세우도록 돕는다.

- 코칭이 셀러의 학습에 도움을 줄 때. 예를 들어, 고객 전략의 일부 요소에 대한 셀러의 이해력을 높여줄 수 있을 때.

전략 틀이 어떤 식으로 주요 개입 시점을 포함하는지는 표 5.8에 나와 있다. 여기서 KIPS는 표 5.7에 나와 있는 사례의 기본적인 일정표에 추가되어 있다. 그런데 과연 KIPS라는 개념은 유용한가? 처음에는 왜 그것에 야단법석을 떨어야 하는지에 대해 의문을 제기하는 매니저들이 많았다. "다들 하고 있는 거 아닌가요. 근사한 이름을 붙이지는 않았지만 매니저들은 셀러가 어려움을 겪을 때마다 세일즈에 개입하고 있어요."라고 말하는 사람도 있었다. 그런데 이런 말을 하는 매니저들은 다른 매니저들과 마찬가지로 중요한 사실을 놓치고 있었다. 전략의 목적은 일이 벌어지고 나서 뒷수습하는 것이 아니다. 전략은 셀러가 세일즈를 망칠지도 모르는 상황에 직면하기 전에 미리 개입하기 위한 것이다. KIPS의 가치는 문제가 제기되기 전에 매니저가 언제, 어떻게 개입해야 하는지를 생각하게 하는 것이다. 당신도 자신이 담당하고 있는 세일즈의 일정표를 작성해 보라. 세일즈 실행들을 정하고 나서, 효과적인 주요 개입 시점이 어디인지 스스로에게 물어 보라.

한 화학 회사의 매니저는 KIPS 방식을 활용할 시간이 없다고 말하면서 마지못해 우리의 뜻대로 시도해 보았다. 석 달이 지난 뒤, 그는 이렇게 말했다. "기대했던 것보다 훨씬 효과가 있어요. 오히려 시간이 절약되었습니다. 저는 지금까지 소방관 노릇만 하느라 너무 많은 시간을 허비했어요. 직원들이 불을 질러놓으면 그 불을 끄느라 바빴죠. 그런데 이제는 주로 화재를 예방하는 일을 하고 있습니다."

일정표를 만드는 다른 방안

일정표는 세일즈 전략을 위한 조직화 틀로서 많은 장점을 갖고 있다. 그런데 일정표의 주된 강점은 또한 단점이 되기도 한다. 일정표가 유용한 이유는 세일즈 실행을 고객의 의사결정 프로세스와 연결시킬 수 있기 때문이다. 고객의 의사결정 프로세스를 알고 있으면 이 방식은 유용할 수 있지만 다음과 같은 경우가 있을 수 있다.

- 고객이 어떤 프로세스에 따라 의사결정을 하는지 명확하게 알

지 못하는 경우.

- 고객마다 의사결정 프로세스가 제각각이어서, 새로운 거래를 할 때마다 원점으로 돌아가 일정표를 새로 짜야 하는 경우.

바로 이러한 이유 때문에 일정표는 그 효용 가치보다 더 많은 노력을 요구하기도 한다. 그렇다면 이러한 단점 없이 일정표의 장점을 그대로 가져갈 수 있는 방법은 없을까?

일반적인 구매 틀

우리는 몇 년 전 처음 일정표를 가지고 작업을 하면서, 매니저가 고객의 의사결정 과정을 알지 못할 때 일정표를 작성하는 방법에 관한 훌륭한 답을 얻었다. 우리는 대부분의 사람들이 최초의 세일즈 전략을 짜는 데 너무 많은 공을 들이는 반면, 변화하는 상황에 맞춰서 그 전략을 수정하는 데는 충분한 노력을 기울이지 않는다고 생각한다. 따라서, 처음에는 고객의 의사결정 과정을 단순히 '추측'하는 것에서 출발하라. 그런 다음 고객의 의사결정 과정에 관한 정보를 수집한 후 그 정보를 토대로 일정표를 수정하라.

사람들은 처음부터 세부적인 사항을 궁리하느라 너무 많은 시간을 낭비한다. 그러니까 시작 단계에서는 손쉽게 추측을 토대로 일정표를 작성하는 것이 현명하다. 어차피 처음에 짜는 세일즈 전략은, 이후 세일즈가 진행되면서 상황이 바뀌고 더 많은 정보를 구한 다음 갱신될 전략과 비교하면 중요성이 떨어진다.

그런데 솔직히 이러한 접근에는 결함이 있다. 고객의 의사결정 과정을 추측할 수는 있지만, 만약 그 추측이 잘못된 것이면 어떻게 될

238

| 표 5.9 | 고객의 의사결정 단계에 대한 일반적인 전략 틀

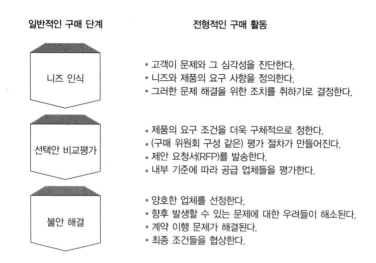

일반적인 구매 단계	전형적인 구매 활동
니즈 인식	• 고객이 문제와 그 심각성을 진단한다. • 니즈와 제품의 요구 사항을 정의한다. • 그러한 문제 해결을 위한 조치를 취하기로 결정한다.
선택안 비교평가	• 제품의 요구 조건을 더욱 구체적으로 정한다. • (구매 위원회 구성 같은) 평가 절차가 만들어진다. • 제안 요청서(RFP)를 발송한다. • 내부 기준에 따라 공급 업체들을 평가한다.
불안 해결	• 양호한 업체를 선정한다. • 향후 발생할 수 있는 문제에 대한 우려들이 해소된다. • 계약 이행 문제가 해결된다. • 최종 조건들을 협상한다.

까? 잘못된 추측에 기초해 계획된 세일즈 활동과 '주요 개입 시점' 역시 부정확할 것이고, 모든 작업이 쓸데없는 시간 낭비가 될 것이다. 당연히 매니저들은 "추측하지 않고 시작하는 방법은 없나요?"라고 질문을 던진다. "무작정 추측에 의존하는 것이 아니라, 더 정확한 고객의 구매 절차에서 출발하는 방법은 없을까요? 우리에게 출발점을 주세요." 그들의 이러한 요구는 일리가 있다.

그런데 만약 일반적인 구매 절차가 있다면 일정표를 작성하기가 훨씬 더 쉬울 것이다. 고객에 대해 더 많은 정보를 얻기 전까지 그것을 토대로 일정표를 작성할 수 있을 것이다. 다행히 우리는 구매 과정에 대한 연구를 통해 최초의 일정표 작성을 위한 단순하고 일반적인 틀을 얻을 수 있었다. 이 내용은 우리의 책인 『당신의 세일즈에

SPIN을 걸어라3 : 세일즈 전략과 협상』에 실려 있다.

표 5.9는 바로 그 일반적인 구매 의사결정 과정을 보여준다. 고객의 구매 의사결정은 보통 세 개의 단계를 거친다.

• 니즈 인식: 이 단계에서 고객의 주된 관심사와 행동은 특정한 제품을 구매해서 해결해야 할 문제가 과연 존재하는지 판단하는 것이다. 이 단계에서 고객의 머릿속을 들여다 본다면 아마 다음과 같은 질문이 있음을 알게 될 것이다. "과연 이 문제가 조치를 취해야 할 만큼 중대한 것인가?" "현재 갖추고 있는 시스템으로는 해결이 불가능한가?" "지금까지 해 온 방식에 어떤 잘못이 있는가?" 이러한 질문은 모두 니즈에 관한 것이다. 구매 의사결정의 첫 번째 단계는 고객이 조치를 요하는 심각한 수준의 니즈가 존재한다는 것을 인식하는 단계이다. 일단 조치를 취하기로 결정을 내리면 구매 과정은 다음 단계로 넘어간다.

• 선택안 비교평가: 구매 과정의 두 번째 단계에서 고객의 주된 관심은 문제를 해결하기 위한 여러 방법 중에서 어떤 것이 가장 효과적인지를 따지는 것이다. 다시 한번 가상 고객의 머릿속을 들여다보자. 두 번째 단계에서는 다음과 같은 질문을 발견할 수 있을 것이다. "어떤 업체의 제안이 가장 좋을까?" "비용이 좀더 들더라도 제품의 품질을 높이는 것이 나을까?" "속도와 호환성 중에서 어떤 요소가 더 중요할까?" 이 질문들은 모두 고객이 하나의 선택안을 고르는 것을 돕는다는 공통점을 갖고 있다. 이후 고객이 여러 선택안 중에서 하나를 고르면 구매 과정은 다음 단계로 넘어간다.

240

| 표 5.10 | 전략 코칭을 위한 KIPS 도구

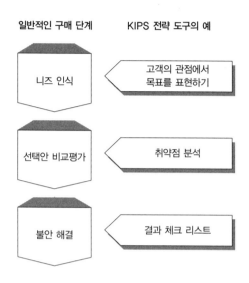

일반적인 구매 단계   KIPS 전략 도구의 예

니즈 인식 — 고객의 관점에서 목표를 표현하기

선택안 비교평가 — 취약점 분석

불안 해결 — 결과 체크 리스트

- 불안 해결: 마지막 단계는 최종 의사결정이 이루어지기 직전, 고객이 몇 가지 걱정과 불안을 해소하는 단계이다. 경우에 따라 이 마지막 단계는 실제로는 존재하지 않을 수도 있다. 최선의 선택을 한 고객이 즉시 결정을 내리고 계약서에 서명을 할 가능성이 있기 때문이다. 그런데 대부분의 대형 세일즈에서 고객은 최종 결정에 앞서 위험 요소를 따져보게 마련이다. 고객은 스스로 다음과 같은 물음을 던진다. "만일 결정이 잘못되었으면 어떡하지?" "계약이 제대로 수행되지 않으면 사장에게 뭐라고 보고를 해야 할까?" "사후 서비스가 약속대로 진행되지 않으면 어떡할까?" 이러한 물음의 공통점은 바로 리스크에 관한 것이다. 큰 거래를 결정할 경우 제품 구매의 책임을 맡

은 한 개인은 종종 상당한 압박감을 느끼며, 따라서 최종 결정에 앞서 겁을 먹거나 결정을 유보하는 사태가 발생하기도 한다.

이상 살펴본 세 단계는 일정표 작성을 위한 출발점으로 사용될 수 있는 단순한 일반적 틀을 제공한다. 고객에 대한 정보가 늘어나면 이 틀은 좀더 특정한 형태로 다듬어질 것이다. 고객 의사결정 단계에 대한 이러한 최초의 틀은 일정표 작성의 기초로서 단순한 추측보다 훨씬 더 효과적이다.

일반적 주요 개입 시점

고객의 의사결정 방식에 관한 일반적인 틀이 있다면, 이제 매니저가 세일즈 전략을 돕기 위해 효과적으로 개입할 수 있는 일반적인 시점 역시 있을 것이다. 일반적인 KIPS를 정하는 문제는 제법 흥미로운 사항에 속한다. 매니저가 세일즈 전략에 개입하는 것이 도움이 되는 일반적인 특정 시점이 있다면, 그 시점에서 세일즈 전략을 코칭하는 데 유용한 도구(tool)를 개발할 수 있을 것이다. 이 장의 나머지 부분은 구매 의사결정의 각 단계에서 활용할 수 있는 세 가지 전략 코칭 도구를 사례와 함께 살펴볼 것이다. 이러한 도구들은 각각의 의사결정 과정에서 제기되는 공통적인 전략적 코칭의 문제들에 도움을 주도록 설계된다.

니즈 인식 단계에서의 KIPS 코칭 도구: 세일즈 초기 단계에서 전략 코칭의 공통된 문제는 셀러가 전반적인 목표를 구체적인 세일즈 실행으로 전환하도록 어떻게 최선의 도움을 줄 것인가이다. '고객이 현재 시스템을 새 모델인 4777 시스템으로 교체하게 한다' 라는 전형적인

| 표 5.11 | 목표를 문제해결의 관점에서 표현하기

셀러가 달성하고자 하는 목표	목표 달성시 해결되는 고객의 문제
• 네트워크 최적화에 대한 연구를 판매하거나 수행한다.	• 은행의 전산담당 부사장이 새 어플리케이션을 위한 전략을 계획하는 것을 돕는다. • 은행이 잠재적 비용 절감 분야를 파악하게 한다.
• 새 네트워크의 설비와 위탁을 일괄도급식으로 개발하고 관리한다.	• 전산 부서는 네트워크 계획을 원하지만 너무 바빠서 직접 개발하지 못하고 있다. • 계획적인 접근은 전산 부서가 사용 부서들의 임시 해결책 요구를 물리칠 수 있게 한다.
• 고객 맞춤형 네트워크 교육을 판매에 포함시킨다.	• 새 시스템으로의 전환을 용이하게 한다. • 직원들과 운영 요원들이 더 잘 수용할 수 있게 한다.
• 장애복구 시스템을 판매한다.	• 24시간 백업 시스템을 가동해 자료 손실을 예방할 수 있다. • 시스템은 전산 부서의 데이터 보안 향상에 대한 부담을 줄여줄 것이다.

세일즈 목표가 주어졌다고 치자. 일부 셀러는 이런 목표가 주어졌을 때 그것을 '기존 시스템으로는 업그레이드에 따른 과부하를 피할 수 없다는 확신을 고객에게 심어준다' 라거나 '새 모델인 4777 시스템은 자동으로 주문을 처리하기 때문에 비용 절감 효과가 있다는 사실을 알린다' 와 같은 실행들로 전환하는 데 큰 어려움을 느끼지 않는다.

하지만 일부 셀러들은 목표들을 세일즈 실행들로 전환하는 데 실제적인 어려움을 느낀다. 우리의 경험상, 이런 전환에 어려움을 겪는 셀러는 그들의 목표를 고객이 무엇을 얻고자 하는가의 측면에서가 아니라, 자신이 고객으로부터 무엇을 얻어내고자 하는가의 측면에서 생각하는 경향이 있는 이들이다. 그들은 자신들의 목표를 고객의 관점에서 바라보지 못하기 때문에 그 목표가 성취되었을 때 고객에게 어떤 혜택을 주는지를 알지 못한다. 고객에게 아무런 혜택을 주지 않는 목표라면, 그것을 실행으로 표현하기는 분명 어려운 일일 것이다. 바로 이런 문제에 도움을 주기 위해, 우리는 셀러가 목표를 실행 가능한 조치로 전환하는 것을 매니저가 코치할 수 있도록 간단한 KIPS 도구를 고안했다. 이 도구의 예는 표 5.11에 나와 있다.

그것은 현실적이고 실행 가능한 목표라면, 그 목표가 성취되었을 때 고객이 문제를 해결해야 한다는 아주 단순한 전제에 바탕을 두고 있다. 이 문제를 좀 더 따져보자. 예를 들어 목표가 고객이 새 시스템을 설치하도록 하는 것이라면, 새 시스템이 고객의 문제를 한두 가지 이상 해결해줄 때만 그 목표를 성취할 수 있을 것이다. 문제를 해결해주지 못하는 시스템을 굳이 고객이 새로 설치할 리는 없다.

고객 문제의 측면에서 목표에 관해 생각하는 것의 유용성은 표 5.11의 왼편과 오른편을 비교해봄으로써 알 수 있다. 표의 왼쪽에 나열된 사항은 실제 셀러가 세일즈를 수행할 때 아무런 도움이 되지 못한다. 반면 오른편의 사항들은 고객의 입장에서 목표를 정의하므로 세일즈 활동에 도움을 줄 수 있다. 성공적인 세일즈 전략의 첫 단계는 셀러가 목표를 달성함으로써 해결해 줄 수 있는 고객의 문제가 무엇인지를 명확히 이해하는 것에서 출발한다.

이 단순한 도구는 셀러들이 그들의 목표를 문제 해결의 관점에서 표현해 보게 하는 유용한 방법이다. 다음 번 목표 설정 훈련을 할 때, 매니저는 셀러들과 함께 이 도구를 활용해 보라. 우선 셀러에게 자신들의 세일즈 목표들을 적게 한다. 그런 다음 각각의 목표를 그것이 해결해줄 수 있는 문제의 측면에서 표현하게 한다. 마지막으로 셀러에게 문제의 잠재적 심각성과, 그 문제를 해결하는 것의 가치를 고객이 이해할 수 있게 하는 세일즈 상담을 계획하도록 요구한다.

이러한 KIPS 도구는 세일즈 사이클의 초반에 아주 유용하다. 다음의 도구는 경쟁 압박이 정점에 달하는 세일즈 사이클 중반의 주요 개입 시점을 위해 고안되었다.

선택안 비교평가 단계에서의 KIPS 코칭 도구: 선택안을 평가하는 단계일 때 고객은 여러 업체들의 제품을 비교하면서 최선의 의사결정을 내리려고 한다. 우리는 이 과정을『당신의 세일즈에 SPIN을 걸어라3: 세일즈 전략과 협상』에서 자세히 다루었다.

세일즈 사이클이 중반에 이르렀을 때, 매니저는 언제 전략적으로 개입해야 할까? 한 매니저는 이렇게 말했다. "최고의 전략은 셀러가 일을 망칠 때까지 기다리는 겁니다. 그런 다음 시계를 거꾸로 돌려 셀러가 일을 망치기 직전으로 돌아가서 예방을 하는 거죠." 다소 황당한 이야기이다. 매니저는 시간을 되돌릴 수 있는 능력을 갖고 있지 않다. 분명한 것은 문제가 엉망이 되고 난 뒤 그것을 해결하려고 하기보다는 셀러가 미리 문제를 예방하도록 하는 것이 더 나은 전략 코칭이라는 사실이다.

세일즈 사이클의 이 단계에서 가장 까다로운 문제는 경쟁사가 자신들의 강점을 성공적으로 발휘하거나 우리 편의 취약점을 노출시킨다는 것이다. 바꿔 말하면, 우리의 경쟁력이 취약할 때 문제가 발생한다. 셀러는 자신들의 취약점을 깨닫지 못하다가 결국 약점이 드러나면 효과적인 대응을 해보지도 못한 채 경쟁에서 밀려나는 경우가 많다. 전략 코칭 개입이 중요한 이유는 매니저가 셀러로 하여금 미리

| 표 5.12 | 취약점 분석

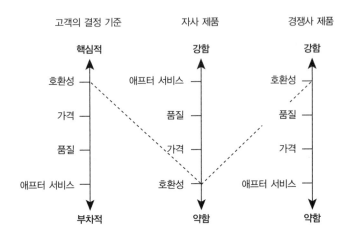

취약점을 알게 하고, 그 취약점이 세일즈 기회를 심각하게 손상시키기 전에 미리 대응 방법을 계획할 수 있게 돕기 때문이다.

표 5.12는 셀러가 경쟁 취약점을 분석할 수 있게 돕는 간단한 KIPS 도구를 보여준다. 그 도구의 작동 방식은 다음과 같다.

- 셀러는 먼저 고객이 의사결정을 위해 사용할 가능성이 있는 기준들을 열거한다. 이 사례에서 의사결정에 영향을 줄 수 있는 요소로는 가격, 품질, 애프터 서비스, 호환성 등이 있다.

- 그런 다음 셀러는 고객이 보는 중요도의 측면에서 그 의사결정 기준들의 순위를 정한다. 표 5.12의 왼편 눈금자가 보여주는 것

처럼, 이 사례에서는 호환성이 결정적인 반면 애프터 서비스는 부차적이다.

- 도표의 가운데 눈금에서는, 이러한 각각 기준들의 측면에서 고객이 셀러의 회사를 어떻게 보는지를 평가한다. 가령 이 사례에서 고객은 셀러의 회사가 애프터 서비스 측면에서 강하다고 보고 있다.

- 마지막으로 셀러는 고객이 각 기준들의 측면에서 경쟁사를 어떻게 보고 있는지를 평가한다. 이 사례에서 고객은 경쟁사의 애프터 서비스가 약하다고 보고 있다.

만일 하나의 의사결정 기준을 정해 각각의 눈금을 서로 이었을 때 V자 형이 그려진다면 그것은 셀러의 회사가 취약한 상태에 있음을 의미하며, 셀러는 그 취약점에 대한 대처 계획을 세워야 한다. 표 5.12에서는 호환성이 가장 취약한 것으로 나타났다. 호환성은 고객이 중시하는 의사결정 기준인데, 셀러의 회사에게는 약점으로, 경쟁사에게는 강점으로 드러났다. 취약점 분석의 매력은 간단하다는 점이다. 종이 한 장에 고객의 의사결정에 영향을 미치는 주요 기준들을 요약할 수 있기 때문이다. 여러 해에 걸쳐 우리와 함께 일했던 수백 명의 매니저들은 취약점 분석을 사용해 왔고, 그것이 유용한 전략 코칭 도구임을 발견했다.

불안 해결 단계에서의 KIPS 코칭 도구: 이제 마지막으로 다룰 전략 코칭

| 표 5.13 | 결과에 대한 고객의 불안을 예측하는 체크 리스트

조기 경고 신호		고객의 신호	
• 중대한 의사결정인가?	☐	• 이전에 해결된 문제가 다시 제기되는가?	☐
• 많은 사람이 주시하는 의사결정인가?	☐	• 비현실적으로 가격을 걱정하는가?	☐
• 경쟁사의 고객인가?	☐	• 이유 없이 상담을 미루는가?	☐
• 고객에게 익숙하지 않은 기술인가?	☐	• 상담을 꺼리는가?	☐
		• 정보를 숨기는가?	☐
		• 과민해 하는 문제가 있는가?	☐
		• 의사결정권자가 교체되었는가?	☐

도구는 최종적인 의사결정 단계에서 활용되는 것이다. 고객은 마지막 결정을 내리기 전, 거래에 동의했을 때 어떤 위험 요소가 있지는 않을까 걱정하기 마련이다. 앞서도 설명했지만 모든 세일즈에서 그런 반응을 나타내는 것은 아니다. 즉 고객이 거래에 대해 완전히 안심하는 경우도 있다. 하지만 인지된 위험이 고객이 당신과 거래를 못하게 할 정도일 수도 있다.

우리는 이러한 인지된 위험을 '결과에 대한 불안'이라고 부른다. 결과에 대한 불안은 종종 수면 아래 감춰져 있다. 예를 들어, 자신의 상사가 다른 경쟁업체를 더 선호하기 때문에 당신과의 거래를 주저하는 고객은 그 사실을 털어놓지 않을 것이다. 하지만 당신이 먼저 문제를 제기하고 해결하지 않으면, 고객은 보이지 않는 곳에서 당신에게 불리한 쪽으로 행동할 가능성이 있다. 그런데 과연 결과에 대한 고객의 불안이 존재하는지 어떻게 알 수 있을까? 앞서도 말했듯이 세일즈에 따라 전혀 그런 위험이 존재하지 않는 경우도 있다. 다른 경우에는 세일즈에 기울인 당신의 노력들을 망가뜨리기 위해 결과에 대한 불안이 빙산처럼 수면 아래서 기다리고 있을 수 있다.

셀러가 결과에 대한 고객의 불안에 대처하도록 도울 수 있는 간단한 전략 코칭 도구는 표 5.13에 있는 것과 같은 체크 리스트이다. 이 체크 리스트를 활용하면 셀러와 매니저는 이 존재하는지 진단하고, 그에 맞는 전략을 개발할 수 있다.

기타 전략 코칭 도구

지금까지 다룬 세 가지 코칭 도구는 '전략 코칭 도구'로 이름 붙일 수 있다. 전략 코칭 도구는 이 세 종류 외에도 수십 가지가 있는데, 이 도구들은 매니저가 고객에게 일어나고 있는 일들을 분석하고, 셀러가 더 나은 전략을 계획하는 것을 도울 수 있게 한다. 이 도구들에 대해 더 알고 싶다면 『당신의 세일즈에 SPIN을 걸어라』, 『당신의 세일즈에 SPIN을 걸어라3: 세일즈 전략과 협상』을 참고하라. 더 좋은 방법은 성공적인 매니저들의 실제 활동을 관찰하는 것이다. 그리고 자신만의 전략 코칭 도구를 고안해 보라.

06

코칭 기술과 기술 코칭
셀러의 기술을 개발하는 방법

어느 월요일 아침, 200명이 넘는 제록스의 매니저들은 개인 우편함을 열었을 때 뜻밖의 선물을 발견했다. 우편함에는 평범한 봉투가 하나 들어 있었고, 봉투 속에서는 큰 반창고가 나왔다. 반창고에는 "매니저용 비상 코칭 도구: 코칭 상담을 하면서 도저히 근질거려 참을 수 없는 입에 단단히 부착하시오."라는 문구가 적혀 있었다. 우리가 그 비상용 '도구'를 매니저들에게 보낸 까닭은 상담을 하면서 코칭과 세일즈를 동시에 시도하는 아주 잘못된 행동을 깨우치게 하기 위해서였다.

앞서 3장에서 기술한 제록스에서의 연구 결과는 성공적인 매니저와 그렇지 못한 매니저의 주요한 차이는 세일즈 역할과 코칭 역할을 수행하는 방식에 있다는 것을 보여주었다. 성공적이지 못한 매니저는 두 가지 역할을 동시에 수행하려고 했다. 그들은 본래 코칭을 목적으로 셀러와 함께 상담에 나갔다. 그런데 대개 상담이 진행되는 중에 매니저들은 세일즈에 조금이라도 도움을 주지 못해 안달을 냈다. 매니저가 상담에 개입해 영향력을 행사하는 것으로 비춰지는 경우, 대부분의 고객은 매니저를 계속 대화에 끌어들이고, 상담은 대개 매니저가 세일즈를 하는 것으로 끝이 난다.

그러한 상황이 왜 잘못된 것일까? 매니저가 상담에 끼어드는 것이 거래를 성사시킬 확률을 높여주지 않을까? 불행하게도 전혀 그렇지 않다. 세일즈와 코칭은 함께 섞을 수 없다. 그 두 가지는 나름대로 모두 어려운 일이며, 매니저는 어느 하나에만 주의를 제대로 집중해야 한다. 한 자리에서 세일즈와 코칭을 모두 수행한다는 말은 곧 어느 하나도 제대로 하지 못한다는 것을 뜻한다.

제록스를 상대로 한 코칭 연구에서 성공적인 매니저들이 상담에 신중하게 임하는 것도 바로 그런 이유 때문이었다. 일부 중요한 상담에서 매니저의 세일즈 기술이 특별한 차별성을 가져올 때, 성공적인 매니저는 코칭 대신 세일즈 역할을 맡기도 했다. 한편 일상적인 상담에서 그들은 코칭만을 하였고 세일즈에 조금도 끼어들지 않았다.

우리가 매니저들에게 세일즈와 코칭을 병행하지 말라고 경고하는 것은 두 가지 역할을 동시에 수행하기가 어렵기 때문만은 아니다. 한 다국적 기업을 상대로 우리는 셀러가 매니저의 어떤 행동을 가장 긍정적 혹은 부정적으로 인식하는지에 대해 조사한 적이 있었다. 부정적인 행동의 목록에서 가장 상위에 오른 항목은 '동행 상담에서 매니저가 세일즈를 주도하려고 한다'는 것이었다. 매니저의 다른 어떤 행동도 그 행동만큼 셀러로부터 부정적인 반응을 얻지는 못할 것이다.

세일즈와 코칭 역할을 분리함으로써 매니저는 셀러들의 부정적인 반응을 줄일 수 있다. 한편 매니저가 상담에 나가기 전 미리 세일즈 역할을 수행하겠다고 예고를 한 경우, 셀러는 매니저의 세일즈 역할에 대해 그다지 분개하지 않았다. 문제는 매니저가 예상하지 못한 방식으로 세일즈에 개입해 셀러의 노력을 훼손하는 데서 발생했다.

물론 매니저의 개입이 '유익한' 경우가 있다고 주장하는 사람도 있을 것이다. 예를 들어, 본래는 상담을 코칭하려고 했지만 워낙 상황이 나쁘게 돌아가고 셀러가 제 역할을 수행하는 데 어려움을 겪을 때, 매니저가 관여함으로써 상황을 호전시킬 수 있다면 셀러로서는 무척이나 고마운 일로 여겨야 하지 않을까? 이론적으로는 그럴지도 모르지만 실상은 다르다.

실제 제록스의 매니저 가운데 한 사람은 매니저가 상담에 관여할 때 발생하는 어려움에 대해서 이렇게 털어놓았다. "저의 실수는 제가 도움을 주고 있다고 생각했다는 점입니다. 이제는 그것이 스스로 신뢰를 깎아내리는 행동이었다는 것을 깨닫습니다. 상담이 꼬이기 시작하자마 제가 즉각 상담을 주도할 경우, 물론 상황을 호전시킬 가능성도 있습니다. 그런데 제가 제때에 상황을 호전시킨다고 해도, 셀러는 그전까지 상황이 나빠지고 있었다는 점을 깨닫지 못해요. 그래서 상담이 끝난 후 저에게 '왜 갑자기 끼어드셨어요. 전 잘하고 있었어요.' 라고 말합니다. 반대로 상황이 나빠졌다는 것을 셀러가 알 때까지 기다렸다가는 상황을 호전시킬 기회를 놓치게 되고, 그 다음은 저로서도 상황을 되돌릴 수 없어요. 결국 상담은 실패로 끝나죠. 그때는 상담의 실패에 대해 제 책임도 있으니까 셀러에게 무엇이 잘못되었다고 말하기 어렵죠. 어느 쪽이든 저는 셀러로부터 신뢰를 잃게 됩니다."

상담에 끼어드는 것은 매니저의 신뢰성에 타격을 줄 뿐 아니라, 셀러의 신뢰성에도 치명적인 해를 끼치므로 셀러는 매니저의 개입에 대해 불만을 나타낸다. 고객의 관점에서 보면, 매니저가 상담에 개입하는 행동은 셀러에 대한 불신으로 여겨진다. 3장에서 보았듯이 매니저는 고객 앞에서 셀러의 위신을 깎아내려서는 안 된다. 매니저의 상담 개입이 특히 상담을 원점으로 되돌리려는 시도가 분명할 경우 결국 매니저가 셀러를 조금도 신뢰하지 않는 것으로 비춰지는 것은 당연하다. 바로 그러한 이유 때문에 우리는 기술 코칭의 첫 번째 원칙이 다음과 같다고 생각한다.

상담 중에 세일즈를 하거나 코칭을 하라.
그러나 세일즈와 기술 코칭을 병행해서는 안 된다.

다행히 전략 코칭은 대개 고객 앞에서 이루어지지 않기 때문에, 세일즈와 코칭을 분리하는 문제로 고심할 필요가 없다.

기술 코칭에 적합한
여건 조성

기술 코칭을 하려면 셀러와 함께 나가 셀러가 실제 상담을 어떻게 수행하는지를 관찰해야 한다. 상담을 직접 관찰하는지 여부가 기술 코칭과 전략 코칭의 중요한 차이점이기 때문에, 기술 코칭의 경우 상담 그 차제에만 초점을 맞추기 쉽다. 그런데 그것이 곧 실수의 원인

이 된다. 올바른 기술 코칭은 상담이 시작되기 전부터 실시되어야 한다. 고객의 사무실에서 셀러를 코칭하려면 그전에 다음과 같은 여건을 고려해야 한다.

'기술 코칭의 대상으로 누구를 선택할까?' 앞장에서 우리는 기술 코칭에서 가장 중요한 원칙으로 소수의 인원을 대상으로 집중적인 코칭을 하는 것이 셀러 전체를 상대로 피상적인 코칭을 하는 것보다 더 유익하다는 점을 밝혔다. 여기서 중요한 질문을 던질 수 있다. "셀러 전체를 한번에 코칭할 수 없다면 어떤 셀러를 코칭 대상으로 삼아야 할까?" 비록 이 질문에 대한 정답은 없지만, 적어도 다음과 같은 기준을 따르는 것이 유용하다.

- **보통 실력의 셀러**: 실력이 우수한 셀러를 상대로 기술 코칭을 하면 물론 확실한 성과를 거둘 수 있고, 셀러가 매니저의 지적을 기쁘게 받아들이겠지만, 사실 이들은 최초 기술 코칭의 대상으로는 적합하지 않다. 이미 어느 정도의 실적을 올릴 능력이 있는 셀러에게 당장 도움을 줄 필요는 없다. 일반적으로 실력이 떨어지는 셀러 역시 첫 코칭 상대로는 적합하지 않다. 그들을 지도해서 눈에 띄는 성과를 거두려면 대개 많은 시간이 소요되기 때문이다. 코칭을 했을 때 시간에 비해 가장 빠른 성과를 보이는 셀러는 보통 실력을 갖춘 셀러이다. 그러므로 우리는 흔히 보통 실력의 셀러를 상대로 먼저 코칭을 시작하라고 권하며, 그런 다음 실력이 우수한 셀러, 실력이 떨어지는 셀러 순으로 코칭을 하도록 조언한다.

- 지원자: 팀 내에서 코칭을 받고 싶어하는 셀러가 있다면 그들을 우선 고려하는 것이 좋다. 코칭을 원하고, 요청하는 셀러는 마지못해 코칭을 받는 사람보다 더 의욕적으로 배우려고 할 것이다. 아울러 매니저가 코칭에 능숙하지 않더라도 의욕이 넘치는 자원자는 완벽하지 않은 코칭도 더 잘 참아낼 것이다.

- 최근에 교육 받은 셀러: 파워 세일즈 기술과 관련된 트레이닝 프로그램에 최근 참여한 셀러가 있다면 그들은 기술 코칭의 대상으로 적합하다. 그런 교육을 받았어도 체계적인 연습이 없으면 그런 기술은 순식간에 사라지고 만다. 따라서 셀러가 새로 익힌 기술을 체계적이고 조직적인 방식으로 연습하도록 코칭을 수행하는 것이 가장 이상적이다.

어떤 종류의 상담이 기술 코칭에 적합할까? 매니저가 코칭에 어려움을 겪는 이유가 기술 코칭에 알맞지 않은 상담에서 코칭을 하려고 하기 때문인 경우도 많다.

표 6.1에서 보듯이, 셀러는 매니저가 상담에 동행할 경우 중요하거나 혹은 까다로운 상담을 처리해주기를 바란다. 즉, 이때 셀러는 매니저가 상담 자리에서 적극적으로 세일즈 역할을 맡아주기를 기대한다. 이처럼 특히 중요한 상담은 대개 코칭을 하기에는 부적합하다. 따라서 셀러와 상담을 나가 기술 코칭을 하려면, 사전에 표 6.1의 오른쪽에 해당하는 상담을 고르는 것이 좋다. 기술 코칭에 적합한 상담은 다음과 같다.

256

| 표 6.1 | 코칭에 적합한 상담과 적합하지 않은 상담

코칭에 적합한 상담	코칭에 적합하지 않은 상담
세일즈 사이클 초반의 상담	클로징 상담
안전한 상황의 상담	까다로운 상황의 상담
세일즈 규모가 중간 정도인 상담	세일즈 규모가 큰 상담
셀러는 세일즈를, 매니저는 코칭을 하기에 좋은 상담	매니저가 세일즈에 나서야 하는 상담

- **세일즈 사이클 초반의 상담:** 세일즈 사이클 초반의 상담에 매니저가 코칭을 실시할 경우, 제품에 대한 고객의 니즈를 밝히고 개발하는 핵심적인 기술에 대해 코칭을 할 수 있다. 즉 세일즈 사이클 초반에 셀러의 상담 기술을 개발해 놓으면 이후 상담을 진행하는 데 굳건한 발판을 마련하는 셈이다.

- **안전한 상황의 상담:** 까다로운 상담이라면 매니저는 코칭이 아니라 고객을 상대하는 데 전력을 기울여야 할 것이다. 더구나 까다로운 상담은 새로운 기술을 지도하는 데도 좋지 않다.

- **세일즈 규모가 중간 정도인 상담:** 세일즈 규모가 크고 중요한 상담의 경우, 셀러의 기술을 개발하는 데 중점을 둘 여력이 없을 것이다. 반대로 세일즈 규모가 극히 작은 상담 또한 기술을 연마하기에 좋은 기회로 보기 어렵다.

- 셀러는 세일즈를, 매니저는 코칭을 하기 좋은 상담: 앞서 살펴보았듯이 세일즈와 코칭 역할을 분리하는 것이 중요하다. 결국 셀러가 매니저의 도움을 받지 않고 혼자서도 충분히 상담을 진행할 수 있어야 바람직한 코칭 상담이 될 수 있다.

셀러에게 코칭 역할을 어떻게 설명해야 할까? 기술 코칭을 하기 전에 매니저와 셀러 모두는 상담이 어떤 식으로 진행될지, 기술 코칭의 의미가 무엇인지 명확하게 인식하고 있어야 한다. 여기서 주의할 점은 기술 코칭이 평가나 시험이 아니라는 점을 셀러에게 설명해야 한다는 것이다. 매니저의 주된 역할은 셀러에게 도움을 주는 것이다. 따라서 매니저는 상담에 나서기 전 셀러에게 그 점을 분명히 알리고 함께 상담 계획을 짜는 것이 좋다.

상담 계획을 짤 때 매니저가 적극적으로 관여함으로써 자신이 상담을 도우려고 한다는 점, 즉 상담을 평가하고 비판하는 감시원이 아니라는 사실을 보여줄 수 있다. 코칭 역할을 할 것이라는 것도 미리 설명하는 것이 바람직하다. 셀러가 매니저의 세일즈 역할을 기대하는데, 코칭을 할 것이라는 사실을 미리 알리지 않으면 서로가 곤란을 겪을 수도 있다.

한 사무용품 회사의 셀러는 바로 그 문제 때문에 난처한 상황에 빠진 적이 있었다. "매니저와 처음 코칭 상담에 나갔을 때 저는 매니저가 무엇을 하려는지 알지 못했어요. 매니저가 먼저 말을 꺼낼 줄 알았기 때문에 고객을 앞에 두고 잠자코 기다리고 있었죠. 알고 보니 매니저는 제가 고객에게 자신이 참석한 이유를 설명하기를 기다리고 있었어요. 아마 이때 고객은 저희가 손발이 맞지 않는다고 생각했을 거예요." 이런 일이 발생하지 않도록 미리 대비를 해야 한다.

매니저가 코칭을 위해 상담에 참석할 경우, 고객에게는 뭐라고 설명해야 할까? 이런 설명은 일단은 간단해야 한다. 간혹 매니저와 셀러가 이 문제를 두고 너무 자세하고 장황하게 설명하려고 애쓰는 바람에 진땀을 빼기도 한다. 짧은 한두 문장만으로도 고객은 매니저가 세일즈를 목적으로 상담에 참석하지 않았다는 것을 이해할 것이다. 그렇다고 해서 그 짧은 한두 마디를 생략해서는 안 된다. 셀러가 상담을 책임지고 매니저는 다만 관찰을 위해서 상담에 참여했다는 사실을 고객이 모를 경우 결국 어색하고 혼란스러운 상황이 초래될 위험이 있다.

일반적으로 셀러가 그에 대한 설명을 맡는 것이 바람직하다. 그 이유는 다음과 같다.

- 셀러가 상담을 책임진다는 점을 분명히 전달하게 되므로, 매니저가 잠자코 상담을 관찰하기가 더 쉬워진다.
- 매니저가 일단 먼저 말을 꺼내고 나면, 이후 상담에서 발을 빼기가 어렵고 결국 관찰 역할을 수행할 수 없게 된다.

따라서 기술 코칭을 목적으로 처음 상담을 실시한다면 고객의 사무실에 들어서기 전에 미리 신중한 태도를 취해야 한다. 코칭 상대를 올바로 정하고, 적절한 상담을 선택해, 셀러와 고객 모두가 허황된 기대를 하지 않도록 대비함으로써 기술 코칭에 가장 알맞은 상황을 조성할 수 있다.

효과성 모델의 활용

훌륭한 기술 코치는 셀러의 효과적인 행동이 어떤 것인지에 대해 명확한 개념을 지니고 있어야 한다. 매니저는 코칭을 실시하기 전, 기술 코칭을 통해 셀러의 어떤 행동을 개발할지 미리 이해해야 한다. 앞서 효과성 모델을 소개했고, 그러한 모델을 개발하는 방법에 대한 설명을 덧붙인 것도 이런 이유 때문이다. 매니저는 대비 분석이나 수행자 분석을 활용해 자신만의 모델을 개발할 수 있다. 혹은 우리 같은 연구자들이 고안한 모델을 선택할 수도 있다. 어떤 모델을 선택하든지 간에 기술 코칭의 결정적 출발점은 세일즈 효과성을 높이는 구체적 행동에 대한 명확한 이해다. 효과적인 행동에 대한 모델이 있어야 매니저는 셀러가 상담을 잘하고 있는지 알 수 있다. 아울러 효과성 모델이 명확하고 구체적일수록 셀러와의 의사소통도 한결 수월해진다.

혹시라도 매니저가 효과성 모델에 대해 충분하게 파악했다는 확신을 갖지 못한 경우에는 기술 코칭을 수행하기 전에 셀러들 가운데 실력이 뛰어난 사람과 먼저 상담에 나가보는 것이 좋다. 그런 다음 뛰어난 셀러의 행동이 어떤 점에서 남다른지 관찰해야 한다. 보통 셀러들에게서 볼 수 없는 행동을 특히 눈여겨본 다음, 그러한 차이점을 구체적인 행동의 차이로 묘사할 수 있어야 한다. 그것이 효과적인 기술 코칭의 모델이 될 수 있다.

기술 코칭:
스타일의 문제

우리와 함께 일했던 뛰어난 전략 코치들 중에는 기술 코치로서는 기껏해야 중간 실력밖에 되지 않는 사람들도 있었다. 그 이유는 전략 코칭과 기술 코칭에 요구되는 기술이 서로 다르기 때문이었다. 어떤 일에 능숙한 사람이 다른 모든 일에도 능숙하다는 법은 없다. 우리가 만난 매니저 한 사람은 전략 코치로서는 탁월한 능력을 발휘했지만, 셀러들은 그의 기술 코칭을 상당히 겁내고 있었다. 냉철한 지성, 탁월한 분석능력, 구매 과정에 대한 깊은 이해, 유별난 창의성 등의 자질을 고루 갖춘 덕분에 그는 뛰어난 전략가로 통했고 경쟁에서 앞설 수 있었다. 그런데 불행하게도 기술 코칭에 관한 한 그의 능력은 뛰어나다고 말하기 어려웠다. 그는 전략 코칭에 관한 한 복잡한 문제를 분석해 창의적인 해결 수단을 고안하는 능력을 발휘했고, 뛰어난 전략가로서 항상 어려운 문제에 직면한 회사 내의 모든 사람들로부터 도움 요청을 받았다.

그런데 기술 코칭에서는 그렇지 않았다. 기술 코칭 문제로 그의 도움을 청하는 사람은 없었고, 그의 팀 셀러들조차 그의 기술 코칭을 회피하는 경향이 있었다. 셀러들은 그의 기술 코칭 대상이 되지 않으려고 변명을 늘어놓기가 일쑤였다. 우리는 그의 기술 코칭 과정을 몇 차례 지켜본 후에야 그 이유를 알아냈다. 이유는 그가 무능력하기 때문이 아니었다. 오히려 그의 뛰어난 분석 기술은 효과적인 세일즈 방법에 관해 잠재적으로 유용한 관찰을 할 수 있게 했다.

문제는 그의 코칭 능력이 아니라 코칭 '스타일'이었다. 그의 코칭

스타일은 학습에 대한 장애물을 조성하고 셀러의 기술 향상을 저해하고 있었다. 그런데 '스타일'에 문제가 있다는 말은 그 의미를 정확히 파악하기 어렵다. 사람들은 분명 어딘가 잘못이 있다는 것을 알지만 그에 대한 단서를 찾지 못할 때 스타일의 문제를 들먹인다. 바로 이 매니저의 코칭을 관찰하면서 우리 역시 그렇게 느낄 수밖에 없었다. 도대체 왜 그토록 당당하고 능력있는 매니저가 셀러의 기술 향상에는 실패할까? 이유가 뭘까? 무엇이 잘못된 것일까?

당시에 우리는 그 명확한 이유를 알지 못했다. 시간이 지나서 매니저 수백 명의 기술 코칭을 관찰한 후에야 우리는 그 이유를 알았다. 무엇이 잘못이고, 어떻게 그러한 잘못을 예방할 수 있는지에 대해서도 깨달았다. 이제는 효과적인 코칭 스타일에 대해 다음과 같은 견해를 갖게 되었다.

기술 코칭에서의 4가지 실수

매니저들이 기술 코칭을 실시하면서 흔히 범하는 네 가지 실수가 있다. 이들 각각은 비교적 예방하기가 쉽다. 따라서 그런 실수를 미리 인식하고 방지할 경우 더 효과적인 기술 코칭이 가능하다. 각각의 실수를 살펴보고, 왜 그런 잘못을 저지르는지, 어떻게 예방을 해야 하는지 알아보자.

실수 1. 셀러가 느끼는 불안을 과소평가한다: 셀러와 매니저 모두에게 기술 코칭은 전략 코칭보다 부담이 더 크다. 앞서도 말했지만 기술 코칭은 고객을 마주한 상태에서 이루어지는 셀러의 행동에 중점을 두며, 이때 고객의 존재는 모든 압박감의 원인이다. 한편 상담 과정에 이루어지는 세일즈 행동, 즉 기술을 코칭하는 것 역시 셀러에게는 부담으로 작용한다. 셀러는 자신의 행동이 매니저에 의해 관찰되고 분석된다는 사실을 안다. 따라서 자신의 일거수 일투족을 의식하게 되고 평소처럼 세일즈 자체에 집중하지 못하게 된다.

결국 코칭 상담에 나선 대부분의 셀러는 혼자서 상담을 진행할 때보다 자신이 맡은 세일즈 역할을 제대로 수행하지 못하고 있다는 느낌을 받는다. 그래서 셀러는 불안해진다. 당신이 셀러와 같은 처지에 있다고 생각해 보자. 매니저가 지켜보는 가운데 상담을 진행해야 한다. 분명 그 매니저에게 잘 보이고 싶은 마음이 있는데, 상담이 진행될수록 평소만큼 실력이 발휘되지 않아 불안해진다. 지나치게 자신을 의식하다보니 상담이 원활하게 진행되지 않고, 제대로 상담을 해야겠다고 마음을 가다듬으려는 순간, 매니저가 무슨 생각을 하고 있을지 궁금해진다. 그런 생각 때문에 정신은 더욱 산만해진다. 상담이 끝나고 난 뒤, 매니저가 상담 내용을 검토하려고 할 때 셀러는 자신의 행동에 못마땅한 기분이 들고, 기술 코칭 자체에 대해서 적개심마저 느끼게 된다.

사실 불안한 마음을 갖는 것은 셀러만이 아니다. 조금전 상담을 지켜본 매니저 역시 전혀 완벽하지 않은 상담을 지켜본 후 씁쓸하기는 마찬가지일 것이다. 매니저는 다음과 같은 의문을 갖게 된다. "내가 중간에 끼어들어야 했을까? 잠자코 있었던 게 잘한 일일까? 다른 셀러도 모두 이렇게 엉망일까?" 매니저가 이런 생각으로 머릿속을 가득 채우고 셀러와 상담 내용을 검토하려고 한 자리에 앉으면, 기술 코칭은 그야말로 위험천만한 것이 될 수밖에 없다.

양쪽 모두 상담 과정에 대해 불만을 느끼는데 그것을 고려하지 않고 직접적으로 기술적인 문제를 지적하고 나서는 매니저들이 너무 많다. 셀러가 느꼈을지 모를 불안을 도외시한 채 코칭을 하려고 드는 것은 심각한 잘못이다. 코칭의 시작이 잘못된 경우를 우리는 너무나 자주 볼 수 있었다. 상담을 지켜본 매니저가 실망감에 가득 차 시작부터 부정적인 평가를 늘어놓으면 코칭은 엉망이 될 가능성이 크다.

올바른 코칭이 되려면 논의를 시작하기에 앞서 서로가 서로를 수용할 수 있는 분위기가 조성되어야 한다. 코치들을 훈련시키면서 우리는 코칭의 좋은 출발을 위해 그들이 취해야 할 두 가지 조치를 제안한다.

- **압박감을 인정한다**: 매니저가 참석한 자리에서 상담을 진행하는 것이 셀러에게는 무척 어려운 일이라는 점을 당신이 이해한다는 사실을 셀러가 알게 한다. 가령 "나도 상사와 함께 상담에 나가면 혼자 상담을 진행할 때보다 훨씬 불편하다고 느꼈어." 혹은 "누군가 지켜보는 가운데 세일즈를 하려면 꽤 난감하지…." 라고 말해 보자. 매니저는 자신의 존재로 세일즈가 어려울 수 있다는 사실을 인정함으로써 셀러가 최선을 다했을 때 무작정 나쁜 평가를 내리지 않을 것이라고 안심시켜야 한다. 그러한 간단한 위로의 말은 어떤 교묘하고 복잡한 말보다 더 효과적으로 셀러의 코칭에 대한 저항감을 희석시킬 수 있다. 아울러 매니저가 처음으로 어떤 셀러와 현장에 나가 기술 코칭을 한다면 셀러가 느낄지 모를 압박감을 처음부터 미리 인정해주는 것이 좋다.

- 긍정적인 면을 지적한다: 누구나 잘한 일보다는 잘못한 일을 찾는 데 능숙하다. 우리는 이 사실을 증명하는 간단한 실험을 한 적이 있다. 세일즈 상담 현장을 담은 비디오 테이프에서 셀러는 바람직한 행동과 바람직하지 못한 행동을 정확히 반반씩 수행했다. 그런 다음 세일즈 경험이 풍부한 매니저들을 대상으로 비디오를 감상한 후 셀러의 행동에 대해서 평가를 내리도록 했다. 매니저들에게는 중립적인 태도를 요구했고, 잘한 행동과 그렇지 못한 행동을 골라내도록 했다. 매니저들의 평가를 모두 분석한 결과 전체의 82퍼센트가 부정적인 평가로 드러났다. 매니저들의 주된 반응은 다음과 같았다. "셀러가 고객의 저항을 무시하는 실수를 저질렀다.""고객의 말을 귀담아 듣지 않는다." 혹은 "고객이 듣고 싶어 하지 않는 지루한 설명을 늘어놓는다." 중립적이거나 긍정적인 면을 지적한 평은 전체의 18퍼센트에 불과했다. 대부분의 세일즈 상담은 우리가 만든 비디오 테이프보다는 효과적인 행동과 그렇지 못한 행동이 구분하기 훨씬 더 어렵게 섞여 있다. 그리고 대부분의 사람들은 효과적이지 못한 행동을 더 주목한다. 우리는 대개 결점들을 보고, 자신이라면 그렇게 처리하지 않았을 것들을 보고, 그리고 실수를 본다. 결국 코칭을 하면서도 그런 결과가 나타난다. 코칭 기술을 제대로 익히지 못한 매니저는 긍정적인 면보다 부정적인 면에 주목할 가능성이 크다.

이러한 문제점을 알기 때문에 우리는 매니저를 대상으로 코칭을 지도하면서, 상담에서 셀러가 보여준 긍정적인 면을 지적하고 언급하면서 코칭을 시작하라고 조언한다. 그 이유는 두 가지로 볼 수 있다. 첫째, 긍정적인 면을 강조하면 상담이 끝난 뒤 더 긍정적으로 검토를 진행할 수 있다. 둘째, 조금은 미묘한 효과를 기대하기 때문이다. 매니저가 긍정적인 면을 지적하려고 마음먹으면, 실제 상담에서 긍정적인 면을 볼 가능성이 커진다. 즉 매니저의 시각을 교정함으로써 지나치게 부정적인 시선에서 좀더 중립적인 시선을 갖도록 할 수 있기 때문이다.

실수 2. 매니저의 견해를 셀러에게 강요한다: 매니저가 상담 과정에서 침묵을 지켜야한다는 점은 기술 코칭이 어려운 가장 흔한 이유 중 하나이다. 세일즈 상담에 참석해 잠자코 앉아 메모만 하고 있어야 한다는 사실에 실망을 토로하는 매니저가 많다. 그들은 말을 하고 싶어 안달을 낸다. 머릿속에 차곡차곡 쌓인 생각은 고객의 사무실을 벗어나자마자 폭발을 일으킨다. 그런 매니저들은 상담이 어땠는지, 무엇을 잘못했는지에 관해서 조금의 빈틈도 주지 않고 자신의 의견을 마구 쏟아낸다. 가령 이런 식이다. "자네는 제품에 대한 지식을 더 쌓아야겠어." 혹은 "제품에 대한 니즈를 더 절실히 느끼도록 만들었어야지."

매니저의 결론이 일단 옳다고 가정하자. 이 같은 결론을 내리면서 코칭을 출발하는 것은 무엇이 잘못일까? 그것은 수용 가능성의 문제이다. 상담이 끝난 지 몇 분도 지나지 않아 성급히 결론부터 내리는 것은 결코 바람직한 행동이 아니다. 보통 실력의 셀러라도 "귀사에게 필요한 건 바로 저희 제품입니다."라는 말로 상담을 시작하지는 않는다. 그렇게 하는 것은 고객의 저항과 반발을 불러오게 되어 있다.

그런데 코칭을 수행하는 매니저는 셀러에게 그런 성급한 행동을

266

보이는 일이 빈번히 나타난다. "자네에게 필요한 건 바로⋯."라는 식으로 매니저가 말을 꺼내는 것이다. 이런 방식은 세일즈나 코칭에서 모두 적절하지 않다. 처음부터 제품을 제안하고 시작하면 고객이 거부감을 느끼고 저항하는 것과 마찬가지로, 매니저가 처음부터 결론을 내리고 코칭을 시작하면 셀러는 당연히 그러한 코칭을 거부하게 된다. 거부감은 곧 논쟁을 불러오고, 매니저는 자신도 모르게 어느새 셀러에게 자기의 의견을 강요하고 있다는 사실을 깨닫게 된다. 코칭에서 이러한 행위는 아주 흔하고 심각한 실수에 속한다.

코치로서 매니저는 어떻게 하면 그런 실수를 예방할 수 있을까? 가장 손쉬운 방법은 상담에서 활용하는 방법을 기술 코칭에도 적용하는 것이다. 즉, 세일즈 기술을 발휘하면 된다. 고객을 만나 제품을 팔 때 어떤 식으로 행동해야 할까? 먼저 질문을 해야 한다. 질문은 기술 코칭에서도 아주 중요하다. 상담의 결론을 미리 제시하지 말고, "이번 상담이 어땠던 것 같아?" "목표는 달성되었는가?"라든지 "상담이 예상대로 진행되었나?" 혹은 "다시 한번 같은 상담을 한다면 어떻게 다르게 하겠어?"라는 식의 질문을 던져보자.

코칭이 매니저와 셀러의 대결의 장이 되어서는 안 된다. 질문을 통한 코칭이야말로 비생산적인 의견 충돌을 피할 수 있는 가장 확실한 방법이다.

실수 3. 셀러에게 너무 많은 지적을 한다: 대부분의 기술 코칭은 지적 사항을 절반으로 줄였을 때 그 효과가 두 배로 나타날 가능성이 있다. 예를 들어 보자. 아래 사례는 코칭을 조사하는 동안 실제 있었던 대화를 기록한 내용이다.

제품의 세부 사항을 너무 성급히 언급했다는걸 인정했으니, 다음부터는 제품을 설명할 때 좀더 신중을 기해야겠지. 말하자면 상담이 무르익었을 때 세부사항을 설명하라는 거야, 그리고 제품을 설명할 때는 특성이 아니라 이점 위주로 해야 한다는 점을 명심하게. 말이 난 김에 덧붙이자면 자네는 어플리케이션에 좀더 초점을 맞추었어야 했어. 은행용 어플리케이션 패키지 말이야. 그리고 질문 기술을 더 연마할 필요가 있어. 다음 번 상담에서는 개방 질문을 더 많이 들었으면 하네. 또, 가끔씩 고객의 대답을 들으려고 하지 않는 것 같았거든. 좀더 여유를 가지란 말이야. 그리고 어떤 일이 있어도 애매한 질문을 해서는 안 돼. 메모를 하는 건 좋지만 고객의 시선을 외면해서는 안 되는데 아까 그런 적이 있었어. 항상 고객과 눈을 맞추고, 미소를 띠거나 고개를 끄떡이는 것과 같은 긍정적인 비언어적 행동을 더 많이 사용하라고. 알겠어?

셀러에게 이렇게 과도하게 충고를 늘어놓아서는 안 된다. 셀러는 상담을 진행하면서 위의 지적 사항 중 하나를 제대로 연습하기에도 벅찰 것이다. 매니저의 충고들 중에서 두 가지만 수행해도 정말 보기 드문 셀러이다. 우리가 만났던 셀러 중에서 위의 아홉 가지 충고 사항을 모두 만족시킬 만한 행동을 보이는 사람은 한 명도 없었다.

문제는 셀러에게 너무 과중한 부담을 지운다는 것이다. 물론 왜 매니저가 그런 식으로 행동하는지는 알 수 있다. 매니저는 충고를 많이 하면 할수록 더 훌륭한 코칭이 된다고 믿었을 것이다. 훌륭한 리더십과 통찰력을 겸비한 뛰어난 상담가로서 매니저는 셀러에게 모든 가르침을 전수하지 않고는 참기 힘들었을지 모른다.

하지만 이때에도 세일즈에서 사용하는 방법을 써야 한다. 경험이 부족한 셀러는 제품에 관해 자신이 아는 모든 것을 고객에게 전달하려고 애쓴다. 세일즈를 직접 해본 사람이라면 많은 정보를 전달한다고 해서 반드시 좋은 결과가 나오지는 않다는 사실을 곧 깨우친다. 왜냐하면 제품에 대한 수많은 정보를 순식간에 접한 고객은 혼란스러울 수밖에 없기 때문이다. 코칭에서도 그러한 혼란이 발생한다. 코칭을 하는 매니저의 목표는 정보를 제공하는 것이 아니다. 셀러가 그 정보를 세일즈 기술로 전환하는 힘든 과정을 이행하도록 요구하는 것이다. 새로운 기술을 익히는 데는 많은 시간이 걸리고, 실력은 조금씩밖에 늘어나지 않는다. 사실 셀러에게 너무 많은 지적을 하는 것은 매니저가 기술 코칭에서 범하는 가장 흔한 실수이다.

그렇다면 지적할 사항이 수없이 많은 경우, 매니저는 문제를 어떻게 해결할 수 있을까? 우리는 '최우선 행동'이라는 개념이 도움이 된다고 생각한다. 코칭 훈련을 시키면서 우리는 매니저에게 셀러에게 가장 중요하다고 여겨지는 행동 하나를 고르게 한다. 그리고 그것을 '최우선 행동'이라 칭한다. 그것은 셀러의 행동들 중에서 보다 효과적으로 수행될 경우 세일즈 실력 향상에 가장 큰 도움이 되는 핵심적인 행동이나 기술이다.

코칭을 하면서 '최우선 행동'을 개발하는 데 우선 노력함으로써 매니저는 셀러의 기술을 신속히 향상시킬 수 있다. 한 번에 하나의 행동에 중점을 두고 코칭을 할 때 세일즈 기술이 가장 빠르게 향상된다는 우리의 주장을 처음에는 미심쩍게 받아들이는 매니저들이 대다수였다. 그들은 셀러가 과중한 지적을 받는다는 점을 인정했지만 현실적으로 한 번에 두세 가지의 행동을 개발해야 옳다고 느꼈다. 한 번에 하나의 행동을 지도하는 방식은 비효율적이고, 그럴 필요조차 없다는 것이 그들의 생각이었다. 그들은 한 번에 서너 개의 행동을 지도하면 그 각각이 조금씩 향상될 거라고 주장했다. 한 번에 하나의 기술에 주력하는 것이 더 빠르다는 우리의 주장을 믿지 못한다면 실제 셀러를 대상으로 코칭을 시도해 보기를 바란다. 최우선 행동 한 가지에 주력해 기술을 개발할 때 얼마나 신속하게 셀러의 기술이 향상되는지를 확인하고 나면 놀라움을 금하지 못할 것이다.

실수 4. 후속 작업이 미흡하다: 마지막 네 번째 흔한 실수는 코칭에만 특별한 것은 아니다. 매니저들이 갖고 있는 가장 흔한 약점은 후속 작업을 등한시하는 것이다. 코칭뿐만 아니라, 권한 위임, 목표 설정, 혹은 단순한 일상적인 관리에 있어서 체계적이고 지속적인 후속 작업은 성공의 필수 요소이다. 그런데 특히 코칭에서 후속 작업이 푸대접을 받는다. 많은 코치들이 코칭의 성공에 있어 후속 작업의 중요한 역할을 정확히 알지 못한다.

일례로, 보고서를 하나도 빠뜨리지 않고 철저히 점검하기로 유명한 매니저들조차도 코칭을 실시한 뒤에는 셀러가 스스로 알아서 연습을 하도록 내버려 두는 경향이 있다. 우리는 대형 정보통신 회사의 세일즈 매니저와 일한 적이 있는데, 그는 모든 업무의 후속 작업을 꼼꼼하게 챙긴다는 점에 큰 자부심을 갖고 있었다. 우리가 그의 사무실을 찾았을 때 그는 자신이 통제하는 시스템 설치의 모든 세부 사항에 대한 후속 작업을 할 수 있도록 정리해 놓은 수첩과 각종 프로젝트 관리 소프트웨어를 자랑스럽게 보여주었다. 그의 책상 위에는 "세부적인 것을 지배해야 전체를 장악할 수 있다."라는 좌우명이 적힌 투명 유리 블럭이 놓여 있었다.

그는 확실히 후속 작업의 중요성을 철저하게 신봉하는 사람으로 보였는데, 그가 코칭을 실시한 한 셀러에 대해 이야기를 나누었을 때 사정은 달라졌다. 그는 이렇게 말했다. "물론이죠. 저는 두어 달 전에 그 셀러와 상담을 갔었죠. 그가 기술적인 면에 너무 치중한다고 생각해서 비즈니스 이슈에 관해 더 많은 질문을 하라고 충고했죠.""그래서 어떻게 되었습니까?"라고 우리는 물었다. "물론 그가 잘하고 있으리라 믿습니다.""믿는다고요?""영리한 셀러니까요. 아마 두 달 동안 충분히 실력을 키웠을 거라고 생각합니다." 그가 코칭의 후속 작업에 대해 한 번도 심각하게 생각해 보지 않았다는 사실이 분명해졌다. 그런데 그는 시스템 설치의 후속 작업을 빠뜨리고 지나치는 직원에 대해 제일 앞장서서 비난을 쏟아 부을 사람이었다.

코칭 훈련을 실시할 때 우리는 언제나 매니저들에게 후속 작업에 각별한 주의를 기울이라고 충고한다. 아울러 코칭을 끝내기 전 두 가지 실천 계획에 대해서 셀러와 합의를 하라고 조언한다.

- **구체적인 목표**: 실천 계획은 일정한 기한 동안 매니저와 셀러가 함께 실천할 수 있는 구체적인 행동의 형태로 목표를 설정해야 한다. 예를 들어, 매니저와 셀러는 향후 2주 동안, 기존 시스템의 문제점을 밝혀내는 질문을 하는 '최우선 행동'을 연습하기로 합의할 수 있다.

- **구체적인 후속 작업**: 매니저는 실천 계획을 짤 때 구체적인 목표의 달성 여부를 언제, 어떻게 확인할지 명시해야 한다. 예를 들어,

셀러와 매니저는 수요일까지 셀러가 고객의 문제를 밝혀내는 질문 목록을 작성하고, 매니저와 그 목록을 검토하기로 합의할 수 있다. 그 후 2주가 지났을 때 매니저는 하루 정도 시간을 내서 현장에서 셀러가 상담을 계획하는 것을 도와 주고, 셀러가 목록 상의 질문들을 어떻게 사용하는지 관찰하고, 나중에 피드백을 제공한다.

물론 후속 작업을 하려면 시간이 소요된다. 바쁜 매니저로서는 코칭의 후속 작업을 줄여서라도 조금이나마 시간의 여유를 확보하고 싶을지 모른다. 하지만 그것은 잘못된 계산이다. 충분한 후속 작업이 이루어지지 않는다면 셀러의 행동 변화는 최소한에 그치고 말 것이기 때문이다.

코칭 모델

마지막으로 코칭에서 흔히 나타나는 실수와 그 대처 방안을 표 6.2와 같은 코칭 모델로 정리해 볼 수 있다.

이 모델은 단순하지만 아주 효과적이다. 사실 코칭에 대한 책과 프로그램은 무수히 많고 매니저가 선택할 수 있는 코칭 모델 역시 수십 가지가 넘을 것이다. 그런데 우리가 유독 이 코칭 모델을 선호하는 이유는 두 가지 중요한 장점이 있기 때문이다. 우선 이 모델은 단순하다. 한때 우리는 꽤 복잡하고 특이한 코칭 모델을 고안한 적이 있었다. 그런데 이 모델을 만들고 나서야 단순함이 큰 미덕이라는 말의 의미를 실제로 이해할 수 있게 되었다.

| 표 6.2 | 코칭에서 흔히 나타나는 실수에 관한 코칭 모델

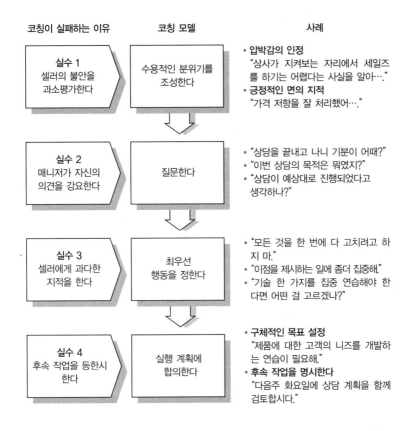

코칭이 실패하는 이유	코칭 모델	사례
실수 1 셀러의 불안을 과소평가한다	수용적인 분위기를 조성한다	• 압박감의 인정 "상사가 지켜보는 자리에서 세일즈 를 하기는 어렵다는 사실을 알아…." • 긍정적인 면의 지적 "가격 저항을 잘 처리했어…."
실수 2 매니저가 자신의 의견을 강요한다	질문한다	• "상담을 끝내고 나니 기분이 어때?" • "이번 상담의 목적은 뭐였지?" • "상담이 예상대로 진행되었다고 생각하나?"
실수 3 셀러에게 과다한 지적을 한다	최우선 행동을 정한다	• "모든 것을 한 번에 다 고치려고 하 지 마." • "이점을 제시하는 일에 좀더 집중해." • "기술 한 가지를 집중 연습해야 한 다면 어떤 걸 고르겠나?"
실수 4 후속 작업을 등한시 한다	실행 계획에 합의한다	• 구체적인 목표 설정 "제품에 대한 고객의 니즈를 개발하 는 연습이 필요해." • 후속 작업을 명시한다 "다음주 화요일에 상담 계획을 함께 검토합시다."

이 모델이 좋은 또 다른 이유는 현실에서 부딪치는 코칭 문제를 해결하기 위해 고안되었다는 것이다. 앞서 우리가 고안했던 초창기 모델은 코칭을 수행하는 매니저가 겪는 어려움을 실제로 해결해 주기보다는 그저 보기 좋게 만들어졌을 뿐이었다. 다른 코칭 모델이라도 아무런 문제가 없고 좋은 결과를 가져올 수 있다면 굳이 그 모델을

버리고 이 모델을 쓰라고 할 마음은 없다. 중요한 것은 체계적인 코칭 프로세스를 가진 모델을 채택하는 것이다. 사람마다 선호하는 코칭 모델이 다를 수 있다. 우리의 모델이 당신에게도 적절한지 판단하려면 이런 질문을 던져보는 것이 유용하다. "나는 코칭을 할 때 흔히 나타나는 실수들을 범하고 있는가?" 만일 그렇다는 대답이 나왔다면 이 모델이 그러한 실수를 예방하고, 보다 효과적으로 기술 코칭을 하는 데 도움이 될 것이다.

07

올바른 당근 찾기
대형 세일즈에서의 동기 부여와 수행력

기업 간부들 가운데는 세일즈 조직에 대한 동기 부여에 관심을 보이는 사람들이 많다. '젊은 사장단 모임'에 소속된 최고경영자를 대상으로 한 조사에서 세일즈 조직의 의욕을 높이는 방안을 적극적으로 수행한다고 응답한 비율은 55퍼센트에 달했다. 일부 CEO들은 세일즈 조직에 대한 동기 부여가 세일즈 생산성을 높이는 가장 강력한 수단이라고까지 말했다.

우리는 전기용품과 조명기구를 생산, 판매하는 한 기업의 CEO와 상담했다. 그리고 그에게서 이런 말을 들었다. "저는 지금까지 매출을 올리려고 가능한 모든 수단을 동원했습니다. 심지어 남들이 상상조차 하기 싫어하는 일도 마다하지 않았어요. 저는 실적관리 제도와 선발시험을 비롯한 수많은 방법을 다 써봤어요. 그런데 이제야 정말로 세일즈 생산성을 높이는 법을 알아냈죠." 그는 우리의 호기심을 자아내려는 듯 잠시 숨을 죽였다가 다시 말을 이었다. "제 평생 1만 달러를 가장 가치 있게 쓴 일을 말하라면, 동기 부여 강사를 초빙했던 것을 빼놓을 수 없습니다. 그 강사는 호텔에서 세 시간 동안 셀러들을 대상으로 강연을 했는데, 셀러들의 의욕을 얼마나 불태워놓았던지 소방차를 불러야 할 것만 같았어요." 사실 우리는 그런 환희에 찬 말을 예전에도 들은 적이 있었기 때문에 다소 미심쩍어했다. "그러셨군요, 그런데 그 일이 세일즈 향상에 큰 도움이 되었습니까?"라고 묻자 그는 이렇게 대답했다. "정말 놀랐어요. 그날 강연이 있은 뒤로 세일즈 실적이 아무리 적게 잡아도 백만 달러 이상 늘었어요. 강연비는 고작 1만 달러였는데 말이예요!" 우리로서는 여전히 의심을 떨쳐버리지 못하고 있었다. 수 년 동안 연구를 해오면서 우리는 기적과도 같은 세일즈 실적의 향상에 열광하는 사람들을 10여 명 이상 보았는데, 결국 실제 세일즈 생산성 향상 정도는 미미하거나 의심쩍은 경우가 많았다.

우리의 표정에서 의심하는 기색을 읽었는지 그는 한숨을 내쉬었다. "믿지 않으시는 모양이군요. 저도 예전에 그랬어요. 이런 극적인 결과는 누구도 믿기 어렵죠. 그렇다고 해서 진실이 달라지지는 않죠." 이때 다른 손님이 왔다는 소식을 그의 비서가 전했다. 톰은 기쁘게 말을 이었다. "증인이 왔어요. 소개를 하죠. 이 친구는 잭입니다. 제가 한 말이 사실이라는 것을 확인해 보세요." 톰을 찾아 온 잭은 대형 수영장을 설계하고 시공하는 회사의 최고 간부였다. 그는 이 CEO들의 모임에서 비상임 이사직을 맡고 있었다. "말해 보게, 잭. 우리가 그 동기 부여 강연 이후에 거둬들인 수익이 백만 달러잖아, 그렇지?" 잭은 다소 신중했다. "글쎄, 세일즈가 획기적으로 늘어난 건 확실.

그리고 지난 해 같은 기간과 비교할 때 백만 달러나 증가한 건 사실이지. 그렇지만…." 잠시 생각을 가다듬은 후 그는 말을 이었다. "그래, 자네 말이 옳아. 동기 부여 강사는 분명 오르지 못할 산이 없다는 말로 셀러들의 의욕을 불태웠지."

잭이 어떤 말을 꺼내기 주저한다는 생각에 우리는 옆에서 은근히 부추겼다. "말씀을 듣자하니 반신반의하시는 것 같은데요?" "아니에요, 오해는 하지 마세요. 저는 그 강연이 무척 훌륭했고 실제로 톰의 회사에 놀라운 실적을 가져다줬다고 생각합니다. 사실 그렇게 확신했으니까 저희도 그 강사를 초청해 강의를 들었죠. 저희도 톰의 회사와 비슷한 결과가 나오길 기대했는데, 다만 그만큼 성공을 거두진 못했어요." 질문이 몇 차례 이어지면서 잭의 직원들도 동기 부여 강연을 아주 마음에 들어 했다는 사실이 드러났다. 다만 톰의 직원들이 보여준 만큼의 열렬한 반응은 아니었다는 점이 달랐다. "

문제는 잭의 경우 동기 부여 강연을 실시한 후 실적이 기대만큼 증가하지 않았다는 것이었다. 톰과 잭은 그 이유를 설명하지 못했다. "아마 강사가 다른 사람이었는지도 몰라요."라는 말이 톰의 유일한 해명이었다. 여기서 우리의 해석은 달랐다. 우리는 그와 유사한 다른 이야기를 예전부터 꽤 많이 들었다. 어떤 회사에 엄청난 성공을 가져다주는 기술이 다른 회사에서는 실패를 부르는 경우가 있었다. 그런데 알고 보니 놀랍게도 이 두 회사는 세일즈 규모가 다른 제품들을 취급하고 있다는 사실이 드러났다. 톰의 회사는 일회성 세일즈로 저가 제품을 판매했다. 여기서는 세일즈 조직에 대한 동기 부여와 세일즈 생산성 향상 간에 직접적인 관계가 있는 것처럼 보였다. 반면 잭의 회사는 고전적인 고가의 대형 세일즈를 하고 있었다. 그리고 종종 일어나는 것처럼, 소형 세일즈에 성공을 가져오는 방식이 대형 세일즈에서는 실패를 가져온 것이다.

다시 효율성과 효과성의 문제로

앞서 2장에서 논의했던 효율성과 효과성의 개념은 셀러의 의욕을 고취하려는 각종 시도가 대형 세일즈보다는 소형 세일즈에 더 성공적일 수 있는 이유를 어느 정도 설명해준다. 우리가 보아 온 것처럼 효율성은 소형 세일즈에서의 성과에 더 큰 영향을 미친다. 강사 초빙이나 상장 수여 혹은 성과급 지급과 같은 대부분의 동기 부여 도구는 효과성보다는 효율성에 더 큰 영향을 준다. 바꿔 말하면, 대부분의 동기 부여 도구는 사람을 효과적으로 일하게 만들기보다는 열심히 일하도록 만든다.

급여를 두 배로 늘려주거나 의욕을 높여주면 사람을 더 열심히 일하게 만들 수 있다. 상담 건수를 늘리거나 야근을 하면 결과적으로 효율성은 향상된다. 그런데 급여를 더 주는 방식이 효과적으로 일하도록 하는 데 도움이 될까? 효과적으로 일하도록 동기를 부여하는 방법은 없을까? 그 일은 결코 쉽지 않다. 훌륭한 동기 부여 강사는 셀러를 열광시켜 이전보다 훨씬 더 열심히 일하도록 독려할 수 있다. 그런데 그런 열성이 더 효과적으로 일하게 만든다는 보장은 없다.

동기 부여 이론

열심히 일하게 할 것인가 효과적으로 일하게 할 것인가라는 모델에 기초해 동기 부여에 관해 단순하게 접근하면, 동기 부여는 소형 세일즈에 더 큰 가치가 있고 대형 세일즈의 실적 향상에는 별다른 효과가 없다고 여길 가능성이 있다. 그런데 다행히도 그것은 사실이 아니다. 대형 세일즈에 종사하는 셀러의 실적을 향상시키는 동기 부여 도구와 기술도 있다. 다만 그 방법은 대부분의 매니저들이 세일즈 트레이닝에서 익혔던 표준적인 동기 부여 방법보다는 훨씬 더 어렵다. 대형 세일즈에 종사하는 셀러에게 동기를 부여하는 방법을 이해하려면 우선 동기 부여 이론을 자세히 살펴보아야 하며, 최근에 그 이론이 어떻게 바뀌어왔는지도 알아야 한다.

오늘날 동기 부여 이론은 더욱 정교하고 복잡하며 때로는 혼란스러운 영역이 되었다. 동기 부여에 관한 연구가 지난 20년간 그다지 잘 알려지지 않았던 이유는 어쩌면 그 복잡성 때문일 수도 있다.

하지만 현대의 동기 부여 이론에 대해 알지 못한다면, 대형 세일즈에 종사하는 셀러의 동기 부여 문제 또한 이해하기 어려울 것이다. 따라서 실제 동기 부여 방법에 대한 설명에 앞서, 현대의 동기 부여 이론에 대해 간략하게나마 살펴보고 넘어가도록 하자. 수많은 경영 서적에서 동기 부여 문제를 다룰 때면 항상 매슬로우(Maslow)와 허즈버그(Herzberg)의 오래된 이론을 요약하므로, 여기에서 같은 말을 반복할 필요는 없다고 생각한다. 다만 오래된 이론 중에서 비교적 덜 알려졌지만 주목할 만한 가치가 있는 데이비드 맥클랜드(David McClelland)의 이론을 소개하고자 한다.

성취 욕구 이론

1950년대 말에 나온 맥클랜드의 성취 욕구(Need for Achievement)에 대한 연구는 세일즈 관리에 도움이 될 만한 몇 가지 사항을 담고 있다. 그런데 불행히도 다른 동기 부여 이론가들처럼 맥클랜드 역시 복잡한 설명 방식을 취했다. 그는 성취 욕구를 설명하기 위해 'N-Ach' 라는 용어를 사용했다. 'N-Ach' 가 높은 사람은 성취 욕구가 강하며, 'N-Ach' 가 낮은 사람은 성취 욕구가 낮다는 것이 그의 설명이다. 맥클랜드는 'N-Ach' 가 높은 사람이 세일즈 직업을 구할 가능성이 크다고 예측했다. 'N-Ach' 가 높은 사람에게는 어떤 특징이 있다. 즉 그들의 행동 유형은 남들과 구별될 만큼 유사성이 있으며, 삶의 외형 역시 비슷하다는 것이 그의 견해이다. 예를 들어 보자.

성취 욕구가 높은 사람은 난이도가 중간 정도인 일을 좋아한다: 이들은 아주 쉬운 일에 대해서는 지루하다고 여기는 경향이 있다. 도전할 것이 없는 일에 대해서 성취 욕구가 높은 사람이 싫증을 낸다는 것은 새롭거나 놀라운 발견이 아니다. 대부분의 매니저들도 그 점은 쉽게 이해할 수 있다. 아울러 매니저들은 성취 욕구가 높은 사람이 도전을 즐기고, 따라서 주어진 과제가 힘들수록 더 좋아할 것이라는 일반적인 예측을 내놓는다. 그런데 그 예측은 잘못된 것이다.

맥클랜드는 'N-Ach' 가 높은 셀러는 난이도가 중간 정도인 일을 선호할 것이라고 예측했다. 한편 그 예측을 증명할 수 있는 독창적인 실험을 고안하기도 했다. 사실 그가 고안한 실험은 누구나 쉽게 시도할 수 있는 흥미로운 것이며, 우리도 그 실험을 직접 해 보았다. 우리는 몇 년 전 아이리쉬 경영 연구소(Irish Management Institute)의 리암 고먼(Liam Gorman)과 함께 우리만의 방식으로 실험을 했다. 우리의 실험은 다트 게임 방식이었다. 피실험자인 셀러를 한 명씩 방안으로 부른 후 화살 세 개를 주었다. 그런 다음 표적판과의 거리를 마음대로 정할 수 있다고 알려주었다. 이때 주어진 과제는 화살 세 개를 가능한 원판의 중심에 가깝게 던지는 것이었다. 대부분은 화살을 던지는 위치를 마음대로 정할 수 있다는 말에 잠시 의아해 했다. 피실험자 중에는 원판에서 2, 3피트 떨어진 위치에 서는 사람도 있었고, 더 멀찍이 떨어진 곳에 자리를 정하는 사람도 있었다. 극단적인 경우 한 셀러는 원판 바로 앞에 서서 압핀을 꼽듯이 화살을 밀어 넣었다. 또 다른 사람은 무려 50피트나 떨어진 위치에서 큰 소리를 지르며 화살을 던져 우리를 아연하게 만들었다.

실험이 끝난 뒤, 주어진 과제의 난이도에 대한 맥클랜드의 예측은 확실히 옳다고 증명되었다. 'N-Ach'가 높은 셀러, 즉 성취 욕구 실험에서 높은 점수를 기록한 사람은 원판과 적당히 떨어진 위치에서 화살을 던졌다. 그들은 처음에 던진 화살이 다트에 명중하면 조금 뒤로 물러섰고, 화살이 빗나갔을 때는 원판 앞으로 좀더 다가갔다. 반대로 'N-Ach'가 낮은 사람은 대부분 원판에 아주 가깝게 서거나, 혹은 터무니없이 떨어져 섰다. 그런데 과연 이 실험은 세일즈에서의 동기 부여와 어떤 관련이 있을까? 기다려보라. 때가 되면 밝혀질 것이다. 다만 지금은 성취 욕구가 높은 사람이 난이도가 중간 정도인 과제를 선택하는 경향이 있다는 결론만을 내리자.

성취 욕구가 높은 사람은 현실적인 목표를 세운다: 중간 난이도의 과제를 선호하는 편인 'N-Ach'가 높은 사람은 자신의 능력과 기술에 맞는 현실적인 목표를 세우는 경향이 있다. 예를 들어, 그들은 하루아침에 CEO가 되겠다는 꿈을 꾸지 않는다. 그 대신 3년 안에 매니저로 승진할 궁리를 한다. 세일즈 실적을 두 배로 늘리는 목표를 정하기보다는 전해에 비해 15퍼센트 신장시키겠다는 현실적인 계획을 세운다. 목표 설정(또는 적어도 세일즈 규모의 측면에서 측정되는 목표 설정)은 일반적으로 소형 세일즈가 더 쉽다. 대형 세일즈의 어려움 중 하나는 거래가 일정하지 않다는 것이다. 따라서 대형 세일즈에서는 현실적인 목표를 세우기가 어렵고, 성취 욕구가 높은 셀러는 어떤 도움을 필요로 한다.

성취 욕구가 높은 사람은 피드백을 원하고 활용한다: 맥클랜드는 성취 욕구가 높은 사람이 자신의 행동에 대한 피드백을 원하고, 수행력을 높이기 위해서 그러한 피드백을 적절히 활용한다는 사실을 발견했다. 즉 'N-Ach'가 높은 사람은 피드백을 충분히 받을 수 있거나 행동의 결과를 투명하게 평가받을 수 있는 직업에 매력을 느낀다는 것이다. 그러면서 맥클랜드는 'N-Ach'가 높은 이들에게 알맞은 직업의 목록에서 가장 위쪽에 세일즈를 적어놓았다. 그의 관점에서 성취 욕구가 높은 사람에게 가장 이상적인 직업은 세일즈였다. 세일즈에서 업무수행은 쉽게 측정가능하고, 고객이나 판매 실적을 통한 피드백이 상당히 많으며, 목표 설정도 간부들에 의해 장려되기 때문이다.

그런데 안타깝게도 맥클랜드가 연구를 하던 당시에는 어느 누구도 대형 세일즈와 소형 세일즈의 차이점을 말해주지 않았다. 소형 세일즈의 경우에는 맥클랜드의 주장이 옳다. 소형 세일즈에서 셀러는 세일즈 실적으로 피드백을 얻을 수 있는데, 그러면 대형 세일즈는 어떨까? 대형 세일즈는 일주일 간의 실적만으로 셀러의 행동을 평가하기 어렵다. 사실상 대형 세일즈에 종사하는 셀러는 판매 실적과 고객의 피드백을 얻기 위해 오랜 시간을 기다려야 한다. 맥클랜드의 견해가 옳다면 'N-Ach'가 높은 사람이 대형 세일즈에 종사할 경우 자신의 행동에 대한 피드백을 얻지 못해 금세 의욕을 잃고 말 것이다. 여기에 세일즈 매니저를 위한 하나의 시사점이 있다. 셀러에게 지속적인 동기 부여를 하려면 매니저는 셀러의 세일즈 수행을 측정하고 피드백할 수 있는 다른 방법을 찾아야 한다. 즉 'N-Ach'가 높은 셀러는 중요한 동기 부여의 원천으로 고객이나 세일즈 실적보다 매니저를 바라볼 가능성이 더 크다.

성취 욕구가 높은 사람은 성공에 대해 개인적으로 책임을 진다: 세일즈 업종은 셀러 개인이 자신의 행동에 대해 책임을 지도록 한다는 점 또한 성취 욕구가 높은 사람이 세일즈 업종을 선택할 이유 중 하나라고 맥클랜드는 말했다. 'N-Ach'가 높은 사람은 스스로 자신의 성공을 좌우하기를 원한다. 그들은 성공했을 때 칭찬을 받고, 혹시 실패하더라고 기꺼이 비난을 감수할 준비가 되어 있다. 따라서 성취 욕구가 높은 사람은 팀을 이뤄 함께 일하기보다는 혼자서 일하는 것을 더 편하게 여긴다.

다시 한번 우리는 성취 욕구의 측면에서 소형 세일즈와 대형 세일즈의 차이점을 보게 된다. 소형 세일즈에서는 셀러가 혼자 일하는 경우가 많다. 반면 대형 세일즈는 팀을 이뤄 세일즈를 진행하는 경향이 갈수록 늘고 있다. 소형 세일즈에서는 성공적인 셀러는 쉽게 자신의 실적을 다른 셀러와 비교하고, 자신이 거래를 성사시켰다고 여길 수 있다. 하지만 대형 세일즈에서 셀러는 개인적 노력과 세일즈 실적 사이의 연관관계를 찾기가 쉽지 않다.

'N-Ach' 이론의 결론

성취 욕구에 관한 맥클랜드의 연구에서 우리는 어떤 점을 배울 수 있을까? 먼저 중요한 결론 두 가지가 있다. 첫째, 'N-Ach' 개념을 사용해서, 개인의 성취 욕구를 증가시키거나 감소시킬 수 있는 조건인 '성취 환경'을 조성하는 것이 가능하다. 즉 성취 욕구가 높은 셀러에게 성공을 보장할 수 있는 환경을 조성하고 그러한 환경에서 성취 욕구가 높은 셀러의 행동을 다른 셀러가 본받도록 할 수 있다. 예를 들어 매니저는 다음과 같은 조치를 취할 수 있다.

- 중간 난이도의 과제를 제시한다. 그래서 셀러가 자신의 도전과제를 현실적으로 측정할 수 있게 한다. 그들이 성취하기에 너무 어려운 과제를 제시해서는 안 된다.
- 셀러가 현실적인 목표를 세우도록 돕는다. 그래서 세일즈 규모나 구매 결정권자 접근 소요 기간과 같은 측면에서 그들의 기대치가 현실적이고 측정 가능하게 한다.
- 셀러의 수행 방식에 대해 피드백을 제공한다. 피드백은 여러 형태를 취할 수 있다. 예를 들어 셀러가 명확한 고객 전략을 세우도록 돕고, 그 전략에 비추어 진행 과정을 평가할 수 있다. 이것은 피드백을 제공할 뿐 아니라 현실적인 목표 설정에도 좋은 연습이 된다. 셀러와 함께 상담에 나가 그들의 기술에 대한 코칭을 수행

하는 것도 피드백의 또 다른 형태이다. 허스웨이트의 연구원들은 그동안 수천 명의 셀러들과 함께 상담에 나가 그들의 세일즈 수행을 지켜보았다. 특히 대형 세일즈에 뛰어난 셀러들은 우리가 그들과 같이 상담을 나가는 것에 큰 흥미를 보였다. 한편 그들 중 많은 이들이 매니저가 상담에 자주 동행하지 않고 피드백을 해주지도 않는다는 불만을 토로했다. 성취 욕구가 높은 셀러들은 피드백을 환영하며, 훌륭한 매니저라면 반드시 피드백을 주어야만 한다.

대형 세일즈의 차이점

우리가 맥클랜드의 연구에서 도출해낸 두 번째 결론은 소형 세일즈와 대형 세일즈의 구별이 매우 중요하다는 점이었다. 동기 부여의 관점에서 볼 때, 소형 세일즈는 세일즈 매니저가 특별한 행동을 하지 않아도 'N-Ach'가 높은 셀러에게 적합한 성취 환경이 조성된다. 맥클랜드가 지적했듯이, 'N-Ach'가 높은 사람은 세일즈라는 직업에서 만족감을 얻는다. 왜냐하면 세일즈는 업무수행에 대해서 많은 피드백을 제공하고, 셀러가 자신의 성취에 대해 개인적인 책임을 질 수 있게 하기 때문이다.

앞서 보았듯이, 이는 소형 세일즈에서는 사실이지만 대형 세일즈에서는 그렇지 않다. 소형 세일즈에서는 세일즈라는 일 자체가 좋은 성취 환경을 제공한다. 소형 세일즈에서 'N-Ach'가 높은 사람은 매니저의 특별한 관심이 없어도 일에서 만족을 얻고 열심히 일할 수 있다. 즉, 매니저가 하지 않아도 일 자체가 동기를 부여한다. 그런데 대형 세일즈는 다르다. 대형 세일즈에서는 일 자체만으로는 동기 부여를 받기 어렵다. 대형 세일즈에서는 피드백이 없는 경우가 흔하고, 현실적인 목표를 세우기도 어렵다. 세일즈의 성사 여부 또한 순전히 개인의 책임으로 돌릴 수도 없다. 이러한 상황에서 동기 부여를 책임지는 역할은 세일즈 매니저의 몫이 된다.

새로운 동기 부여 이론

매슬로우, 허즈버그, 맥클랜드의 고전적인 이론이 나온 이래로 동기 부여에 관한 연구는 진전을 거듭했지만, 그 새로운 내용이 세일즈 관리를 다룬 서적들에는 아직 실리지 않았다. 여기에서는 새로 나온 복잡한 연구의 결과들을 지나치게 단순화할 위험성을 무릅쓰고, 일단 오늘날의 동기 부여 이론을 네 가지로 묶어 제시하고자 한다.

욕구 이론

동기 부여에 관한 욕구 이론(Need Theory)은 개인 내부에서 행동을 자극하고, 방향을 제시하고, 중단시키는 요인들을 조사함으로써 동기 부여의 수준을 설명한다. 동기 부여에 관한 고전적인 사상가들(매슬로우, 맥클랜드 등)의 주장이 욕구 이론의 대표적인 예들이다.

각종 교과서에 할애된 지면의 양으로 따지면 아마도 욕구 이론에 가장 크게 기여한 사람은 매슬로우와 허즈버그일 것이 분명하다. 한편 앞서 살펴본 바와 같이 데이비드 맥클랜드의 연구 또한 상당히 유용하고 실질적인 견해를 세일즈 매니저들에게 제시한다.

286

| 표 7.1 | 동기 부여 이론

이론	내용
욕구 이론	동기 부여는 개인의 내부에 행동을 자극하고, 방향을 제시하고, 중단시키는 요인들(예를 들어, 자기 존중에 대한 욕구)에서 비롯된다.
공정성 이론	동기 부여는 남들과 비교해서 공정하고 정당한 대우를 받고 싶어 하는 욕구에 의해 영향을 받는다.
기대 이론	동기 부여는 다음 세 가지 조건을 요구한다. • 기대감: 노력하면 성과를 거둘 수 있다는 믿음 • 수단성: 성과에는 보상이 따른다는 믿음 • 유의성: 보상의 가치에 대한 주관적인 판단
귀인 이론	동기 부여는 성공이나 실패의 이유를 알려는 욕구에 의해 영향을 받는다.

공정성 이론

동기 부여에 관한 공정성 이론(Equity Theory)은 사람들이 행하는 사회적 비교의 관점에서 동기 부여를 설명한다. 욕구 이론이 행동의 근원을 개인의 내부적 욕구와 충동에서 찾는다면, 공정성 이론은 주변 사람과의 관계에서 공정하고 정당한 대우를 받고 싶어 하는 욕구가 행동에 영향을 미친다고 본다. 공정성 이론은 사람들이 자신과 타인을 비교하는 두 가지 다른 방식(결과물과 투입물)을 구별한다. 결과물(outcomes)은 급여나 직위, 혹은 부수적 이득처럼 작업의 결과와 같은 것이다. 투입물(inputs)은 작업 시간, 자격증, 노력의 정도처럼 결과물을 만드는 데 드는 노력이다.

공정성 이론은 개인이 자신과 타인을 비교해서 투입물과 결과물의 비율이 정당하다고 여겨지지 않을 때 불만을 느낀다고 말한다. 예를 들어서 어떤 항공사에서는 최근 이중임금제를 도입해 새로 고용된 직원에게는 같은 일(투입물)을 해도 낮은 임금(결과물)을 지급했다. 이때 공정성 이론은 모든 동기 부여의 문제가 이중임금제에서 비롯된다고 본다. 항공사에서는 직원들의 의욕 저하가 단기에 그치고 새로운 제도가 정착되어 모든 직원이 익숙해지기를 바라지만, 공정성 이론에서는 직원들의 의욕 저하가 계속 되고 동기 부여에 장기적으로 치명적인 피해를 줄 것이라고 본다.

공정성 이론은 대형 세일즈 관리에 대해서도 몇 가지 문제를 제기한다. 그 중 가장 중요하게 여겨지는 것은 직원들이 공정성을 인식할 때에만 강력한 동기 부여를 받을 수 있다는 것이다. 그리고 그것은 단지 의사결정 자체의 공정성만을 의미하지 않는다. 의사결정의 '과정(process)' 이 얼마나 공정한지 여부도 중요하게 따진다.

기대 이론

기대 이론(Expectancy Theory)은 욕구 이론이나 공정성 이론보다 범위가 훨씬 더 넓다. 기대 이론은 견해가 다양해서 그 이론을 간략히 요약하기는 매우 어렵다. 한편 여러 가지 견해들 중에서는 브룸(Vroom), 포터(Porter), 로울러(Lawler)의 이론이 가장 유명하다. 기대 이론은 간단히 말해서 사람들이 어떤 일에서 무엇인가를 성취할 수 있다고 기대함으로써 동기를 부여받는다는 것이다. 대부분의 기대 이론은 사람들이 지닌 세 가지 서로 다른 믿음에서 동기 부여가 일어난다고 설명한다.

288

- 기대감(Expectancy): 노력을 통해서 원하는 결과나 성과를 거둘 수 있다는 믿음. 예를 들어, 셀러가 세일즈 상담을 계획하는 데 정성을 쏟는 이유는 세일즈 실적이 오를 것이라고 기대하기 때문이다. 이러한 기대심이 있는 셀러는 계획을 세울 동기를 부여받는다. 한편 계획을 세워도 실적이 오를 가능성이 없다면 셀러는 계획의 필요성에 대해서 진지하게 생각하지 않을 것이다.

- 수단성(Instrumentality): 바라는 결과를 얻으면 보상이 따를 것이라는 믿음. 앞선 예에서 셀러는 실적을 올릴 가능성이 있다는 기대 때문에 상담 계획을 짜는 데 공을 들인다. 그리고 세일즈 실적이 올랐을 때 수입의 증가나 직위 상승, 혹은 다른 보상이 뒤따른다고 믿는다. 이때 판매 실적은 그러한 보상을 얻기 위한 수단이다. 이 경우 행동의 결과와 그에 따른 보상의 관계가 명확하지 않으면 동기 부여는 제대로 이루어지지 않는다. 일례로 보상 체계가 너무 복잡해서 셀러가 자신의 실적과 급여 사이에 아무런 연관성이 없다고 판단하면 이러한 보상 체계는 더 이상 동기를 부여하지 못한다.

- 유의성(Valence): 보상을 받는 사람이 인식하는 보상의 가치. 보상이 동기 부여의 방편이 되려면 셀러는 그 보상이 가치가 있다고 판단해야 한다. 앞선 예에서 세일즈 매니저가 세일즈 실적이 가장 좋은 셀러에게 위스키 한 병을 선사한다고 약속을 했다고 치자. 그런데 술을 마시지 않는 셀러에게 그 보상은 아무런 가치가 없으며, 따라서 성과를 독려할 가능성이 없다. 위스키를

상으로 주는 것은 그 셀러에게는 동기 부여가 되지 않는다.

세일즈 매니저가 셀러에게 동기를 부여하려면 기대감, 수단성, 유의성이라는 세 요소를 모두 고려해야 한다는 점을 기대 이론을 통해서 알 수 있다. 다른 예를 들자면, 주요 고객을 대상으로 한 세일즈 전략을 수립하도록 셀러에게 동기 부여를 하고 싶다면, 당신은 다음 세 가지 요소를 가지고 있어야 한다.

> 기대감. 세일즈 전략을 세웠을 때 세일즈 실적을 더 증가시킬 수 있
> 다는 사실을 셀러가 깨닫게 하고,
> 수단성. 세일즈 실적의 증가는 그에 대한 보상으로 이어진다는 점을
> 알리며,
> 유의성. 그러한 보상은 가치 있는 것이 되도록 해야 한다.

위 세 가지의 요소 가운데 하나라도 빠뜨린다면 셀러에게 동기를 부여하려는 시도는 실패로 돌아갈 것이다.

귀인 이론

동기 부여에 관해 네 번째로 소개할 이론은 귀인 이론(Attribution Theory)이다. 귀인 이론은 대형 세일즈에서 동기 부여가 어려운 이유에 대한 흥미로운 통찰을 제공한다. 앞서 제시한 다른 이론들과 마찬가지로 귀인 이론 역시 사람들은 보상을 극대화하면 동기 부여가 된다는 점에 동의한다. 그런데 귀인 이론은 여기에 한 가지를 덧붙인

다. 즉 사람들은 자신이 왜 성공하거나 실패하는지를 이해하게 되면 동기 부여가 된다는 것이다. 우리가 귀인 이론을 포함시킨 것은, 일부 동기 부여 연구자들이 열심히 일하도록 동기 부여를 하는 것이 효과적으로 일하도록 동기 부여를 하는 것보다 쉬운 이유를 설명하는 데 귀인 이론을 활용하기 때문이다. 열심히 일하는 것과 효과적으로 일하는 것의 차이를 이해하기 위해 사용되는 세 가지 동기 부여 척도를 살펴봄으로써 이 문제를 탐색해 보자.

- 끈기(persistence): 끈기는 더 오랫동안 일에 매진하도록 하는 것을 뜻한다. 의욕이 높은 사람은 쉽게 좌절하지 않고, 실패를 겪거나 고객의 거절을 경험하더라도 계속해서 일을 추진해나갈 수 있다. 성공의 가능성을 높이기 위해서 끈기의 수준을 높이려는 이들이 많다. 그들은 "포기하면 안 돼. 좀더 노력하면 성공할 수 있을 거야."라고 말한다. 즉 끈기는 실패를 성공으로 전환시키는 일종의 전략이다. 물론 끈기는 경영진이나 보상 체계에 의해서도 영향을 받는다. 매니저는 셀러의 끈기를 높이도록 동기 부여를 할 수 있다.

- 강도(intensity): 강도는 더 열심히, 빠르게, 집중해서 일하는 것을 뜻한다. 동기 부여가 된 사람은 그렇지 않은 사람보다 더 열심히 일할 가능성이 높다. 노력의 강도를 높이는 것 또한 성공에 한 걸음 더 다가서는 전략일 될 수 있다. "더 열심히 일해서 성공해야지."라고 말하는 사람은 그동안 그가 실패한 이유를 이해하려고 하며, "상담 건수를 늘여야겠어. 약속을 더 많이 잡아야

지."라는 식으로 대처하게 된다. 보상 제도는 확실히 노력의 강도에 영향을 준다. 그렇지만 열심히 일하는 것과 성공의 관계에 대해 앞서도 살펴보았지만, 노력의 강도를 높였을 때 성공할 가능성은 소형 세일즈가 대형 세일즈보다 더 높다.

- 선택(choice): 선택은 사람들이 다른 행동 대신 하나의 행동 유형을 선택하도록 동기 부여되는 것을 의미한다. 사람들은 성공을 이해하고 성공의 가능성을 높이려고 할 때 종종 행동에 대한 선택을 바꾼다. 즉 "고객에 대한 접근방식을 바꿔야겠어."라고 말하는 셀러는 성공이나 실패의 이유가 '선택'에 달려 있다고 믿기 때문에 그런 결정을 내린다. 선택 역시 경영진이나 보상 체계의 영향을 받으며, 대개 끈기나 강도와 비교하면 변화시키기가 어렵다. 끈기나 강도를 높이려면 굳이 새로운 일을 하지 않아도 된다. 같은 일을 이전보다 더 오랫동안 하고, 실패해도 좌절하지 않으면 끈기는 높아진다. 강도는 같은 일을 더 열심히 혹은 신속히 처리하는 것을 의미한다. 그런데 선택은 전혀 새로운 혹은 다른 방식으로 업무에 임하는 것을 뜻한다. 따라서 겪어 보지 않은 일을 선택한다는 점에서 성공을 보장하기는 더 어렵다. 대부분의 셀러들이 어떤 선택이 옳은지를 정확히 알지 못한다는 점 또한 '선택'에 제약을 가하는 요소이다. 예를 들어 세일즈 기술이 제대로 통하지 않을 때 그들은 어떤 다른 기술을 선택해야 하는지 알지 못한다.

앞서 동기 부여 강사의 예를 다시 떠올려보자. 동기 부여 강사는 저가의 제품을 취급하는 셀러들에게 아주 효과적으로 동기를 부여했다. 그는 무슨 수를 썼을까? 동기 부여 강사는 셀러들을 열광시키고, 활력을 불어넣었다. 그가 새롭게 불어넣은 활력이 '끈기, 강도, 선택'에 어떤 영향을 미쳤는지 살펴보면, 왜 그 강연이 성공적이었는지 알 수 있다. 열광한 사람들은 끈기가 높아졌고 자신의 일이 중도에 좌절되어도 쉽게 낙담하지 않게 되었다. 열광한 사람들은 업무의 '강도'도 높였다. 열의에 가득 찬 셀러들이 더 열심히 일하게 된 것이다. 상담 건수를 늘리고, 더 많은 잠재 고객과 가망 고객에게 전화를 걸었을 것이다. 그런데 '선택'에도 어떤 영향을 미쳤을까? 아마도 변화시키기가 아주 어려운 '선택'에 대해서는 그러한 강연이 큰 영향을 미치지 못했을 것이다. 활동 수준과 세일즈 실적이 직접적으로 연관된 소형 세일즈에서는 끈기와 강도를 높이면 활동이 증가하고 세일즈 실적도 올라간다.

그렇다면 고가의 세일즈에서 동일한 강사의 영향력이 어땠을까? 앞의 사례와는 어떤 차이가 있을까? 열심히 세일즈하는 것보다 효과적으로 세일즈하는 것이 중요한 고가의 세일즈에서는 '끈기'와 '강도'는 성공을 크게 좌우하는 요소가 아니다. 셀러를 아무리 열광시켜도 동기 부여의 한 요소로서 '선택'에 변화를 줄 수는 없다. 셀러가 성공을 거두려면 우선 행동 방식을 바꿔야 한다. 즉 새로운 기술을 익히고 새로운 전략을 짜야 한다. '선택'이라는 동기 부여 요소가 작동되기 위해서는 먼저 셀러가 과거와 다르게 무엇을 어떻게 해야 할지 알고 있어야 한다. 이 일을 동기 부여 강사가 세 시간 동안에 모두 이루었을 가능성은 거의 없다. 강연이 효과가 없었던 것은 당연하다.

장황한 설명, 간단한 의미

지금까지 동기 부여 이론을 간략히 살펴본 독자들은 '유의성', '수단성'과 같은 복잡한 용어로 치장된 동기 부여 이론이 실제 그다지 많은 것을 의미하지 않는다는 결론을 내렸을지 모른다. 그러한 결론에 도달했다면 훌륭하다고 말하고 싶다. 경영 분야의 저술가인 찰스 핸디(Charles Handy)는 『조직의 이해Understanding Organization』라는 자신의 책에서 이렇게 적고 있다.

> 지금까지 동기 부여 이론의 개요를 살펴보았는데, 어쩌면 필자가 그랬던 것처럼, 독자 여러분은 이 분야의 장황한 연구에 대해 모종의 실망감을 느꼈을지 모른다.

책을 저술하기 위해 무수한 자료를 수집하는 동안 그러한 실망감을 우리가 느끼고 있다는 사실을 깨달았다. 우리는 셀러에게 동기를 부여하는 방법에 관한 몇 마디 조언을 찾기 위해 수십만 개의 단어들을 훑어야 했다. 때때로 무미건조한 십여 편의 논문을 읽으면서 우리는 이 동기 부여 이론이라는 것 자체에 대해 완전히 손을 놓고 싶은 충동을 느낀 적도 있었다. 하지만 결국 우리는 동기 부여에 대한 조사연구의 방대한 몸체에서 몇 가지 핵심을 찾아냈다. 수많은 전문 용어와 명백한 사실에 대한 과도하게 복잡한 진술에도 불구하고, 동기 부여 이론으로부터 얻은 몇 가지 결론은 대형 세일즈 관리 방법에 중대한 시사점을 던져주고 있다.

세 가지 질문

대부분의 세일즈 매니저들은 셀러에게 동기를 부여하는 매니저의 역할을 명확히 인식하고 있다. 그런데 우리의 경험에 따르면 실제 동기 부여를 수행하는 방법에 대해 불편하게 여기는 매니저들이 종종 있었다. 지금까지 우리는 말 그대로 수천 명의 세일즈 매니저들과 함께 일을 했다. 우리가 매니저를 대상으로 트레이닝을 실시할 때, 질의 시간이 되면 매니저들은 항상 동기 부여의 문제를 질문하고는 했다. 설혹 그 시간이 세일즈 기술이나 고객 전략 수립 같은 다른 주제를 다룰 때에도 그랬다. 동기 부여와 관련된 그들의 질문은 끊이지 않았다. 급기야 우리가 늘 접해야 했던 몇 가지 질문에 대해서 우리는 '빅 쓰리(big three)' 라는 이름을 붙이기까지 했다. 다양한 방식으로 표현되는 그 질문의 요지는 다음과 같다.

- 셀러에게 동기 부여하기 위해서 어떤 종류의 목표를 세워야 하는가?
- 셀러의 업무 수행력을 높이는 동기 부여 도구(tool) 가운데 금전이나 다른 인센티브들은 어떤 역할을 하는가?
- 어떤 동기 부여 도구를 이용할 수 있고, 특히 컴플렉스 세일즈나 대형 세일즈에서 동기 부여에 도움이 되는 도구는 어떤 것이 있는가?

과연 지금까지 논의한 동기 부여 이론은 이러한 문제를 해결하는데 어떤 도움을 줄 수 있을까? 우선 이 질문들을 더 자세히 살펴보고,

현재의 동기 부여 이론이 이처럼 중요하고도 까다로운 문제를 해결하는 데 어떤 통찰력을 제공하는지 알아보자.

목표 설정

세일즈 매니저들은 대개 목표를 높게 설정하면 셀러의 실적도 덩달아 올라가리라 생각한다. 그러한 통념을 뒷받침하는 사례들은 이미 무수히 나와 있다. 전형적인 예를 살펴보자. 한 플라스틱 제품 제조 회사에서 새로운 세일즈 매니저를 임명해 20명의 셀러를 관리하는 책임을 맡겼다. 매니저가 새로 임명될 당시의 세일즈 목표치는 한달에 2만 5천 달러였다. 다른 경쟁사에서 옮겨 온 새 매니저는 그 목표가 너무 낮다고 생각했다. 그는 우리에게 이렇게 말했다. "제가 제일 먼저 한 일은 세일즈 목표치를 예전의 두 배인 5만 달러로 높이는 것이었습니다. 실제로 석 달이 채 지나기도 전에 세일즈 실적은 전보다 30퍼센트 증가했어요."

다른 많은 세일즈 매니저들 역시 목표를 새롭게 설정함으로써 실적을 획기적으로 상승시킬 수 있었다는 그와 비슷한 사례를 털어놓았다. 일례로, 리모콘을 생산하는 전자제품 회사의 사장은 작년 한해 동안 매 분기마다 세일즈 목표치를 15퍼센트씩 높게 설정했고(이는 그해 전체로는 75퍼센트의 매출 신장을 의미하는 것이었다), 실제 매번 목표치를 초과 달성했다고 말했다. "제가 실수를 했다면, 애초에 목표를 그 두 배로 늘려 잡았어야 했다는 겁니다."라고 그는 말했다.

이러한 이야기들은 아주 그럴듯하게 들리는데, 과연 그들의 말을 액면 그대로 믿어도 될까? 가령 세일즈 목표를 두 배로 늘렸을 때 셀러의 실적이 30퍼센트나 향상될까? 우선 목표와 그 수행의 관계를 더 면밀히 살펴볼 필요가 있다. 방금 언급한 첫 번째 사례에서 목표를 두 배 올린 후 판매는 30퍼센트 늘었다. 그런데 당시 상황을 자세히 들여다보니, 새 매니저가 텔레마케팅을 강화하고 광고를 늘리는 등 세일즈 생산성을 높이는 수단들을 새롭게 도입했다는 사실이 밝혀졌다. 따라서 목표 설정 자체만으로 세일즈가 30퍼센트 증가했다는 증거를 찾기는 어려웠다.

두 번째 사례에서, 목표를 매 분기마다 15퍼센트씩 늘리면서 세일즈 실적도 그와 비례해 늘어난 것은 더 설득력이 있어 보인다. 당시 이 회사는 광고, 세일즈 지원, 가격 책정에 변화가 없었고, 고객에게 영향을 준 다른 명백한 요소도 없는 것으로 드러났다. 따라서 이 경우 목표 설정과 세일즈 실적 사이에 관련이 있다고 보는 데 큰 문제가 없는 것 같았다. 그런데 다른 경쟁사의 실적을 조사해 보니 경쟁사도 매출이 획기적으로 상승했다는 사실을 발견했다. 결국 이 무렵은 시장이 급속히 팽창하는 시기였기 때문에 판매는 상승 국면이었던 것이다. 따라서 두 번째 사례 역시 목표와 판매 실적 사이에 직접적인 관련이 있다고 판단하기 어려웠다.

이와 유사한 사례를 10여 건 이상 조사했지만 역시 목표와 판매 실적이 확실히 연관되어 있다는 명백한 증거를 찾을 수는 없었다. 물론 그렇다고 해서 그러한 관련성을 완전히 부인할 수도 없었다. 동기 부여 이론에서는 설정된 목표와 판매 실적 간에 관련성이 있으려면 다음과 같은 조건이 갖추어져야 한다고 말한다.

- **세일즈의 규모가 작고 간단할 때**: 이미 살펴보았지만, 열심히 일하는

방식은 대형 세일즈보다 소형 세일즈에서 더 좋은 결과를 가져올 가능성이 크다. 목표를 높여 잡으면 소형 세일즈에 종사하는 셀러는 더 열심히 일할 가능성이 있다. 다만 기대 이론에서도 지적했듯이 소형 세일즈라고 하더라도 그 노력과 결과 사이에 분명한 연관이 있다고 셀러가 믿어야만 하며, 그렇지 않다면 목표를 아무리 높게 잡아도 동기 부여는 일어나지 않는다.

- **기존 목표치가 지나치게 낮을 때**: 세일즈 목표치가 비현실적으로 낮게 설정되었을 수도 있다. 하지만 목표치가 현실적인지 아닌지를 누가 결정하는가? 우리와 함께 일했던 세일즈 조직들의 경우, 고위 관리자는 목표가 너무 낮다는 확신을 지닌 반면, 셀러들은 목표가 지나치게 높다고 생각하는 경우가 일반적이었다. 그렇다면 누구의 말이 옳을까? 많은 고위 관리자들은 이 질문에 대해 편리한 답변을 준비해두고 있다. 포춘에서 선정한 100대 기업 중 한 곳의 부사장은 우리에게 다음과 같은 말을 들려줬다. "혹시 의심이 든다면, 목표는 항상 높게 정해야 해요. 그래야 안전하거든요. 만약 그 목표가 달성 가능한 것으로 판정난 경우 사람들이 기대한 실적을 올렸으니 성공한 셈이고, 목표가 달성하기 어려운 것으로 판정나도 잃을 것이 없죠." 이어서 살펴보겠지만 그의 논리에는 치명적인 결함이 있다. 우리로서는 기존의 목표치가 너무 낮은지 높은지에 대한 기준은 세일즈 조직의 여론 주도층이 반발 없이 그것을 수용할 것인가이다.

- **목표가 현실적일 때**: 목표치를 높게 정하면 손해 볼 일이 없다고 가

정한 부사장의 견해에 대해서는 동기 부여 이론이 강하게 제동을 건다. 대부분의 이론들은 목표가 비현실적으로 높으면 동기 부여에 실패할 뿐 아니라, 셀러의 사기 또한 급속히 저하시켜 그들의 수행력을 떨어뜨린다고 경고한다. 앞의 'N-Ach 이론'에서는 성취욕이 높은 사람에게는 특히 '현실적인' 목표를 정해주는 것이 중요하다는 점을 강조한다. 셀러들이 지나치게 높다고 느낄 가능성이 있는 목표치가 제시되었을 때, 특히 성취욕이 높은 사람에게는 그것이 치명적인 결과를 유발한다. '공정성 이론'에서도 셀러가 어떤 목표를 부당하다고 느낄 경우 동기가 저하된다고 설명한다.

비현실적인 목표는 또한 '기대 이론'의 기본 원칙 중 하나를 침해한다. 이 이론에 의하면 동기 부여가 이루어지려면 수행자는 자신의 노력과 결과 사이에 연관 관계가 있음을 인지할 수 있어야 한다. 목표가 지나치게 높으면 수행자는 자신이 아무리 노력해도 정해진 목표를 달성할 수 없다고 느끼게 되고, 따라서 그러한 연관 관계 자체가 성립될 수 없다. 수행자는 "아무리 애를 써도 안 되는 일을 왜 해야만 할까?"라고 생각할 것이다. 따라서 오늘날 동기 부여 이론의 관점에서 보면, 무작정 목표를 높이 설정하고 목표를 달성하지 못해도 손해 보지 않을 거라고 믿는 것은 문제가 있다. 반대로 목표가 현실적이라면 당연히 동기 부여의 효과가 있다. 매니저는 현실적인 목표에 대해서 혼자만 옳다고 고집을 부려서는 안 된다. 동기 부여를 하려면 실제 세일즈를 수행하는 셀러들의 눈에 그 목표가 현실적으로 보여야 한다.

- 셀러가 목표 설정에 관여했을 때: 자신이 수행할 목표치를 정하는 일
에 셀러가 적극적으로 관여했다면 (수행력도 좋아지고) 확실한
동기 부여의 효과가 발생한다. 가능하다면 목표를 세울 때 언제
나 셀러를 참여시키는 것이 좋다. 그렇게 하면 셀러의 노력을
더 많이 끌어낼 수 있고 결과적으로 목표를 달성할 가능성도 커
진다.

요약하면, 매니저는 목표를 높게 정함으로써 자연히 셀러의 실적
도 나아지리라고 가정해서는 안 된다. 특히 복잡한 대형 세일즈에서
는 더더욱 주의를 기울여야 한다. 목표 설정과 실적 사이에 직접적인
상관관계가 있다는 주장은 의심스러운 면이 많지만, 아무튼 목표 설
정은 동기 부여 효과를 발휘할 수 있다. 동기 부여 이론에서 목표가
실제 동기 부여의 효과를 지니려면 무엇보다도 셀러가 그러한 목표
를 현실적이고 실현가능한 것으로 여겨야만 한다.

동기 부여 도구로서 돈의 역할

금전적인 보상이 동기 부여의 역할을 하는지에 관해서 우리에게
질문을 하는 매니저들이 많다. 질문의 형태도 다양하다. "급여를 더
주면 실적이 나아질까요?", "급여에서 보너스의 비율을 어느 정도로
정해야 합니까?", "판매 실적보다 영업 이익에 따라 보상을 하는 것
이 옳지 않을까요?" 혹은 "과연 돈으로 동기를 끌어올릴 수 있습니
까?"와 같은 가장 기본적인 질문을 하기도 한다. 이제는 독자들도 우
리의 대답이 어떻게 시작될지 예측할 수 있을 것이다. "경우에 따라

서 …." 그리고 "이 원칙은 대형 세일즈에서는 다릅니다."로 이어진다. 어쩌면 이 대답은 아주 적절해 보인다. 동기 부여 도구로서 돈의 역할에 관한 문제는 꽤 복잡하며, 소위 전문가라는 사람들 사이에서도 논쟁이 치열한 주제이다. 이를 두고 경우에 따라 다르다라는 식으로 말할 수 있을 것이다. 그리고 그 원칙은 대형 세일즈에서는 다르게 적용된다. 동기 부여 도구로서 돈의 영향력에 관한 몇 가지 문제들을 우선 살펴보자.

돈이 사람을 효과적으로 행동하게 만들지는 않는다: 우리가 2장에서 다루었던 내용을 다소 과장해서 단순화시키면, 대형 세일즈와 소형 세일즈의 가장 큰 차이점으로 소형 세일즈는 열심히 일해서 성공을 거둘 수 있는데 반해, 대형 세일즈는 효과적인 방식을 따라야만 성공할 수 있다는 점을 들 수 있다. 다른 동기 부여 도구들과 마찬가지로 돈은 사람을 부지런하게 만드는 데 더 큰 도움이 된다. 충분한 급여를 지급하면 셀러는 더 많은 시간 일할 것이고, 상담 건수를 늘리려 할 것이다. 달리 말해서, 돈을 동기 부여의 도구로 활용해 셀러를 부지런하게 만들 수 있는데, 돈의 영향력은 다만 거기까지일 뿐이다.

아무리 많은 금액을 보너스로 지급한다고 해도(돈을 지급하는 방법만으로는) 셀러를 더 효과적으로 혹은 기술적으로 일하게 만들 수는 없다. 바로 이러한 이유 때문에 돈은 기술이 아닌 노력과 관련된 수행력에 더 큰 영향을 준다. 대형 세일즈의 경우, 급여를 더 준다고 해서 셀러의 실적이 향상된다는 증거를 찾을 수 없다.

그렇다면 결국 저가의 세일즈에 종사하는 셀러에게는 성과급을, 고가의 세일즈에 종사하는 셀러에게는 고정급을 지급해야 한다는 뜻일까? 안타깝게도 문제는 그렇게 간단하지 않다. 돈으로 사람을 더 효과적으로 일하게 만들 수는 없지만, 돈에는 그 외의 다른 중요한 기능이 있다.

- 유능한 셀러를 모집할 수 있게 한다.
- 실력이 우수한 셀러를 계속 보유할 수 있게 한다.

몇 년 전 이스트먼 코닥(Eastman-Kodak)은 이러한 경우를 직접 겪었다. 복사기 업계에서 이들은 IBM, 제록스와 직접 경쟁을 벌이고 있었다. 코닥 사는 셀러를 전문 인력으로 양성하기로 방침을 정했고, 셀러에게 성과급이 아닌 고정급을 지급하기로 결정했다. 당시에 코닥의 입장은 다음과 같았다. "고정급을 지급하면 셀러는 고객에게 억지로 쓸모없는 제품을 세일즈하려고 들지 않을 겁니다." 우리는 그들의 생각에 공감을 표할 수밖에 없었다. 그 무렵 복사기 업계에서는 일확천금을 노리는 셀러들이 득실댔고, 이들은 자신의 급여를 높이기 위해서 고객에게 쓸데없는 고가의 시스템을 강매하기로 악명이 높았다.

하지만 코닥의 정책은 의도하지 않은 부작용을 가져왔다. 코닥의 뛰어난 셀러들은 제록스의 셀러가 자신들보다 두 배나 돈을 많이 받는 것을 알았다. 굳이 '공정성 이론'을 들먹이지 않더라도, 당연히 우수한 셀러들은 일에 대한 의욕을 잃었고 제록스로 직장을 옮기고 싶은 유혹에 시달렸다. 결국 코닥은 급여 제도의 문제 때문에 우수한 인력들을 잃었다. 설상가상으로 코닥에서 빠져나간 인력을 보충해줄 다른 우수한 인력을 채용하는 데도 어려움이 발생했다. 우리는 예전에 IBM에서 복사기 세일즈를 하던 사람을 만나 상담을 했는데, 그는 제록스와 코닥 모두에서 채용 면접을 보았다고 말했다. "저는 코닥 쪽이 마음에 들었어요. 하지만 최종적으로는 제록스를 택했죠. 급여가 두 배나 높았으니까요." 즉, 돈으로는 효과적인 세일즈를 하도록 동기를 부여할 수 없지만, 적어도 우수한 인력을 계속 보유하기 위해서는 돈의 역할이 막중하다는 뜻이다.

돈이 적으면 셀러는 의욕을 잃는다: 급여를 더 준다고 해서 셀러가 더 효과적으로 일한다는 보장은 없지만, 허즈버그의 지적대로 급여가 적으면 셀러는 일할 의욕을 잃는다. 따라서 추가적인 급여로 판매 실적을 향상시킬 수 없다고 확신한다고 해도, 지나치게 얇은 급여 봉투가 셀러의 수행력에 아무런 영향을 끼치지 않는다고 가정해서는 안 된다. 극단적인 예가 코닥의 경우이다. 코닥의 낮은 급여 체계는 우수한 셀러를 떠나게 만들었고, 그러한 보상 체계로는 그 자리를 대신할 사람을 구하기도 어려웠다.

보상 체계는 단순해야 한다: 보상 기준을 셀러의 실적으로 할지, 아니면 이윤이나 수익으로 할지에 대해 대개 우리는 "경우에 따라서…"라는 유용한 답변을 제시한다. 적어도 이론적으로는, 이윤을 기준으로 한 보상 체계가 대형 세일즈 셀러의 수행력을 반영하기에 더 나은 것으로 여겨진다. 이 경우는 셀러가 제품 단가나 이윤에 영향을 줄 수 있는 다른 요소(지원, 트레이닝, 보조 서비스 등)를 결정할 수 있는 협상의 권한을 쥐고 있을 때이다. 영업 이익을 기준으로 셀러에게 보상을 할 경우, 셀러가 스스로 비용을 절감하고 수익이 높은 거래에 치중하도록 장려할 수 있다. 하지만 그것은 어디까지나 이론에 불과하다. 현실은 그렇게 간단하지 않다. 보상 체계에 관한 기본적인 동기 부여 원칙이 있는데, 보상체계가 셀러가 이해하기에 지나치게 복잡하면, 그 보상 체계는 동기 부여의 효과를 내지 못한다는 것이다.

우리와 일한 적이 있는 한 컴퓨터 세일즈 조직의 예를 살펴보자. 이 회사는 도저히 상상하기조차 어려운 세일즈 보상 체계를 구축해 두고 있었다. 셀러들은 일곱 가지의 서로 다른 수익 기여도 측정방식에 따라 보상을 받았는데, 그 중에는 계절마다 다르게 적용되는 것도 있었다. 그것이 전부가 아니었다. 이미 설치한 시스템을 고객이 제거하는 경우, 이는 이후 셀러에게 주어질 보상에 영향을 미쳤다. 게다가 보너스는 회사의 주가 변동을 고려해 가감 지급되었다.

이 회사의 한 셀러는 이렇게 말했다. "급여 명세서를 펼치면서 이 달 급여가 얼마일지 전혀 예상할 수가 없어요. 처음 몇 달 동안은 시간이 들더라도 급여 명세 사항을 따져봤어요. 하지만 지금은 속수무책입니다. 급여일에 얼마가 나올지 알 도리가 없어요." 자신의 노력이 급여에 어떻게 반영되는지 이해하지 못할 때 그 급여 제도는 셀러에게 어떠한 동기 부여도 할 수 없다.

이 상황은 해결하기 힘든 상충관계를 안고 있다. 올바른 보상 체계는 셀러의 세일즈 기여도를 정확하게 반영할 수 있어야 한다. 컴퓨터 회사의 보상 체계가 지나치게 복잡해진 것은 바로 그런 이유 때문이었다. 한편, 동기 부여 이론에서는 올바른 보상 제도는 단순해야 한다고 말하며, 그래야만 수행자가 자신의 노력과 그에 따른 보상과의 직접적인 관계를 알 수 있다고 강조한다. 컴퓨터 회사의 사례는 보상의 정확성을 기했지만 단순성을 상실하고 결국 동기 부여에 실패한 예에 속한다.

그렇다면 정확성과 단순성 사이에서 이상적인 균형점은 어디쯤일까? 우리는 지금까지 지나치게 단순성의 편을 들었는데, 사실 복잡한 보상 체계를 싫어하는 가장 큰 이유는 그것이 동기 부여에 전혀 도움이 되지 않기 때문이다. 우리는 세일즈 조직을 통제하기 위한 수단으로 복잡한 보상 체계를 활용하는 세일즈 매니저들을 많이 보았다. 세일즈 관리의 대용 수단으로 활용하는 보상 체계는 어떤 경우라도 실패하게 마련이다.

일례로, 제록스는 세일즈 조직을 독려하고 관리하기 위한 독창적인 보상 체계를 고안하느라 막대한 노력을 기울였다. 그런데 회사의 그러한 노력에 대해서 셀러들은 그 계획 자체를 무산시키기 위한 교묘한 반응으로 응수했다. 새 보상 제도에 대한 소식을 들었을 때 당시 제록스의 셀러들은 "그에 대해 강력히 대응해야 한다."라는 식으로 반응을 보였다. 보상 제도를 관리 도구로 활용하면 언제나 반발이 끊이질 않는다. 따라서 우리는 가능한 단순한 보상 제도를 유지하라고 충고한다.

보상은 공정하다고 인식되어야 한다: 보상이 공정해야 한다는 말을 하려고 굳이 '공정성 이론'이나 '기대 이론'을 들먹일 필요는 없을 것이다. 그런데 공정하다는 말은 어떤 뜻일까? 공정성의 문제는 그리 간단하지 않다. 앞서 코닥의 경우에 우수한 셀러들은 고정급을 받는 것을 부당하게 여겼다. 그들은 성과급을 지급받지 못하는 것이 자신들의 모든 노력과 성과가 무시되는 것이라고 생각했다. 반면 실적이 저조한 셀러들은 성과급보다 고정급이 더 공정하다고 생각한다. 사실

절대적이고 객관적인 공정성이란 존재하지 않는다. 그것은 관점의 문제이다. 조직에 속한 모든 사람이 똑같이 공정하다고 인정하는 보상 체계 역시 존재하지 않는다. 그렇지만 보상 체계에 관해 셀러들이 부당하다고 여길 수 있는 가능성을 예방하거나 그 불만을 누그러뜨리는 방법은 없지 않다.

예를 들어, 대형 세일즈에서 셀러들이 매년 큰 거래를 두어 건씩 하고, 그 사이에는 거래가 뜸할 수 있다. 성과급 중심의 급여체계라면, 어떤 팀의 셀러는 낮은 급여를 받지만 얼마 전 큰 거래를 성사시킨 다른 팀의 셀러는 두둑한 급여를 받을 것이다. 이 경우 극단적인 급여 차이를 전체적으로 평준화함으로써 '부당'하다는 인식을 누그러뜨릴 수 있다. 다만 여기서 주의할 사항이 있다. 보상을 평준화하는 방식이 지나치게 복잡해서 셀러들이 보상과 세일즈 실적 간의 관계를 이해하지 못하면 공정성의 동기 부여 효과가 사라질 수 있다.

비금전적 인센티브

지금까지 대형 세일즈에서 금전적 보상의 동기 부여 역할이 꽤 복잡한 문제임을 살펴보았다. 다행스런 점은 금전적 보상에 대한 정책은 대부분 세일즈 매니저보다 높은 직책의 사람에 의해 결정되며, 세일즈 매니저가 금전적인 보상 문제를 직접 고민할 필요는 없다는 사실이다. 반면 비금전적 인센티브의 경우, 세일즈 매니저가 책임을 지는 경우가 많다.

비금전적 인센티브는 동기 부여에 어떤 영향을 줄까? 시상이나 포상, 상장 등은 실제 얼마나 동기 부여의 효과가 있을까? 우리와 함께 일했던 세일즈 매니저들 사이에서 이 문제로 격렬한 논쟁이 오고간 적이 있었다. 세계 최대의 소프트웨어 기업 중 하나인 그 회사는 아스토리아 호텔에서 세일즈 총회를 주최했다. 우리도 총회에 참석했는데 비금전적 인센티브의 문제가 단순한 의견 차이를 넘어 심각한 대립을 불러일으키는 것을 보았다. 그런데 왜 그들은 그토록 흥분했을까?

당시 세일즈 목표에 관한 회의를 마무리 지으면서 사장이 세일즈 매니저들에게 지나가는 말로 "목표를 달성하는 셀러에게 상장 같은 것을 주면 어떨까?"라고 물었다. 제일 먼저 대답을 한 사람은 본부 매니저였다. "그럴 필요가 없다고 생각합니다. 세일즈 목표를 달성했다고 해서 상을 주고받을 때는 지났습니다. 벽에 상장을 걸어놓는 것도 저희 조직에는 어울리지 않습니다. 자동차 대리점에서나 그렇게 하죠."

이때 IBM에서 근무한 적이 있는 지역 매니저가 나서서 반대 의견을 제시했다. "IBM의 셀러들은 그런 상장을 받으려고 정말 애를 많이 씁니다. 상장의 동기 부여 효과는 상당합니다. 보너스를 얼마나 받았는지보다 벽에 무엇을 걸어놓았는지가 더 중요합니다." 또 다른 지역 매니저는 이렇게 말했다. "제가 전에 일하던 회사에 제록스 출신의 세일즈 부사장이 있었습니다. 그 부사장은 시상 제도를 도입하려고 했어요. 하지만 부사장의 시도는 셀러들로부터 철저히 배척을 받았습니다."

이 논쟁에 끼어드는 사람이 점차 늘어나면서 분위기는 급속히 가열되었다. 한쪽에서는 비금전적 인센티브가 금전적 보상만큼 효과가 있다고 주장했다. 다른 한쪽에서는 비금전적 인센티브가 값싼 속임수에 지나지 않는다고 맞받아쳤다. 논쟁이 거칠어지자 사장은 우리에게 조언을 요청했다. 비록 이상적인 조언은 아니었지만 우리는 다음과 같은 점을 지적했다.

동기 부여를 하는 것은 시상 자체가 아니라 조직 문화이다: 양편의 주장은 모두 옳았다. IBM의 문화에서는 종이 증서(혹은 작은 액자)가 셀러에게 심대한 영향을 미치고 자부심과 동기를 끌어올릴 수 있었는데, 그것은 종이 증서 때문이 아니었다. 그 영향력은 'IBM의 문화에서' 그 종이 증서가 지니는 상징적 의미 때문에 발생한다. 조직의 문화를 빼버리면 종이 조각 자체는 아무런 의미도 없다. IBM에서 일한 적이 있는 매니저가 회사를 옮긴 후 비금전적 인센티브를 유인책으로 도입했다가 실패하는 경우를 예전에도 본 적이 있었다. 그들은 상장 자체에 내재된 가치가 있다고 믿었고, 따라서 실패를 경험했다. 그러한 종류의 보상물을 활용해 성공을 거두려면 먼저 그 상장이 상징적인 효력을 발휘하는 문화를 만드는 데 중점을 둬야 한다.

따라서 매니저가 시상 제도를 받아들이는 문화를 형성하지 않은 채 비금전적 인센티브를 무작정 활용할 경우, 그러한 보상물은 아무런 상징적 의미가 없으므로 당연히 효과를 발휘하지 못한다. 이는 자동차가 자전거보다 빠른 이유를 연료 때문이라고 여기고 주유소에 가서 자전거에 기름을 채우려고 하는 사이클 선수와 같다. 엔진이 없는 자전거에는 기름이 소용이 없다. 비금전적 인센티브가 효력을 발휘하는 것은, 시상 제도를 인정하는 조직 문화(엔진)가 있기 때문이다. 상장은 기름에 비유할 수 있으며, 엔진이 없으면 아무런 소용이 없다.

상장을 상징적인 요소로 이해하면, 비금전적 인센티브를 활용했다가 낭패를 보는 일을 미리 예방할 수 있다. 우리는 한 때 한 청량음료 회사와 일한 적이 있는데, 이들은 대형 세일즈 셀러들을 대상으로 자동차를 상품으로 걸고 경연을 벌였다. 그런데 이 회사에서는 세일즈 경연에 가치를 두는 문화가 형성되어 있지 않았기 때문에 셀러들의 열의를 끌어낼 수 없었다. 그러자 한 고위 관리자가 더 큰 자동차를 상품으로 내걸었지만, 그래도 반응이 없었다. 자전거에 연료를 두 배로 넣는다고 해서 엔진이 생기지는 않는다. 상품이 커진다고 해서 자동적으로 그 효과가 커지지도 않는다. 우리는 더 큰 상품이나 더 고급스런 상장에 의존할 생각을 버리라고 충고한다. 경영진과 셀러 모두가 공감할 수 있고, 상징적 가치가 있는 시상 문화를 형성하면 적정한 상품으로도 그 효과를 볼 수 있다.

인센티브가 탑 셀러에게만 주어져서는 안 된다: 비금전적 인센티브를 제공하면서 오직 한 명의 우승자에게만 '대상'을 주는 것은 잘못된 것이다. 셀러들 중 90퍼센트는 자기에게 상이 돌아오지 않을 줄 미리 알고 관심을 끊어버린다. 따라서 그러한 포상 방식으로는 셀러들에게 동기를 부여할 수 없다. 실력이 뛰어난 10퍼센트의 사람들은 물론 큰 관심을 갖겠지만, 사실 그들은 상을 주지 않아도 의욕적으로 일하는 부류이다. 결과적으로 그러한 포상 방식은 동기 부여 효과도 미미할 뿐더러, 셀러의 수행력을 높이는 데에도 큰 도움이 못 된다.

반대로, 정말 효과적인 포상 제도는 가능한 많은 셀러를 포함하려고 한다. 즉 다량의 작은 상품을 지급하거나, 성과 수준별로 다양한 경쟁을 벌이도록 한다. 가장 효과적으로 포상 제도를 운영하는 조직에서는 가능한 많은 수의 셀러들이 포상을 받을 수 있게 하는 원칙을 정해두고 있다. IBM에서는 셀러의 70에서 80퍼센트 가량이 포상을 받을 수 있게 한다. 상장과 같은 포상 제도는 셀러들이 자신도 상을 받을 수 있다고 생각할 때에만 인센티브로서 효력을 발휘한다.

팀으로 움직일 경우 팀에 동기를 부여한다: 대부분의 대형 세일즈는 팀 단위로 이루어진다. 팀 구성원 중에서 셀러만 포상을 독차지 한다면, 나머지 엔지니어나 지원 인력들의 의욕은 크게 상실될 것이다. 세일즈가 팀을 중심으로 이루어질 경우 팀 전체에 동기를 부여할 수 있어야 한다. 지원 인력들도 함께 움직인다는 점을 명심하자. 인센티브를 지급한다면 팀 전체를 대상으로 해야 한다.

매니저가 바로 가장 큰 비금전적 인센티브이다: 소형 세일즈는 세일즈 매니저가 없어도 당일 실적이 곧 동기를 부여하는 역할을 한다. 하지만 대형 세일즈에서는 결과가 매일 나오는 것이 아니기 때문에 매니저의 역할이 더 중요하다.

동기 부여 측면에서 볼 때, 세일즈 매니저 자신이 비금전적 보상의 한 형태이다. 다른 비금전적 인센티브와 마찬가지로 세일즈 매니저는 셀러를 인정해주고 보상을 제공한다. 매니저는 기술 코칭과 전략 코칭, 그리고 올바른 동기 부여 도구를 활용해 셀러의 수행력에 막대한 영향을 미친다. '기대 이론'에서 보았듯이, 셀러는 자신의 행동과 그로 인한 세일즈 실적 사이에 어떤 연관성이 있는지 알지 못할 경우 의욕을 크게 상실한다. 대형 세일즈는 종종 수 개월에 걸쳐 상담이 진행되며, 셀러가 거래 성사(order)라는 명백한 형태의 결과물을 보기까지는 오랜 시간이 걸린다. 소형 세일즈에서 정기적인 고객의 주문이 셀러에게 동기를 부여하듯이, 대형 세일즈에서는 세일즈 매니저가 그러한 동기 부여의 대용물을 제공하는 역할을 맡아야 한다.

대형 세일즈에서의 동기 부여 도구

대형 세일즈에서 매니저는 어떤 동기 부여 도구를 활용할까? 동기 부여 강사, 인센티브 지급, 그리고 더 열심히 일하도록 열의를 불러 일으키는 대부분의 다른 동기 부여 도구들은 대형 세일즈보다 소형 세일즈에 더 효과적이다. 무엇보다도 주문을 받아내는 것이 가장 큰 동기 부여의 효과가 있지만, 대형 세일즈에서 고객의 주문은 간헐적으로만 발생하기 때문에 일상적인 동기 부여 도구로는 적합하지 않다. 그렇다면 매니저가 어떤 일을 해야 할까? 앞서 논의했던 기술 코칭과 전략 코칭의 도구를 동기 부여를 위한 목적에 활용할 수 있다. 그러면 지금부터는 동기 부여의 측면에서 코칭의 역할을 살펴보도록 하자.

동기 부여 이론은 대형 세일즈에 종사하는 셀러에게 동기를 부여하기가 까다로운 이유를 몇 가지로 제시한다. 'N-Ach 이론'은 현실적인 목표 설정을 강조한다. 소형 세일즈는 현실적인 목표를 세우기가 비교적 쉽다. 즉, 구체적이고, 측정 가능하며, 현실적으로 실현 가능한 목표를 세울 수 있다. 일례로, 전형적인 소형 세일즈라면 일주일에 여섯 건의 상담을 처리한다거나, 1만 5천 달러의 판매 실적을 올리겠다는 목표를 정할 수 있다. 이들 목표는 상황에 따라 간편하고 신속하게 상향, 혹은 하향 조정할 수 있다. 셀러가 목표를 지속적으로 달성한다면, 다음에는 일주일에 상담 7건, 세일즈 실적 1만 8천 달러로 목표를 더 높게 정할 수 있다.

이와는 달리 대형 세일즈는 목표 설정 자체가 어렵다. 극단적인 경우 주문을 받아내는 데 1년 이상이 걸릴지도 모르며, 주문 실적 또한 예상하기 어려울 수 있다. 상황이 이렇다면 어떻게 목표를 설정해야 동기 부여의 효과를 볼 수 있을까? 일주일에 14건의 상담하기와 같은 단순히 효율성 목표를 설정하는 것은 비생산적일 수 있다. 분명 대형 세일즈에는 목표 설정을 위한 다른 수단이 필요하다. 대형 세일즈에서의 또 다른 동기 부여 문제는 '기대 이론'에 의해 제기된다. 앞서 본 것처럼, 대형 세일즈에서는 셀러가 자신의 행동과 결과 사이에 어떤 연관성이 있는지 알기 어렵다. 오늘 상담을 아주 잘 해냈다고 하더라도 한달이 넘도록 그 결과를 알 수 없는 경우도 있다.

소형 세일즈에서 세일즈 상담의 결과는 분명하고 명백하다. 거래를 성사시키거나, 성사시키지 못하거나 둘 중 하나이다. 성공적인 상담은 주문(Order)을 받아내는 상담이며, 성공적이지 못한 상담은 고객으로부터 거절 당한 상담, 즉 실패(No-sale)이다. 일회성 방문판매에서는 상담이 어느 쪽인지 알기 쉬우며, 그 중간인 경우는 존재하지 않는다. 셀러가 규칙적이고 용이하게 '주문'을 받아낸다는 것은 상담의 수행과 그 결과 사이에 명확하고 동기를 부여하는 연관성이 있다는 뜻이다.

하지만 대형 세일즈에서는 '주문'이나 '실패'로 명확히 판가름나는 상담이 5퍼센트도 채 되지 않는다. 대형 세일즈 상담의 대부분은 '진전(Advance)' 혹은 '계속(Continuation)'으로 구분된다. '진전'은 거래를 앞으로 끌어가기 위한 조치를 취하기로 합의가 이루어진 것을 뜻한다. 한편 '계속'은 거래에 관한 논의는 계속되지만 어떠한 조치에 대해서도 합의하지 않은 상황을 뜻한다.

얼핏 보기에, '진전'과 '계속'은 동기 부여의 도구와는 직접적인 상관이 없는 것처럼 보인다. 이 개념은 우리가 세일즈 효과성 모델을 연구하면서 성공의 기술적인 측정 도구로 도입한 것이다. 사실 우리 역시 이 개념을 세일즈 매니저를 대상으로 적용하는 경우를 보지 못했고, 따라서 실제 동기 부여의 가능성을 지니고 있는지도 알지 못했다. 다만 세일즈 매니저들을 대상으로 트레이닝을 진행하면서 이 개념을 넌지시 언급했을 뿐이었다. 그런데 이후 우리와 함께 일했던 많은 매니저들을 통해서 이 개념의 꽤 놀라운 효과를 알게 되었다.

트레이닝을 받은 지 몇 달이 지나고 나서 우리를 찾아 온 매니저들은 '주문 – 진전 – 계속 – 실패'를 구분하는 개념이 우리가 교육 과정에 다루었던 다른 10여 가지 개념들 중에서 가장 유용하다고 말했다. 이 개념이 우리의 예상보다 훨씬 더 유용하다는 사실을 듣고 우리는 그 이유를 자문하지 않을 수 없었다.

세일즈 매니저들과의 논의를 통해 우리는 중요한 사실들을 알았다. 많은 셀러들이 목표 설정에 실질적인 어려움을 갖고 있었다. 셀러들이 '진전'을 계획하도록 도움으로써 매니저들은 그들이 상담 목표를 설정하는 것을 도울 수 있었다. 더욱이, 셀러들은 의사 결정권자와의 미팅 약속이나 제품 시연 합의와 같은 계획된 '진전'을 성취했을 때 상담이 앞으로 나아가고 있다는 느낌을 가졌다.

이런 식으로, '진전'이라는 개념을 활용함으로써 매니저들은 두 가지 필수적인 동기 부여 요소를 셀러들에게 제공할 수 있었다. 첫 번째 요소는 N-Ach 이론에서 강조하는 것으로, '진전'을 계획함으로써

| 표 7.2 | 세일즈 상담의 결과

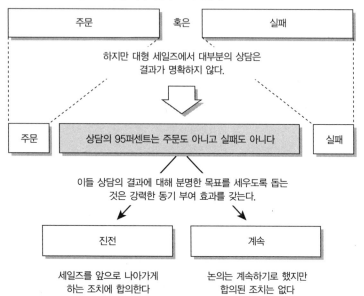

소형 세일즈에서 상담은 '주문' 이나 '실패' 로 이어진다.

| 주문 | 혹은 | 실패 |

하지만 대형 세일즈에서 대부분의 상담은
결과가 명확하지 않다.

| 주문 | 상담의 95퍼센트는 주문도 아니고 실패도 아니다 | 실패 |

이들 상담의 결과에 대해 분명한 목표를 세우도록 돕는
것은 강력한 동기 부여 효과를 갖는다.

| 진전 | 계속 |

세일즈를 앞으로 나아가게   논의는 계속하기로 했지만
하는 조치에 합의한다   합의된 조치는 없다

그들은 현실적인 목표 설정에 도움을 줄 수 있었다. 즉, 매니저들은
셀러가 세일즈를 앞으로 나아가게 하는 성취 가능한 중간 목표를 설
정하도록 도울 수 있었다. '진전' 을 계획하는 것의 두 번째 동기 부여
효과는 현재의 활동과 미래의 결과 사이의 연관성이 더 분명해졌다
는 것이다.

하니웰의 세일즈 매니저는 우리에게 이렇게 말했다. "경험이 부족
한 셀러들은 고객을 계속 방문하면 언젠가 거래가 성사될 것으로 여
기면서 상담을 하곤 하였습니다. 그런데 '진전' 의 개념을 도입함으로

써 저는 그들에게 당장 다음 상담에서 '진전'을 얻어내는 것이 미래에 일어날 일과 어떻게 직접 연관되는지를 알 수 있게 하였습니다." 이 매니저는 스스로 깨닫지도 못한 채, '기대 이론'의 핵심 개념, 즉 행동(상담의 수행)과 결과(수개월 뒤에 얻게 될 잠재적 판매 실적) 사이의 연관성이 동기 부여에 중요한 역할을 한다는 점을 활용하고 있었다.

대형 세일즈에서의
동기 부여

'주문 − 진전 − 계속 − 실패'를 구분하는 것의 동기 부여 효과는 우리가 살펴본 것처럼 두 가지 주요 동기 부여 개념에 근거한다.

- 현실적이고, 효과적으로 일할 수 있게 하는 목표를 설정하도록 돕는다.
- 셀러들로 하여금 그들의 행동과 최종적인 세일즈 결과 간의 '연관성(link)'을 이해하도록 돕는다.

앞 장들에서 우리가 언급했던 각종 도구들 역시 이러한 개념을 구체화하고 있다. 5장에 나왔던 주요 개입 시점(KIPS)은 셀러가 목표를 설정하고, 행동을 결과에 연결할 수 있게 하는 도구의 예이다. 문제 해결의 측면에서 목표를 표현하기 위한 그 도구는 또한 셀러가 현실적인 고객 관점에서 특정한 목표를 설정할 수 있게 한다.

취약점 분석은 셀러들이 세일즈 행동, 고객이 결정을 평가하는 방식, 그리고 세일즈 결과 사이의 연관성을 볼 수 있게 한다. '목표'와 '연관성'은 동기 부여 도구를 위해서만이 아니라 매니저 자신의 행동에 대한 동기 부여 효과를 위해서도 근본적이고 중요한 개념이다.

뛰어난 세일즈 매니저 밑에서 일해 본 셀러라면, 누군가 옆에서 명확하고 성취 가능하며 구체적인 목표를 설정하도록 도와주는 일이 얼마나 큰 차이를 만드는지 경험했을 것이다. 만약 뛰어난 매니저가 자신의 셀러들이 어려운 대형 세일즈 상황을 잘 헤쳐나갈 수 있도록 훌륭하게 동기 부여를 했다면, 그는 정확히 어떻게 동기 부여를 했을까? 대형 세일즈의 셀러들 대부분은 매니저가 어떤 식으로 동기 부여를 했는지 묻자 다음과 같이 말했다. "다르게 행동하기 위해 필요한 것을 알게 해주었습니다." "일이 성사되게 하는 방법을 보여줬어요." "내가 정확히 어떤 세일즈 단계에 있는지 알게 해줬습니다." 다시 말해, 훌륭한 동기 부여자로서 매니저는 셀러들에게 그들의 행동과 결과 사이의 '연관성'을 보여주었다.

결론

이 장에서 우리는 대부분의 동기 부여 도구가 셀러를 효과적으로 일하게 하기보다는 더 열심히 일하도록 하는 데 유리하다는 사실을 살펴보았다. 바로 그러한 이유 때문에 동기 부여 트레이닝이나 각종 보상을 통한 고전적인 동기 부여 방식은 대형 세일즈보다 소형 세일즈에 더 확실한 효과를 나타냈다. 하지만 우리는 또한 일부 동기 부여 도구들이 대형 세일즈와 같이 열심히 보다는 효과적으로 일해야 하는 분야에서 셀러들의 업무수행을 돕는 것을 보았다. 특히 오늘날의 동기 부여 이론들을 조사하면서, 우리는 대형 세일즈 셀러를 위한 성공적인 동기 부여에 결정적인 두 가지 요소를 가려낼 수 있게 되었다. 이 두 가지 요소는 바로 '현실적인 목표 설정'과 '행동과 결과 사이의 연관성 보여주기'이다.

매니저는 자신의 동기 부여 도구가 이 두 가지 요소 측면에서 얼마나 잘 작동되고 있는지 알아봄으로써 그것의 효과성을 예측할 수 있다. 예를 들어, 새로운 성과급 제도는 셀러가 세일즈를 더 잘 하도록 동기 부여를 할까? 성과급 제도가 셀러들이 목표를 설정하는 방식에 영향을 미치거나, 셀러들이 행동과 결과 사이의 연관성을 볼 수 있게 하지 않는다면, 동기 부여 효과는 없을 것이다.

대형 세일즈에 대한 연구자들의 이해가 더 깊어지면서, 목표를 설정하고 행동과 결과를 연결하는 데 도움을 주는 많은 도구들이 생겨났다. '주문-진전-계속-실패' 같은 개념도 그 중 하나이다. 하지만 아무리 새롭고 더 좋은 관리 도구가 등장한다 해도, 대형 세일즈에서 동기 부여에 가장 중요한 역할을 하는 것은 바로 세일즈 매니저이다. 소형 세일즈의 경우, 훌륭한 매니저에 버금가는 동기 부여 도구가 있을 수 있다. 특출한 동기 부여 강사, 지속적인 오더, 보상 제도 같은 요소는 소형 세일즈에 종사하는 셀러들이 더 열심히 성공적으로 일하도록 동기 부여를 할 수 있다. 하지만 대형 세일즈에서는 동기 부여에 가장 큰 역할을 하는 것이 매니저이다.

훌륭한 매니저는 기술 코칭과 전략 코칭을 통해, 목표 설정을 통해, 행동과 결과 사이의 연관성을 보게 하는 것을 통해 셀러가 보다 효과적으로 일하도록 동기 부여를 한다. 어떤 급여 체계와 동기 부여 도구도 훌륭한 매니저의 영향력에는 미치지 못한다.

변화하는 세일즈 조직의 관리

세일즈 효과성 사례 연구

마지막 장에서는 지금까지 소개했던 아이디어들을 어떻게 실행에 옮기는지 보여줄 예정이다. 우리는 사례 연구의 형태를 생각해냈다. 즉 우리와 함께 일했던 실제 고객 대여섯 명의 경우를 합쳐서 가공의 사례를 만든 것이다. 내용을 단순화하기 위해, 이 사례 연구에서는 세일즈 매니저 단 한 사람의 문제들을 다루는 것으로 했다. 그렇지만 현실에서 우리는 대개 세일즈 조직의 세일즈 효과성을 높이기 위한 전략을 이행하는 세일즈 매니저 그룹과 일한다. 실제로 우리는 10여 명의 매니저가 참여한 가운데 대화하고 계획을 세울 때가 더 많다.

한 가지 더 염두에 둘 사항이 있다. 이 사례 연구는 세일즈 효과성 을 높이려는 시도를 할 때 매니저가 전형적으로 직면하는 문제들에 초점을 맞추고 있다. 우리는 여기서 다른 사례 연구들이 흔히 하는 것처럼, 우리가 현명한 답을 제공할 수 있다는 사실을 보여주는 것에는 관심이 없다. 대신에 우리는 당신에게 세일즈 효과성을 구축하는 과정에서 세일즈 매니저가 극복해야 하는 어려움과 불확실성의 느낌을 전해주고자 한다.

고객: 파티클 컨트롤 사의 세일즈 매니저

우리의 고객인 톰은 파티클 컨트롤(Particle Control Inc.)의 신임 세일즈 매니저이다. 톰은 이 회사에 새로 입사했다. 그는 지난 10여 년간 세일즈에 종사했으며, 처음에는 반도체 회사인 텍사스 인스트루먼트(Texas Instrument)의 지역 세일즈 부서에서 경력을 쌓기 시작했다. 톰은 그 곳에서 4년을 보낸 후 하니웰로 자리를 옮겼고, 주거용 및 상업용 제어 시스템을 세일즈하기 시작했다. 파티클 컨트롤의 매니저로 임명되기 직전까지 그는 하니웰에서 2년 동안 세일즈 매니저로서 역시 주거용 및 상업용 제어 시스템 분야를 담당했다.

과거 톰이 담당하던 분야와 현재 파티클 컨트롤에서 맡은 영역은 공통된 부분이 있기 때문에 톰은 새로운 직장에서도 성공하리라는 확신을 갖고 있었다. 우리가 톰을 만난 것은 그가 새 일을 맡은 지 두 달이 지난 후이며, 그동안 톰은 자신이 예상했던 만큼 일이 수월하지 않다는 것을 깨달았다. 우리는 한달에 한 번씩, 총 9개월에 걸쳐 톰과 상담을 진행하기로 했다. 그가 직원들의 세일즈 효과성을 높이는 것을 돕고, 세일즈 수행력 향상을 위한 전략에 관해 그에게 조언하는 것이 우리의 역할이었다.

파티클 컨트롤

톰이 당면한 문제를 이해하기 위해서는 먼저 파티클 컨트롤과 이 회사의 제품에 대해 간략하게 짚어볼 필요가 있다. 이 회사는 다양한 분야에서 쓸 수 있는 먼지 제거 시스템을 생산하고 설비한다. 이들이 생산하는 주요 품목은 다음과 같다.

- 집진기: 이것은 비교적 단순한 제품으로, 상업 및 주거 공간에 설치된 환기구에 장착함으로써 공기 중의 먼지를 줄여준다. 집진기의 가격은 모델에 따라 1,500달러에서 4천 달러 사이이다. 집진기 세일즈는 전형적인 단순 세일즈에 속한다. 고객을 한 차례 방문해서 거래를 성사시킬 수 있다. 대부분 제품 구매를 결정할 고객 한 명만 상대하면 된다. 간단한 전선 등의 설치작업을 제외하면 상자에 든 물건을 판매하는 일과 별 다름이 없다. 일반적인 거실 공간이나 환기구에 연결하면 되기 때문에 특별히 복잡한 먼지 제거 장치라고 보기는 어렵다. 5년 전까지는 집진기 시장이 파티클 콘트롤의 핵심 분야였다. 그런데 경쟁업체가 속속 등장하면서 수익이 급격히 떨어졌고, 회사의 경영진은 집진기가 범용 제품이 될 것으로 예상했다. 그래서 이 회사는 향후 몇 년 안에 집진기 사업에서 손을 떼고 다른 제품에 집중한다는 전략을 세웠다. 톰이 입사했을 때 회사에서는 "집진기 사업에서 벗어나 이윤이 더 안정적인 시스템 사업으로 옮겨가는 것"을 세일즈 매니저의 임무라고 설명했다. 그 당시 톰의 회사는 세일즈 실적의 70퍼센트 이상이 집진기 판매에서 나오고 있었다.

- **집진 시스템 사업**: 파티클 컨트롤은 향후 대규모의 집진 시스템 시장을 주도하려는 희망을 지니고 있다. 집진 시스템은 전자부품 조립실, 의료 시설, 과학 연구소와 같이 먼지를 조금도 남김없이 제거해야 하는 곳에 설치한다. 이 시스템은 가장 간단한 모델이라도 가격이 5만 달러가 넘는다. 각종 설비 사업을 포함해 대용량의 시스템을 설비한다면 백만 달러 이상의 수입을 거둬들일 수도 있다. 회사 내에서는 이 시스템에 PACS라는 이름을 붙였다. PACS 세일즈는 집진기 세일즈와 전혀 다르다. 즉, 한 차례 상담을 했다고 해서 거래가 완결되지도 않으며, 세일즈 상담 기간도 무려 9개월에서 12개월까지 걸리는 어려운 일이다. 한편 대부분의 고객 회사에서는 PACS 설비에 대한 구매 결정을 담당할 위원회를 두고 있고, 건축가와 엔지니어와 같은 전문 인력의 기술 인증도 받도록 하고 있다. 파티클 컨트롤은 경쟁이 덜 치열하고 이윤이 높은 PACS 설비 사업이 장차 회사 매출의 60퍼센트 이상을 차지할 것으로 예상한다. 하지만 아직까지는 셀러들이 시장을 제대로 공략하지 못하고 있으며, PACS 설비 매출은 회사의 총 매출 가운데 20퍼센트에 불과한 실정이다. 또한 시스템 사업의 세일즈 실적이 낮기 때문에 경제적인 면에서 수지타산이 맞지 않는 상황이며, 시간이 갈수록 손해를 보고 있다. 따라서 톰에게 주어진 가장 절박한 과제는 시스템 사업의 판매 실적을 높이는 일이다.

- **컨설팅과 디자인**: 이 세 번째 영역은 파티클 컨트롤의 의도와는 상관없이 성장했다. 파티클 컨트롤에서는 PACS 시스템 설비를 지

원하기 위해서 관련 분야의 학자와 기술 설계팀으로 구성된 조직을 설립했다. 고객이 파트클 컨트롤 사에 기술에 관한 조언을 구하러 오면, 설계 담당 팀장이 고객을 맞아 컨설팅 서비스를 수행했다. 회사의 경영진은 미처 예상하지 못했지만, (값이 비싼) 시스템 설계 업무는 현재 가장 이윤이 높다. 지금까지는 컨설팅 세일즈를 설계 기술자들이 전부 담당했다. 하지만 경영진에서는 장차 세일즈팀에서 컨설팅 업무를 맡을 경우 시장 영역을 더 확대할 수 있다고 믿는다. 아직 최종적인 결정은 나지 않았지만 조만간 결정이 내려질 것이다. 경영진이 컨설팅 서비스를 세일즈팀에서 담당하도록 할 경우 톰은 또 다른 도전에 직면할 것이다. 톰의 직원들 가운데 컨설팅 서비스의 경험이 있는 셀러는 아무도 없다. 과연 컨설팅 서비스 역시 제품을 세일즈할 때와 같은 식으로 효과성의 기술을 구사하면 될까? 세일즈팀이 서비스 영역까지 다룰 능력은 있을까? 그 점에 대해서는 톰도 확신하지 못하고 있다.

초기 관점

톰과 첫 미팅을 갖기 전에 우리는 톰이 어떤 문제로 고충을 겪는지, 그 문제에 어떻게 대처해야 할지에 관해 가설을 세웠다. 대개 어떤 세일즈 조직에서 고가와 저가 제품을 동시에 취급할 경우, 셀러는 세일즈하기 쉬운 저가 제품 세일즈에 치중하는 경향이 있다. 그런 문제는 해결하기가 결코 쉽지 않다. 아마 톰도 셀러의 관심을 시스템 제품 쪽으로 돌리는 데 어려움을 겪고 있으리라는 것이 우리의 예상이었다.

파티클 컨트롤의 세일즈 부사장과 처음 대화를 나누면서 우리는 일을 진행하는 데 다른 문제들이 있다는 사실을 알게 되었다. 우리와 일할 매니저는 시간 여유가 있어야 하는데, 그러기 위해서는 부사장의 특별한 보장이 있어야 했다. 톰은 보통의 세일즈 매니저들처럼 과중한 서류 업무에 시달리고 있었다. 부사장은 톰의 서류 업무를 최소한으로 줄여달라는 우리의 요청을 수락했다. 그리고 다소 주저하기는 했지만, 목표 설정과 같은 다른 관리 방식에 있어서도 우리에게 일정한 재량권을 주는 데 동의했다.

우리는 이 사례 연구가 가능한 한 현실적이 되도록 하기 위해 설명을 최대한 줄이는 대신, 톰과 우리의 토론에서 발췌하는 형식으로 기술했다.

1차 미팅: 5월 17일

닐: 톰, 셀러들이 PACS 시스템을 잘 판매하지 못하는 이유에 대한 당신의 진단은 무엇입니까?

톰: 글쎄요, 여러 가지 복합적인 이유가 있다고 생각합니다. PACS 시스템은 확실히 세일즈하기가 까다롭습니다. 셀러들은 시스템의 가격이 과도하게 비싸다고 생각해요.

딕: 본인도 그렇게 생각하시나요?

톰: 글쎄요, 말씀드리기 어렵군요. 아뇨, 반드시 그렇진 않을 겁니다. 가격은 손쉬운 변명거리일 뿐이라고 생각해요.

닐: 셀러들이 관심을 쏟는 저가의 집진기가 과연 시스템 세일즈에 어느 정도 지장을 준다고 생각합니까?

톰: 상당히 큰 영향을 미치죠. 셀러들은 집진기 세일즈를 훨씬 편하게 생각합니다. 세일즈도 간단하고, 몇 년 동안 저가 집진기를 판매해 왔으니까요. 그래요, '편하다' 라는 말이 정답일 겁니다.

닐: 셀러들도 점차 저가제품의 경쟁이 치열해지고 있다는 사실을 아는데, 그래도 편하다고 생각하나요?

톰: 글쎄요, 아무래도 시스템 세일즈보다는 편하다고 생각하는 것 같습니다.

딕: 그러니까 셀러에게 일을 맡겨둘 경우, PACS 시스템보다는 손쉬운 집진기 세일즈에만 계속 열을 올리겠군요?

톰: 맞습니다. 그게 문제죠.

닐: 그런데 그동안 경영진에서는 어떤 조치를 취했죠?

톰: PACS 시스템 세일즈 매출이 늘지 않는다는 것이 분명해지자, 경영진은 상담 보고 제도를 도입했습니다. PACS 상담을 몇 건씩 하라고 목표를 정해줬어요. 일주일에 적어도 7건 이상 PACS 상담을 해야 합니다.

딕: 그런 다음 무슨 일이 있었는지 제가 맞춰 볼까요? 아마 상당한 불만이 들끓고, 허위로 작성한 보고서가 나오고, 실제 세일즈에는 전혀 긍정적인 영향이 없었겠죠? 그렇지 않아요?

톰: 예전에도 이런 경우를 접해 보셨나 봅니다. 경영진의 시도에 대해서는 저도 동의하기 때문에 나쁘게 말하고 싶지는 않아요. 다만 제가 보기에 상담 보고 제도는 문제만 일으킨 것 같아요.

닐: 아직도 보고서 작성을 합니까?

톰: 예.

닐: 그럼, 좋은 소식을 알려주죠. 앞으로 우리는 여러분과 함께 세일즈 효과성을 높이도록 할 겁니다. 그래서 앞으로 몇 달 동안은 상담 보고서 작성을 중단해도 좋다는 부사장의 허락을 받았습니다.

톰: 그건 좋은 소식이군요. 나쁜 소식도 있나요?

닐: 대신 더 어려운 일을 맡게 되었다는 게 나쁜 소식이겠죠.

톰: 실적이 좋아진다면야 괜찮습니다. 당장 제가 어떤 일을 해야 합니까?

닐: 할 일에 대해 말하기 전에, 먼저 톰의 생각을 듣고 싶군요. 결국 지금까지 그 문제를 겪어왔으니까 그에 대해 생각하는 바도 많으리라 봅니다.

톰: 어떤 해결책이 있는지는 저로서도 확신할 수 없지만 다만 제 생각은 이렇습니다. 상담 보고 제도가 아직은 별로 효과가 없고, 어떤 이유로든 셀러들의 반발을 사고 있어요. 그렇지만 그 '원칙' 은 옳다고 봅니다. 강제로라도 상담 건수를 늘려야 하거든요. 그런데 상담 보고는 그런 방안이라기보다는 일종의 '처벌' 처럼 느껴져요. 상담에 대해서 적절한 '보상' 만 주어진다면, 아마 이 문제가 해결될 거라고 생각해요. 이런 방법이 가능할지는 모르겠지만, 시스템 상담을 더 많이 하는 셀러에게 보너스를 지급한다든지, 성과급을 늘여줄 수도 있다고 생각해요. 그렇게 하면 적정 수준까지 상담 건수를 끌어올릴 수 있을 겁니다.

딕: '적정 수준' 은 어느 정도를 말씀하시는 거죠?

톰: 지금은 일주일 동안 7건의 상담을 하도록 목표를 정해뒀습니다만, 실제로는 다섯 건 정도 하고 있어요. 그 건수를 두 배로 늘리면 그러니까 일주일에 최소한 10건 이상 상담을 수행한다면 판매 실적에도 큰 변화가 있을 겁니다.

닐: 톰, 지금 하신 말씀은 '상담 건수와 세일즈 실적이 비례한다'고 생각하시는 것 같군요. 상담 건수를 두 배로 늘리면 세일즈도 두 배로 늘어난다. 바로 그런 말씀인가요?

톰: 정확히 두 배로 늘지는 않겠지요. 하지만 상담을 더 많이 해서 실적을 늘리는 것이 일단은 출발점이 되리라 생각해요.

딕: 톰, 우리의 경험에 따르면, 상담 건수와 시스템의 판매 실적은 상관이 별로 없었습니다. 그러니까 상담 건수를 문제 삼기에 앞서 한 가지 확인을 해봐도 될까요? 현재 팀의 셀러는 모두 몇 명입니까?

톰: 9명입니다.

딕: 그러면 9명 중에서 PACS 시스템 세일즈에 성공했다고 볼 수 있는 사람은 몇 명이죠?

톰: 두 명의 실적이 그나마 괜찮은 편이고, 나머지는 형편없어요.

딕: 그러면 그 두 사람을 가장 우수한 셀러로 정하죠. 나중에 사무실에 돌아가거든 지난 여섯 달 동안의 상담 기록을 살펴보셨으면 합니다. 실제 그 두 사람이 다른 셀러들에 비해 얼마나 상담을 많이 했는지 알아 보세요. 두 사람의 상담 건수가 다른 셀러보다 많다면, 여러분의 생각이 옳을 가능성이 있어요. 상담 건수를 늘릴 방안을 찾아야 한다는 말이겠죠.

톰: 기록을 확인한 적은 없지만, 제 예상으로는 분명 그 두 사람

이 상담도 더 많이 할 겁니다. 그렇지 않다면 어째서 판매 실적이 더 좋다는 말씀이신가요?

닐: 항상 그런 방식이 통하는 건 아니죠. 조치를 취하기 전에 우선 그 점을 확인해야 합니다.

딕: 그 밖에 확인할 사항이 몇 가지 더 있습니다. 실제 셀러들이 느끼는 시스템 세일즈의 애로점에 대해 조사해 주십시오. 셀러들은 분명히 '가격' 문제를 가장 많이 꺼낼 겁니다. 그렇지만 좀더 깊이 들여다볼 필요가 있습니다. 가격 이외에 셀러들이 시스템 세일즈를 어렵게 여기는 모든 이유에 대해 물어보세요. 다음 번 미팅에서 그 주제로 이야기를 나누었으면 합니다.

닐: 그리고 또 한 가지, 셀러들이 앞으로 있을 5차례의 시스템 세일즈 상담을 위한 상담 목표를 적어 내게 하세요. 꽤 흥미로운 결과가 나올 겁니다.

톰: 알겠습니다. 그런데 제가 취해야 할 조치는 없나요?

닐: 자료를 모으는 일로는 성에 안 차시는 모양이죠?

톰: 그야, 전 세일즈 매니저니까 늘 조급할 수밖에 없죠.

이날 미팅을 마친 후, 우리는 톰으로부터 알아낸 사실에 대해 검토하는 시간을 가졌다. 우리가 예상한 대로 톰은 전형적인 세일즈 매니저에 속했다. 톰은 상담 보고서 작성이 효과가 없는데도 여전히 '상담 건수 증가=판매 실적 증가'라는 오래된 공식을 믿고 있었다. 현재로서는 톰 스스로 자료 확보를 통해 그 공식을 검증하도록 하는 것이 중요했다. 2장에서도 말했듯이, 시스템 세일즈에서 상담 건수를 늘리도록 강제했을 때 세일즈 실적이 늘어난다는 믿음을 뒷받침할 증거가 없으리라는 것이 우리의 생각이었다.

딕은 이 단계에서는 PACS 시스템 세일즈의 문제에 대한 셀러들의 의견을 듣는 것이 중요하다고 생각했다. 우리가 셀러들로부터 놀라운 통찰을 얻지는 못한다해도, 적어도 그들이 느끼는 심리적 장벽이나 몸에 밴 태도에 대해서는 알 수 있을 것이다. 톰이 세일즈 효과성을 향상시키기 위해서는 그러한 장애물들에 대처해야 한다.

마지막으로 닐은 셀러들이 어떤 종류의 상담 목표를 설정하는지 알고 싶어했다. 우리의 경험상, 대형 세일즈에 능숙하지 못한 셀러들은 현실적인 상담 목표를 설정하는 데 어려움을 겪는 경우가 많았다. 상담 목표에 관한 자료를 모음으로써, 우리는 톰의 셀러들이 세일즈를 얼마나 잘 진전시키고 있는지 진단하고 싶었다. 분명히 톰은 신속한 조치를 원하고 있었고, 우리의 자료 수집 요구에 약간의 조바심을 느꼈다.

2차 미팅: 6월 3일

딕: 톰, 지난 번 만났을 때 우리가 다음의 세 가지 사항에 관한 자료를 요청했었죠?

- '상담 건수 증가＝판매 실적 증가' 라는 공식이 맞는지 알아 보기 위해 세일즈 실적이 우수한 셀러가 다른 셀러보다 실제로 상담을 더 많이 하는지 조사하기.
- PACS 시스템 세일즈가 왜 어려운지에 대한 셀러들의 설명을 들어 보기.

• 상담 목표에 관한 사례 수집하기.

톰: 자료를 모으는 데 예상보다 시간이 많이 걸렸어요. 아무튼 그 세 가지에 대해서 자료를 가져왔어요. 어떤 자료부터 시작할까요?

닐: 우선 상담 건수의 문제부터 시작하죠. 셀러 아홉 명 가운데 두 명이 그나마 성공적으로 PACS 시스템 세일즈를 한다고 했던 걸로 기억하는데요. 실제 다른 사람과 비교했을 때 상담 건수가 어떻든가요?

톰: 저는 정말 놀랐어요. 지난 번에 이 문제를 확인하라고 하셨을 때, 저는 두 사람의 상담 건수가 당연히 많을 줄로 믿었고, 자료를 확인하는 것이 시간낭비일 거라고 생각했어요. 그런데 지난 6개월 동안의 상담 기록을 확인해 보니 정반대의 결과가 나왔어요. 두 사람의 상담 건수는 실제 다른 셀러보다 적었어요. 그런데도 그 두사람이 시스템을 가장 많이 판매 했거든요. 도대체 이유를 모르겠어요.

닐: 종종 그런 경우가 있어요. 대형 세일즈는 상담을 늘린다고 해서 세일즈 실적이 반드시 증가하지는 않습니다.

톰: 하지만 제가 이해하지 못하는 게 있어요. 셀러 중에 상담을 제일 많이 한 사람이 누구인지 살펴보았어요. 그랬더니 그가 집진기 세일즈 실적은 최고였어요. 적어도 그의 경우라면 상담 건수를 늘렸을 때 세일즈가 증가한다고 봐야 하지 않을까요?

딕: 톰, 그가 판매한 집진기는 저가 제품이죠. 소형 세일즈에서

는 상담 건수와 판매 실적이 관련이 있어요. '상담 건수 증가 =판매 실적 증가'라는 공식이 성립하죠. 그러니까 이번 조사를 통해서 소형 세일즈에 효과가 있는 방식이 대형 세일즈에는 종종 통하지 않는다는 사실을 아셨으면 합니다.

톰: 그러면 이제 어떻게 해야 하죠? 셀러들에게 상담 건수를 줄이라고 말해야 하나요? 그건 말이 안돼요. 그랬다간 경영진이 절 가만히 내버려두지 않을 거예요.

딕: 아뇨, 반드시 상담 건수를 줄이라는 건 아니에요. 문제는 열심히 일하느냐, 아니면 효과적으로 일하느냐의 문제예요. 상담 건수를 억지로 늘리는 방식은 셀러를 더 열심히 뛰어다니도록 만드는 효과가 있죠. PACS 세일즈는 열심히 뛰어다니기만 해서는 효과를 볼 수 없습니다. 전략을 바꿔야 합니다. 셀러가 더 효과적으로 일하게 함으로써 각각의 상담에서 최대한 효과를 거두게 하는 방법을 찾아야 하죠.

톰: 말은 간단한데, 도대체 뭘 하라는 말씀이죠?

닐: 그게 바로 문제죠. 우리 모두는 열심히 일하도록 하는 방법은 알고 있어요. 이미 하던 일을 더 많이 하게 하면 되니까요. 그렇지만 효과적으로 일하게 하는 건 전혀 다른 문제예요. 물론 말씀하신 대로 훨씬 어려운 일이죠. 분명한 것은 당신의 셀러들이 좀더 효과적으로 일할 필요가 있다는 것입니다. 그런데 셀러들은 시스템을 판매하는 데 어떤 문제가 있다고들 말하던가요?

톰: 시스템 세일즈가 부진한 이유 말씀이군요? 지난번 이야기했던 대로 가격이 첫 번째 이유라고들 말하더군요.

딕: 그렇지만 가격 외에 다른 문제도 있겠죠? 다른 문제들을 찾아내셨나요?

톰: 예. 우리는 월요일 아침 미팅에서 이 문제를 논의했습니다. 셀러들이 한 말을 그대로 받아 적었어요. 들어 보세요.

- 집진기를 세일즈할 때는 제가 어디쯤 있는지를 압니다. 세일즈가 복잡하지 않고, 결과를 금세 알 수 있으니까요. 그런데 PACS 세일즈는 몇 달이나 걸리고, 도대체 일이 잘 진행되는지, 아닌지 알 도리가 없어요.
- 시간이 한참 흘러도, 주문을 받지 못하고 아무런 진척이 없을 땐 낙담할 수밖에 없죠.
- 집진기를 팔 때는 고객을 한 명만 만나면 되지만, PACS를 팔려면 위원회와 컨설턴트들을 모두 상대해야 해요. 누가 구매 결정권을 쥐고 있는지도 알기 어렵습니다.

딕: 그 반응들에 공통점이 있네요. PACS를 판매할 때 셀러들이 방향성이나 세일즈가 '진전' 된다는 느낌을 갖지 못하는 것처럼 보입니다.

톰: 저도 그렇게 생각합니다. 상담을 진행하면서도, 그저 무슨 일이 일어나기만을 바라는 셀러도 있었습니다.

닐: 소형 세일즈에 종사하던 셀러가 대형 세일즈에 적응하려고 할 때 상실감을 느끼거나 방향 감각을 잃는 경우가 종종 발생합니다. 아마 지난 번에 요청했던 상담 목표에 관한 자료를 확인해 보면 그 점이 더 확실히 드러날 것 같군요.

톰: 그 자료도 준비했습니다. 셀러들에게 다음에 있을 상담의 목표들을 적어내도록 했습니다. 여기 보십시오.

닐: (자료를 읽으며) '고객과의 관계를 발전시킨다', '정보를 수집한다', '관계를 형성한다', '고객의 상황을 파악한다…', 이런, 맙소사!

톰: '맙소사'라니요, 왜 그러시죠? 관계를 형성한다는 말이 잘못된 건가요?

닐: 물론 그건 아니에요. 관계를 형성하는 일이 이 단계에서 가장 중요하죠. 오해하지 마세요. 관계를 형성한다는 말에 실망한 건 아닙니다. 제가 탄성을 지른 건 관계 형성이 상담의 유일한 목표라고 생각하는 것 때문이에요. 어떤 상담이든지 관계는 형성될 수밖에 없어요. 관계 형성이 상담 목표라는 것은 '고객과 대화를 나누는 것'이 목표라고 말하는 것과 같아요. 그것은 상담이 성취하려고 하는 것에 관해 구체적인 어떤 것도 말해주지 않아요. '정보를 수집한다'라는 목표도 마찬가지에요. 상담을 하면 어차피 정보는 들어오게 마련인데, 그것을 상담 목표로 삼기에는 부족하죠. 실망스러운 것은 당신 셀러들이 설정한 이러한 상담 목표들이 그다지 행동 지향적이지 못하다는 점입니다.

톰: 사실 놀라운 일은 아닐 거예요. 지금 말씀하신대로 셀러들은 시스템 상담에 대해서 방향을 잡지 못하고 있어요. 세일즈가 어떻게 진행되는지도 모르니, 당연히 막연하고 시시한 목표 밖에는 나오지 않는 것 같아요.

딕: 그럼 닭이 먼저일까요, 달걀이 먼저일까요? 셀러들이 세일즈

가 어디로 가야 하는지 몰라서 목표를 설정하지 못하는 걸까요? 아니면 부적절한 목표를 설정해서 상담이 방향성을 잃고 있는 걸까요?

톰: 솔직히 말씀드리면, 그 두 가지 모두 일리가 있어요. 제가 셀러들의 목표 설정을 도울 수 있다면 어느 정도의 방향성이나 상담이 진척되는 느낌을 줄 수 있겠죠. 하지만 그것은 단지 상담 목표만의 문제는 아니예요. 동기 부여의 문제도 따져보아야죠. 대부분의 셀러는 PACS를 판매할 의욕을 잃고 거의 포기 상태죠. 그동안 너무 많이 실패를 경험했기 때문에 상담 목표에 대한 걱정보다는 우선 동기 부여를 해줘야 한다고 생각합니다.

닐: 톰, 상담 목표와 동기 부여는 별개의 문제가 아닙니다. 대형 세일즈의 경우 목표를 분명히 설정하는 것이 곧 가장 강력한 동기 부여 도구가 될 수 있습니다.

딕: 지난 번 말했던 '진전'과 '계속'의 개념을 기억하세요? 셀러들이 '진전'을 위한 목표를 설정하게 하면 그들에게 동기 부여를 할 수 있고 방향 감각을 갖도록 도울 수 있다고 했죠.

톰: 물론 기억합니다. 진전은 세일즈를 앞으로 나아가게 하는 조치를 말하죠. 가령, 고객 회사 상급자와의 미팅 기회를 얻거나 고객을 제품이 실제 사용되고 있는 곳으로 오게 하는 것과 같은 것이죠.

닐: 한편 '계속'은 다음에도 상담을 진행할 예정이지만, 세일즈를 전진시키는 행동에 대해서는 합의가 이루어지지 않은 것을 뜻하죠. 여기 셀러들이 설정한 목표를 살펴보십시오. '계

속'에 속하나요, 아니면 '진전'에 속하나요?

톰: '고객에 대해 더 잘 안다', '기술부서 사람들과 관계를 형성한다'. 글쎄요, 직접적인 '진전'은 아니군요. 그렇지만 간접적으로는 '진전'에 이를 수 있기 때문에 '진전'이라고 볼 수도 있을 것 같군요.

닐: 톰, 농담하지 말아요. 이 같은 목표들은 전부 '계속'에 해당됩니다. '진전'이 되려면 '파티클 컨트롤을 적격 공급업체 목록에 포함시키기로 엔지니어와 합의한다.' 라거나 '건축가가 PACS 시스템이 실제 가동되는 현장을 방문해 직접 보게 한다.' 와 같은 것이어야 합니다.

딕: 톰, 그러면 상담에서 더 많은 '진전'을 얻어내는 방법에 관해 이야기해 보죠. 다음과 같이 해보세요.

- 다음 번 회의 시간에 '주문, 진전, 계속, 실패'의 개념을 셀러들에게 설명한 다음, PACS 세일즈 상담을 할 때 실제 '진전'을 성취하려면 어떻게 행동해야 하는지에 관해 자유롭게 토론한다.

- 셀러 각각에게 다음 주에 있을 두 차례의 시스템 세일즈 상담에서 '진전'을 얻어낼 목표를 설정하도록 요구한다.

- 다음 번 회의에서 그 두 차례의 상담에 대해 설명하도록 요구하면서, 다음과 같은 질문을 던진다. 1) 처음 의도했던 '진전'은 어떤 것인가? 2) '진전'을 성취하는 데 성공했나? 3) 상담 목표로 '진전'을 설정하는 것이 상담에 대한 접근 방식을 바꾸었는가? 어떻게 바뀌었는가?

톰: 그 일은 세일즈 측면에서 도움이 될 거 같아 기쁘군요. 솔직히 말씀드려서 지난 번 미팅이 끝났을 때는 자료 요청만 받고 아무런 해답을 얻지 못해 조금은 섭섭했거든요.

닐: 실망시켜드려 죄송하지만, 이번에도 과제가 있어요. 셀러와 동행 상담을 나간 다음 그들의 세일즈 방식을 자세히 관찰해 줬으면 해요. 다음 번 미팅에서는 셀러의 기술과, 기술을 향상시키는 방법에 대해 이야기를 나눴으면 하거든요. 그러니까, 질문은 "당신은 셀러의 세일즈 기술에 어떤 취약점이 있는지 알 수 있습니까?"입니다. 지금 당장 대답하지 마시고요. 이전에 셀러가 세일즈하는 것을 한 번도 본 적이 없었던 것처럼 상담을 지켜보셨으면 합니다. 선입견을 모두 버리라는 뜻이에요. 셀러들을 새로운 시각으로 관찰해 보세요. 다음 번 미팅까지는 5주라는 기간이 남았으니까, 아마 셀러 아홉 명을 모두 지켜보실 수 있을 거예요. 괜찮겠죠?

톰: 물론이죠. 셀러 한 명당 적어도 서너 번은 상담을 관찰할 수 있을 겁니다.

이번 미팅을 점검하면서 우리는 복합적인 감정을 느꼈다. 우리는 톰이 상담 건수를 분석한 결과를 가져와서 기뻤다. 톰의 자료에서 우수한 셀러의 상담 건수가 다른 셀러들보다 적다는 사실이 드러났다. 그러한 결과는 심리적으로 매우 중요한 영향을 미친다. '상담 건수 증가=판매 실적 증가'라는 공식이 잘못되었다는 점에 대해 우리가 어떤 식의 설명으로 톰을 설득하려고 했다면 아마 우리는 실패하고 말았을 것이다. 그렇지만 톰은 스스로 자료를 조사했고, 그 결과 상담 건수가 많다고 해서 반드시 실적이 높다는 보장이 없음을 깨달았다. 덕분에 우리는 열심히 일하는 방식이 아니라 효과적으로 일하는 방식이 중요하다는 점을 강조할 수 있었다. 톰은 그러한 사실을 기꺼이 받아들였고, 세일즈 효과성에 더 중점을 둬야한다는 데 동의했다. 저가의 집진기를 판매할 경우 열심히 일하는 것(상담 건수 증가)이 효과가 있지만, PACS를 세일즈하기 위해서는 다른 전략적 변화가 필요하다는 점을 톰이 분명히 깨달았고, 그것은 우리에게 기쁨이었다.

한편 셀러들이 작성한 상담 목표를 읽으면서 우리는 다소 힘이 빠졌다. 그것들은 아주 실망스러웠다. 셀러들은 성공적인 세일즈를 위해서 어디로 어떻게 가야 할지, 그 방향성과 구체적인 행동에 대해 전혀 알지 못하고 있었다. 셀러들이 제출한 상담 목표를 보고 톰이 아무런 문제점을 느끼지 못했다는 사실 또한 우리로서는 걱정이 되는 부분이었다. 딕은 톰에게 셀러들과 '진전'의 개념에 대해 자유로운 토론을 해보고, 그들의 상담 목표를 재검토해 보라고 제안했는데, 그러한 작업은 톰이 더 나은 시스템 세일즈 기술을 구축하는 데 있어 건설적인 첫 번째 단계를 제공할 것이다.

3차 미팅: 7월 17일

톰: '진전'에 관한 논의는 예상보다 훨씬 쉽게 진행되었어요. 저는 그 개념이 유용하다고는 생각했지만 셀러들이 이해하기에는 어렵지 않을까 걱정했습니다. 사실 처음에는 그런 면이 없잖아 있었는데, 몇 가지 예들을 얘기하다보니 금방 그 내용을 분명히 이해할 수 있게 되었어요.

딕: 그래서 그들은 목표 설정을 더 잘 하게 되었나요?

톰: 그런 것 같아요. 셀러들도 그렇게 느꼈어요. 상담을 검토하는 회의에서, 셀러들은 미리 상담이 가야할 곳을 명확히 알고 있는 것이 아주 큰 도움이 되었다고 말하더군요. 다른 것들도 당신들 말이 옳았어요. 그것은 동기 부여 도구이기도 했어요. 지난주에 함께 상담을 나갔던 한 셀러는 "이것은 시스템 상담이 어디로 가고 있는지를 알 수 있게 해줘요."라고 말하더군요.

딕: 문제는 없었나요?

톰: 상담 목표를 정하는 데는 별로 문제가 없었어요.

딕: 그런데요?

톰: 글쎄, 뭐라고 말씀드려야 할지…. 제가 지금까지 한 일은 단지 셀러들에게 애피타이저를 준 거라고 생각해요. 그들은 그것을 좋아했지만, 이제는 제대로 된 식사를 하고 싶어해요. 더 나은 시스템 세일즈 결과를 보려면 그 전에 해야 할 일이 정말 많다는 것을 느껴요.

닐: 옳은 말씀이에요. 이제 시작일 뿐이죠. 아무튼 출발은 괜찮은 것 같고 힘이 나는군요. 이제 문제는 어디로 가느냐 하는 겁니다.

톰: 그 문제에 대해서도 생각을 해봤거든요. 제가 보기에 셀러들은 고객 전략에 대해 아무런 생각이 없는 것 같았어요. 그게 큰 문제예요. 저가의 집진기를 팔 때에는 전략이 필요 없었어요. 그런데 시스템 제품의 경우, 고객 전략이 없으면 세일즈는 불가능할 것 같아요. 전에 전략 관리를 위한 여러 도구들을 소개해준 적이 있었죠. 닐이 쓴『당신의 세일즈에 SPIN

을 걸어라3: 세일즈 전략과 협상』을 읽으면서 저도 몇 가지 도구와 아이디어를 얻었어요. 논리적으로 볼 때 다음 순서는 그러한 전략 도구를 실행에 옮기는 것이라고 생각합니다..

닐: 논리적으로는 그렇지만 실제는 다릅니다. 톰, 주의 사항을 말씀드리죠. 저희는 오랫동안 이 일을 하면서 세일즈 조직들이 셀러들로 하여금 기본적인 세일즈 기술도 제대로 갖추게 하지 않은 채 그들의 전략을 향상시키려고 성급하게 달려드는 것을 많이 지켜봤어요. 안타깝게도 세일즈 기술이 확고하게 다져져 있지 않다면 전략은 허상에 불과해요. 당장 전략을 구축하고 싶다는 급한 마음은 이해를 하지만, 먼저 세일즈 기술을 충실히 닦아놓아야 한다는 점을 말씀드리고 싶어요. 지난 번 미팅에서 셀러의 상담 진행 과정을 자세히 관찰하라고 말씀드린 것도 바로 그런 이유 때문입니다. 어떻든가요?

톰: 음…, 말씀드리기가 곤란하군요.

딕: 기술을 평가하기가 어려웠다는 뜻인가요?

톰: 예. 그러니까… 세일즈 과정을 지켜볼 기회가 없었어요.

딕: 왜요?

톰: 제가 참석했던 상담은 세일즈 과정을 관찰하기에 적합하지 않았어요.

딕: 적합하지 않았다니요?

톰: 상담에 나갔을 때 제가 세일즈를 도맡아야 했어요. 현실적으로 다른 방도가 없었어요. 실적이 저조한 상황이라 기회를 낭비해서는 안 되었거든요. 그러니까 제가 상담을 거의 주도

하다시피 했죠. 처음 약속한 대로 상담을 지켜본 척하고, 셀러들의 기술이 대부분 미숙했다고 거짓말을 하려고 했습니다. 하지만 사실은 제가 세일즈를 하고 말았습니다. 미안합니다.

닐: 아뇨, 솔직히 말해주니 오히려 고맙습니다. 그런데 저도 솔직히 말씀을 드려야 할 것 같군요. 제 생각에 당신은 세일즈 매니저가 저지르는 실수 중에서도 최악의 상황에 빠졌습니다. 잘 들어 보시죠. 실적이 안좋다는 이유로 당신은 많은 압박감을 느낍니다. 동행 상담을 나갔는데 셀러가 상담을 제대로 끌어가지 못한다는 걸 알았죠. 아무래도 고객을 놓치기는 싫으니, 어쩔 수 없이 자신이 나서서 세일즈를 주도하죠. 머지않아 셀러들은 당신이 대신 세일즈를 해주길 기대할 겁니다. 특히 상담이 까다로울 때는 당신에게 모든 걸 떠맡기려고 할 거예요. 매니저인 당신과 상담을 하는 데 익숙해진 고객은 계속해서 당신이 상담에 끼어들기를 바랄 겁니다. 그러다보면 당신이 세일즈와 후속조치에 들이는 시간은 더 늘어날 수밖에 없고, 셀러의 기술 개발에 들일 시간은 줄어들 겁니다. 결국 셀러는 당신에게 세일즈를 더 의존하고, 당신은 셀러의 기술을 개발시킬 시간이 더 없어지고, 그래서 셀러는 당신에게 더 의존하고, 이런 식의 악순환이 계속되죠. 이미 익숙한 이야기 아닌가요?

톰: 그게 사실이라고 인정하지 않을 수 없네요.

닐: 그런 악순환의 고리를 끊어야 합니다. 매니저는 세일즈에 들이는 시간을 줄이고, 그 대신 관리에 더 치중해야 한다는 말

이죠.

톰: 말은 쉽지만 제가 세일즈에서 손을 뗄 수 있는 상황이 아닙니다. 아시다시피 실적이 너무 저조한 상황인데 셀러가 거래를 놓치는 꼴을 그냥 보고만 있기가 쉽지 않죠.

딕: 톰, 당신은 지금 상담에 참석하면 그 상담이 다른 어떤 일보다 중요하고 상담을 성공으로 이끌기 위해서 전력을 다해야 한다고 생각하고 있어요. 그런데 이렇게 생각해 보자고요. 우리가 이야기를 나누는 지금, 바로 이 순간에도 셀러들 중 몇몇은 세일즈 상담을 하고 있겠죠, 아닌가요?

톰: 맞습니다. 말씀하신 대로 지금 셀러들이 두 세 건의 시스템 세일즈 상담을 하고 있을 겁니다.

딕: 그런데 당신은 지금 그 자리에 있지 않아요. 사실 당신이 상담에 참석하는 비율은 아주 작은 일부에 불과해요. 따라서 클로징을 잘하는 매니저의 역할은 그다지 중요하지 않을 수 있습니다.

톰: 그 말씀은 알겠는데, 그렇다면 제가 무얼 해야 합니까? 세일즈를 완전히 그만두라는 말씀인가요?

딕: 아뇨, 그 반대죠. 정말 중요할 때에만 세일즈를 하는 겁니다. 지금은 거의 모든 상담에서 세일즈만을 하려고 들거든요. 정말 중요한 상담에서만 세일즈에 주력하시면 됩니다. 말하자면, 당신이 세일즈에 관여해서 특별한 차별성을 줄 수 있을 때만요. 그렇게 하면 코칭을 수행할 시간이 생길 겁니다.

닐: 그러니까 상담에 나가기 전에 미리 세일즈를 할 것인지, 코칭을 할 것인지 판단을 내려야 합니다. 세일즈가 목적인 상

담이라면, 딕의 말대로, 당신이 상담을 주도함으로써 특별한 차별성을 부여할 수 있어야 하죠. 코칭 상담의 경우, 당신이 세일즈에 나설 필요는 없습니다. 이상적인 코칭 상담이 되려면 톰이 없어도 셀러가 모든 문제를 대처할 수 있는 상담이어야 합니다.

톰: 사실 그런 상담은 찾기 어려운걸요.

닐: 그게 문제죠. 지금까지 세일즈 역할만을 맡아왔기 때문에 셀러들은 톰이 대신 세일즈를 해주었으면 하는 상담에만 톰을 참석시킨 거죠. 말하자면 그런 상담은 상당히 까다로운 상담이었겠죠.

딕: 그러니까 먼저 셀러들에게 평이한 상담에 참석하겠다고 말하세요. 세일즈 사이클 초반의 상담이면 더 좋겠죠. 평소에 당신이 참석하지 않던 그런 일상적인 상담에서 셀러가 어떻게 행동하는지를 지켜봐야 합니다.

톰: 그렇게 하죠. 그런데 코칭 상담을 할 때 정확히 제가 할 일은 뭡니까?.

닐: 앞서, 셀러가 효과적으로 시스템을 세일즈하려면 기본적인 기술을 갖추어야 한다는 점을 설명했어요. 연구에 따르면 고가의 세일즈에서 갖추어야 할 기본적인 핵심 능력은 고객의 문제를 이해하고 그들의 니즈를 개발하는 것이라고 합니다. 그러니까 질문 능력이 필요하겠죠. 앞서 질문 기술을 평가하는 일부 모델들을 보여주었습니다. 저희가 펴낸 『당신의 세일즈에 SPIN을 걸어라』에서 몇 가지 다른 질문 모델을 찾을 수 있을 겁니다. 우선 거기서 출발하는 것이 좋겠군요.

톰: 셀러 아홉 명을 데리고 코칭을 하려면 꽤나 벅찬 일이 되겠는걸요.

딕: 톰, 한꺼번에 전부를 코칭하려고 하지 마십시오. 셀러의 기술을 개발하는 데는 시간이 걸리거든요. 팀 전체를 대상으로 수박 겉핥기 식의 코칭을 하기보다는 소수의 인원을 대상으로 심도 있게 코칭을 하는 것이 훨씬 더 낫습니다.

톰: 그 말을 들으니 안심이네요. 아홉 명 모두를 어떻게 코칭을 할까 막막했어요. 그러니까 말씀하신 대로 처음에 서너 명만 데리고 하면 일이 더 쉽겠군요.

닐: 처음에는 세 명을 넘지 말았으면 합니다. 일단 코칭을 수행한 후에 시간 여유가 더 있다면 인원을 늘려도 되겠죠. 그렇지만 처음에 많은 인원을 코칭하다가 중도에 탈락시키는 것보다는 적은 인원에서 출발을 하는 게 더 좋습니다.

톰: 대상자를 고르는 문제에 관해서도 조언을 주실 수 있나요?

딕: 몇 가지 원칙을 지켜야 합니다. 예를 들어, 시작 단계에는 우수하거나, 혹은 실력이 뒤떨어지는 셀러 말고 보통 수준의 실력을 지닌 셀러를 코칭하는 것이 더 좋습니다.

톰: 그것 또한 의외로군요. 우수한 셀러는 혼자 내버려두는 게 낫다고 생각해요. 제가 돕지 않아도 잘할 테니까요. 그런데 실적이 저조한 셀러에게 먼저 코칭을 하는 것이 더 좋지 않을까요? 제 도움이 가장 절실한 사람들일 텐데.

닐: 그럴 가능성도 있습니다. 하지만 그럴 경우 실력을 개발하는 데 시간이 오래 걸린다는 단점이 있어요. 시간을 적게 들이면서 가장 큰 효과를 볼 수 있는 건 보통 실력의 셀러죠. 보

통의 셀러를 코칭하면 시간을 더 절약할 수 있고, 그런 다음 실력이 뒤떨어지는 셀러에게 집중할 여력도 더 생기죠.

톰이 세일즈에 지나치게 관여한다는 사실은 그리 놀랍지 않았다. 다행히 다른 매니저들과는 달리 톰은 문제를 제대로 인식했고 그것을 교정하는 조치를 취하기로 했으니 말이다. 이 사례 연구에서 우리는 톰에게 상담에 나가서 코칭에만 주력하라고 제안했다. 그렇지만 현실에서라면 우리와 작업을 하는 매니저에게 더 많은 지원을 제공했을 것이다. 예를 들어 보자.

- 톰이 코칭 기술을 개발할 수 있게 도왔을 것이다.
- 코칭을 수행하면서 셀러의 어떤 행동이 바람직한지 판단할 수 있도록 도움을 줬을 것이다.
- 셀러들의 세일즈 기술이 부족하다는 사실이 드러난다면, 우리는 기본적인 기술을 개발할 수 있도록 파워 세일즈 기술 트레이닝을 제안했을 것이며, 그와 동시에 셀러들이 현장에서 톰의 코칭을 같이 받도록 유도했을 것이다.
- 코칭이 매니저의 일상 업무로 자리잡을 수 있게, 코칭 활동에 대한 세부적인 행동 계획을 세우도록 했을 것이다.

톰은 코칭을 하겠다는 열의에 가득 차 미팅 장소를 떠났으며, 이후 셀러 3명을 대상으로 코칭을 수행할 계획이었다. 그런데 제대로 된 기술 코칭은 매니저와 셀러 모두에게 아주 어려운 작업이다. 기술을 개발하는 초기 단계는 아주 짜증이 나고 고통스러울 만큼 진도가 느리다. 결과적으로 톰의 열의는 몇 주가 채 지나기도 전에 모두 식어 버리고 말 것이라는 예상을 할 수 있다. 우리는 그런 사실을 염두에 두고 다음 미팅 날짜를 정했다. 3주 후 미팅을 할 무렵이면 톰의 열의 는 최저 상태일 것으로 예상할 수 있었다. 우리는 코칭에 대한 톰의 열의를 그때 한번 더 불태우고 싶었다.

4차 미팅: 8월 7일

톰: 제가 뭔가 잘못하고 있다는 생각이 듭니다. 셀러 세 명 중에 두 명은 처음보다 훨씬 세일즈를 못하는 것 같아요. 두 사람 모두 실망한 것 같고, 솔직히 말해서 저 역시 코칭을 할 마음 이 생기지가 않습니다.

딕: 톰, 골프를 치나요?

톰: 네.

딕: 프로 선수에게 골프 레슨을 받은 적이 있나요?

톰: 그래요, 있죠.

딕: 그럼, 골프 지도를 받은 직후 골프 코스를 돌면 점수가 더 나 은가요, 아니면 더 못한가요?

톰: 저는 대개 더 못한 것 같아요.

딕: 그 이유가 뭐라고 생각해요?

톰: 아마 프로에게 들은 말대로 너무 잘하려고 하다 보니 제 뜻 대로 되지 않은 것 같아요. 행동을 너무 의식하니까 오히려 게임에 방해가 되었죠.

딕: 골프 레슨을 받은 직후 제 실력이 더 안 나온다면서 레슨을 왜 받죠?

톰: 글쎄요, 프로가 말한 대로 충실히만 연습하면 게임 실력은 결국 나아지겠죠. 그러니까 무슨 말씀을 하시려는 건지 알겠어요. 셀러들도 제가 골프 레슨을 받은 다음 하는 것처럼 행동한다는 말씀이군요. 세일즈 실력이 나빠진 건 일시적인 현상일 뿐이라는 뜻이죠.

딕: 그럴 듯 하다고 생각하지 않아요?

톰: 그래요. 하지만 저는 회사에서 실적으로 평가를 받는데 세일즈 실적이 이렇게 저조한 상태를 가만히 보고 있을 여유가 없어요. 아마 회사에서 절 내쫓을지도 모른다고요.

닐: 톰, 전에 부사장님을 만났던 이야기를 털어놓아야겠군요. 알다시피, 부사장님은 빨리 실적을 올리고 싶어하시죠.

톰: 맞습니다, 그래서 지금까지 저한테 이런 여유를 주는 것만으로도 정말 놀랍다니까요. 부사장님은 저에게 상담 보고에 관해서는 아예 신경을 끄라고 하시는데, 요즘은 너무 여유를 주는 것 같기도 해요. 도대체 무슨 수를 쓰신 거죠?

닐: 우리가 한 일은 없어요. 당신도 알겠지만 부사장님은 세일즈에 관해 매우 중요한 사실을 이해하고 있어요. 말하자면 '지속적인 경쟁우위'에 관한 거예요. 정말 뛰어난 세일즈 조직을 양성하는 데는 여러 해가 걸립니다. 그런데 일단 우수한 인력이 양성되면 그 세일즈 조직은 가장 강력한 경쟁 요소가 되는 거죠. 과거에는 대부분의 기업들이 제품 디자인이나 품질로 경쟁에서 앞서려고 했어요. 제품만 잘 만들면 '몇 년' 동안은 경쟁에서 끄떡없었거든요. 그런데 기술이 빠르게 진보하는 요즘은 신제품의 수명이 몇 개월밖에 되지 않죠. 제

품만으로는 더 이상 경쟁우위를 유지하기가 갈수록 어려워지고 있어요. 기업들은 제품을 설계하고 생산하는 주기를 더 짧게 가져가야 한다는 점을 배웠죠. 그런데 우수한 세일즈 조직을 양성하는 데는 아직까지도 몇 년이나 걸립니다. 그건 결코 쉬운 일이 아니거든요. 따라서 진정한 세일즈 효과성을 창출하는 데 성공한 기업은 다른 기업보다 몇 년이나 앞서는 경쟁력을 지닌 셈이에요. 지속적인 경쟁우위를 확보하려면 효과적인 세일즈 조직을 구축해야 한다는 사실을 부사장님도 잘 알고 있습니다.

딕: 예를 들어 보죠. 우리가 부사장님과 미팅을 가졌을 때 부사장님은 과거 IBM과 경쟁관계에 있는 회사에서 일하던 시절의 경험담을 털어 놓았습니다. 부사장님이 계시던 회사의 제품은 값도 싸고 성능도 좋았는데 경쟁우위을 확보하는 데 어려움을 겪었다고 해요. 왜냐하면 IBM의 세일즈 조직들이 더 우수했다는 겁니다. 당시 매니저였던 부사장님은 "우리 회사의 제품과 IBM의 셀러를 갖추는 것"이 소원이었다고 털어놓았어요. 부사장님은 시스템 사업에서 우수한 세일즈 조직을 양성하기가 어렵다는 사실을 아시는데, 만일 그것이 성공한다면 파티클 컨트롤에 중요하고 지속적인 경쟁우위를 제공하게 되리라고 믿고 있습니다.

톰: 비록 실적으로 보여드리고 있지는 못하지만 우리가 열심히 하고 있는 걸 이해해 주신다니까 안심이 되는군요.

세일즈 효과성을 높이는 것은 어려운 일이다. 최고 경영진의 강력한 지원이 없다면 그것은 한층 더 까다로운 일이 될 것이다. 우리가 이날 미팅을 하기 전, 미리 톰의 부사장을 만난 것은 우연이 아니었다. 혹시라도 부사장이 세일즈 효과성을 높이기 위한 우리의 시도에 대해서 못마땅하게 여겼다면 우리는 아마 그 일을 포기했을 것이다. 부사장에게는 세일즈 효과성을 향상시키는 일이 '지속적인 경쟁우위'를 가능하게 하는 경쟁 전략의 최우선 목표였다는 사실을 기억하자. 최근 기업들이 경쟁우위를 확보하기 위해 지나치게 제품과 마케팅 전략에 의존하고 있음을 지적하는 사람들이 갈수록 늘고 있다. 미래에는 사람과 관련된 영역, 가령 세일즈와 고객 서비스가 가장 지속 가능한 경쟁력의 원천이 되리라고 그들은 말한다.

5차 미팅: 9월 7일

톰: 요즘은 셀러들의 실력이 향상된 것이 정말 눈에 띄기 시작했어요. 그리고 저도 매니저의 역할에 더 많은 시간을 쏟고 있습니다. 전 이제 정말 특별한 차별성을 부여할 수 있는 상담에서만 세일즈 역할을 맡고 있습니다. 또 상담 자리에서는 의식적으로 셀러의 위신을 세워주려고 노력하구요. 그러다 보니 고객은 저보다 셀러에게 더 의지를 해요. 결과적으로 저는 코칭을 할 수 있는 시간이 늘었고, 얼마 전부터 코칭 인원을 두 명이나 늘렸습니다.

딕: 아주 긍정적인 현상이군요.

톰: 또, 전략에 앞서 세일즈 기술을 개발하는 데 집중하라고 말씀해주신 것도 큰 도움이 되었어요. 저에게 기술 코칭을 받은 셀러는 다른 셀러들보다 전략을 훨씬 잘 구사하겠죠. 만

일 기술을 개발하지 않은 상태에서 고객 전략만 고집했다면 모든 일이 엉망이 되겠죠. 아무리 훌륭한 전략을 세워도 셀러가 수행하지 못하면 소용이 없을 테니까요.

닐: 그럼 이제 고객 전략을 다룰 준비가 된 셀러가 있다고 보나요?

톰: 예, 그렇습니다. 어디서부터 시작하죠?

닐: 전략 측면에서 셀러의 가장 취약한 부분이 어디라고 생각하시나요?

톰: 저희 셀러들은 경쟁에 대처하는 데 그다지 뛰어나지 못합니다. 우리의 강점과 상대편의 강점에 대해서 분명하게 이해하지 못하는 것 같습니다. 따라서 PACS 시스템이 왜 더 나은지를 고객에게 제대로 설득하지 못하고 있어요.

딕: 그럼 지금 치열한 경쟁 상황에 있는 셀러와 마주 앉았다고 상상해 보시죠. 이때 논의할 사항 두 가지는 뭘까요?

톰: 우리의 강점과 그것을 고객에게 강조하는 것의 중요성을 논의해야 합니다. 그리고 우리의 취약점이 어디에 있는지 알게 하고 그 취약점을 보완하는 전략을 생각해내도록 도울 겁니다. 쉬운 일은 아니겠지만요.

딕: 자신의 경쟁적 강점과 약점을 알 수 있는 도구가 있다면 유용하지 않을까요?

톰: 그런 시도를 한 적이 있었습니다. 저희는 작년에 경쟁력 분석에 대한 설문을 실시했거든요. 엄청난 작업이었죠. 빈 칸을 채워 넣는 데만 몇 시간이 걸렸으니까요. 사실 그것이 유용했다고는 보지 않아요. 셀러들도 아주 질색을 했으니까요.

닐: 저도 그런 쪽이죠. 서류 작업은 질색이에요. 전략에 관한 많은 문서들이 하나같이 지루하고 복잡하기만 하죠. 종이 한 면 이상을 차지하는 전략이라면 아예 고개를 돌려버리는 게 좋을 거예요. 정말 유용한 전략 도구는 종이 한 면에 들어가야 합니다.

톰: 그렇게 말씀하시니 다행이네요. 그런데 경쟁 전략은 꽤 복잡한데, 정말 종이 한 면에 필요한 내용을 모두 집어넣을 수 있을지는 모르겠어요.

딕: 경쟁적 강점과 약점을 분석하고 논의하는 데 매우 유용한 간단한 도구의 예를 하나 들어 보죠. 경쟁사와 비교해서 어떤 강점과 약점이 있는지를 시각적으로 보여주는 도표거든요. 우선 당신이 고객의 의사결정 기준이라고 생각하는 것들을 나열합니다. 예를 들어, 현재 경쟁 상황에 있는 세일즈 건을 하나 정해 보세요. 고객이 당신 회사와 다른 경쟁사를 판단하기 위해 사용하고 있는 기준은 무엇입니까? 가격이나 품질 같은 거 말입니다.

톰: 가격이겠죠. 물론 다른 요소들도 있습니다. 예를 들어 고객이 클린 룸 생산 공정을 도입해서 다른 회사보다 먼저 가동을 하려고 한다면 빠른 설치를 중요하게 여기겠죠. 설치 측면에서 저희는 경쟁사보다 늦는 편입니다. 고객이 엔지니어링 회사라서 기술력에 좀더 큰 비중을 둘 수도 있겠네요. 저희 강점은 유지보수 지원에 있습니다. 하지만 고객이 자체 보수 능력을 갖고 있어서 그 부분을 중요하게 여기지 않을 것도 같군요. 저희는 경쟁사보다 유지보수 측면에서 뛰어나

| 표 8.1 | 취약점 분석

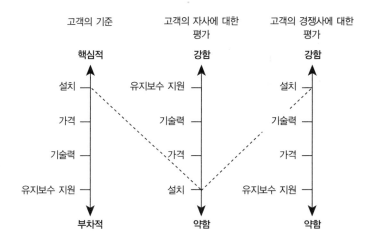

고, 설치 측면에서는 약한 편입니다.

딕: 위와 같이 도표를 그려보면 설명하기가 더 쉽지 않을까요? 우리는 이것을 '취약점 분석' 도표라고 부릅니다. 우선 당신의 회사와 경쟁사를 비교하는 고객의 기준을 나열합니다. 즉 고객이 가장 중요하게 여기는 기준에서부터 기타 부차적인 기준을 순서대로 적습니다. 그런 다음 그 기준에 따라 당신의 회사를 고객이 어떻게 평가할지 순서대로 나열합니다. 마지막으로 경쟁사에 대해서도 고객이 그 기준에 따라 어떻게 평가할지 순서대로 적습니다. 만일 도표에서 V자 형태를 발견한다면, 자사가 어떤 부분이 취약한지 알 수 있고, 그 취약점에 대처하는 전략을 세워야 합니다.

톰: 깔끔하군요. 고객과의 관계에 대해서 셀러들에게 쉽게 설명
    할 수 있는 유용한 도표로군요.

닐: 이와 같이 간단한 도구는 몇 가지가 더 있어요. 다른 도구들
    에 대해서도 이야기해 보도록 하죠.

이날 미팅에서 우리는 톰에게 『당신의 세일즈에 SPIN을 걸어라3:
세일즈 전략과 협상』에서 설명했던 몇 가지 간단한 전략적 도구를 소
개했다. 가장 중요한 것은 단순성이다. 우리는 복잡한 자료들을 피하
고, 대신 매니저와 셀러가 고객에 관한 사항들을 더 쉽고 빠르게 의
사소통할 수 있는 도구를 제공하고자 했다. 이어진 두 차례의 미팅에
서 우리는 톰에게 그와 유사한 다른 형태의 도구들에 대해서도 소개
했다. 그리고 톰과 그의 세일즈 팀이 전략적 도구의 활용에 관한 트
레이닝에 참가해볼 것을 권고했다. 이 두 차례의 미팅 내용은 생략한
다. 왜냐하면 이제 톰은 (세일즈 효과성 프로젝트에서 우리와 함께 작업
했던 대부분의 세일즈 매니저들과 마찬가지로) 꾸준히 나아지고 있었기
때문이다.

이 단계에서 세일즈 효과성을 높이려던 톰의 시도는 정상 궤도에
올랐고 순조롭게 진행되는 것으로 보였다. 물론 시스템 제품의 세일
즈 사이클이 6개월 이상이라는 점을 감안할 때 톰의 노력이 분명한
결실로 나타나려면 몇 달이 더 걸릴 수도 있었다. 그래도 우리는 좋
은 결과가 나오리라고 확신하고 있었다. 다만 매사가 순조롭게 돌아
가는 경우라도 현실에서는 종종 전혀 예상하지 못했던 일이 도중에
발생하기도 한다. 그런 의외의 경우 때문에 우리는 톰과 여덟 번째
미팅을 가져야 했다.

8차 미팅: 12월 12일

톰: 혹시 들으셨는지 모르겠는데, 경영진에서는 최종적으로 내년 1월부터 세일즈 팀에 컨설팅 서비스의 세일즈까지 맡기기로 했습니다. 저희 팀이 시범삼아 제일 먼저 그 역할을 맡게 되어서 조언이 필요합니다.

닐: 컨설팅 서비스는 본래 기술설계 분야에 속하는데, 지금까지는 누가 그것의 세일즈를 담당했었죠?

톰: 컨설턴트들이죠. 컨설팅은 규모가 작아도 수익성 있는 사업이죠. 아마 설계팀의 팀장이 뛰어난 셀러라고 생각하실지 모르겠지만, 사실 다섯 명의 팀원 모두가 셀러 역할을 맡아 왔습니다.

딕: 그런데 경영진에서는 왜 잘 해 나가는 것을 바꾸려는 거죠?

톰: 기회를 놓치기 싫어서겠죠. 저희 사장님은 세일즈 훈련을 받은 적이 없는 설계 팀원들이 세일즈를 성공적으로 해냈으니, 컨설팅 서비스 세일즈를 3백 명이나 되는 셀러들에게 맡기면 정말 큰 돈을 벌 수 있다고 생각하는 것 같아요.

닐: 설계 팀장은 어떤 반응인가요?

톰: 긍정적으로 생각하는 것 같아요. 설계 팀장도 설계 서비스 판매를 더 늘리고 싶어 해요. 다만 셀러들이 컨설팅 세일즈를 할 정도의 기술적 지식이 있는지에 대해서는 확신은 못하고 있죠.

닐: 그의 생각이 옳은 것 같군요. 서비스 세일즈의 경우, 특히 이런 컨설팅 세일즈에서 고객은 서비스와 그 서비스를 판매하는 사람을 별개로 보지 않거든요. 그러니까 셀러의 신뢰성이

떨어진다면 컨설팅 서비스는 하나마나죠. 그럼 셀러들에게 고도의 기술적 요건이 필요하겠군요.

톰: 제 생각에 셀러들 중에는 필요한 기술적 요건을 갖춘 사람이 몇몇 있어요. PACS 시스템을 세일즈하면서 설계에 대해서도 많이 배웠죠. 그런데 제가 걱정하는 건 기술적인 능력이 아니에요. 약간 다른 문제가 있습니다.

딕: 세일즈 기술 문제인가요?

톰: 정확치는 않아요. 세일즈의 종류가 다르다 보니 불안감이 든다고나 할까요. 꼭 집어 말할 수는 없지만, 컨설팅 서비스를 세일즈하는 것과 PACS 시스템을 세일즈하는 것에는 큰 차이가 있어요. 모든 사람들이 설계 컨설팅이 어렵지 않아서 저절로 세일즈가 성사될 것이라고 여기고 있습니다. 최고 경영진에서도 엔지니어들이 그동안 서비스 세일즈를 해냈으니까, 셀러가 그 일을 맡으면 더 잘할 거라고 말했대요. 그런데 말처럼 쉬운 일은 아닐 거라는 생각이 자꾸 들어요.

닐: 톰, 제 직감으로는 당신의 생각에 일리가 있어요. 아마 사람들이 생각하는 것보다는 훨씬 어려울 겁니다. 그렇지만 경영진에게 그 문제에 대해 확신을 심어주려면 단순히 불안하다는 느낌만으로는 부족하죠. 4장에서 다루었던 '대비 분석'을 기억해요? 제가 보기에 그 기술을 활용하는 것이 좋을 것 같아요. 설계 팀장이 긍정적인 반응을 보인다고 했었죠?

톰: 예, 아마 우리가 요청하면 어떤 도움이든 줄 거예요.

닐: 그럼 '대비 분석'을 수행하는 일을 도와달라고 하시죠. 4장의 사례에서 다루었던 단계들을 기억해요? 우선 고객의 의사

결정 단계를 기술해야죠. 고객이 PACS 시스템을 구매할 때와 같은 식으로 접근할까요? 그런 다음, 각각의 고객 의사결정 단계에 영향을 주기 위해 셀러가 어떤 세일즈 과제를 수행해야 하는지 적는 겁니다. 예를 들면, 컨설팅 세일즈에서는 기술 소개, 혹은 가격 정당화 같은 세일즈 과제가 요구되겠죠? 마지막으로 그 세일즈 과제를 수행하기 위해 미래의 셀러에게 요구되는 행동을 명시하는 겁니다. 일례로 우수한 셀러는 어떤 식으로 기술 소개를 할까요? 이런 과정을 거치면 효과적인 컨설팅 세일즈가 어떤 모습일지 머릿속에 그릴 수가 있을 겁니다.

딕: 그 과정이 끝나면, 현재의 셀러들이 얼마나 효과적으로 세일즈를 할 수 있을지 판단이 가능할 겁니다. 셀러의 실력이 부족하다면 그 문제는 다음 번 미팅에서 논의하도록 하죠.

미팅이 끝난 뒤 우리는 톰이 컨설팅 세일즈에 대해 느낀 불안감을 이해할 수 있었다. 그동안 여러 컨설팅 기업과 서비스 회사들과 일했던 경험에 비춰볼 때 그 불안감에는 일리 있는 측면이 있었다. 컨설팅 세일즈는 제품 세일즈와 다르다. 예를 들어서 컨설팅 서비스를 세일즈할 때, 당신은 제품을 팔면서 그것을 설계한다. 잠재 고객과 토론하면서 고객의 문제에 관한 정보를 수집하고, 그것을 바탕으로 적절한 해결책을 설계해야 한다. 일반적인 제품 세일즈의 경우, 제품은 고객을 만나기 전에 이미 만들어져 있다. 따라서 셀러가 제시할 수 있는 해결책은 비교적 한정된 편이다. 그러니까 컨설팅 세일즈를 하려면 제품을 세일즈할 때 보다 더욱 월등한 질문 기술을 구사할 수 있어야 한다. 질문 기술이 부족하면 제품을 판매하기 어렵다. 컨설팅 세일즈에서 질문 기술을 적절히 구사하지 못하면 그 결과는 더 치명적이다. 질문 기술이 부족해서 세일즈 기회를 놓칠 가능성이 있을 뿐 아니라, 설사 거래를 성사시키더라도 잘못된 제품을 내놓을 가능성이 있기 때문이다. 그럴 경우 회사의 평판과 이익에 상당한 손해를 가져올 수 있다.

톰의 셀러들이 힘들게 익힌 PACS 세일즈는 여느 시스템 세일즈와 마찬가지로 어느 정도의 컨설팅 능력을 필요로 한다. 비록 하드웨어는 정해진 제품이지만, 특별한 조립은 특정 고객에 맞게 설계된 고유한 솔루션이다. 그렇지만 눈에 보이는 제품을 취급한다는 점에서는 컨설팅 세일즈와 달랐다. 우리는 톰의 셀러들이 눈에 보이는 제품이 없는 순수한 컨설팅 세일즈를 쉽게 받아들일지 확신을 갖지 못했다.

제품 세일즈와 컨설팅 세일즈의 또 다른 차이점 역시 톰의 셀러들에게 어렵게 여겨질 가능성이 있었다. 전통적인 제품 세일즈에는 셀러가 거래를 성사시키게 하는 강한 분위기와 보상 체계가 있다. 반면 성공적인 컨설팅 조직의 경우, 특정한 형태의 거래는 반드시 피하도록 강조한다. 예를 들어 전문 역량을 갖추지 못했거나 충분한 이윤을 남기지 못할 경우 거래를 하지 않는 것이 더 나을 수도 있다.

9차 미팅: 1월 5일

톰: 말씀하신 대로 설계 팀장과 함께 '대비 분석'을 실시했습니다. 우리는 셀러들이 도움을 필요로 하는 몇 가지 영역을 생각해냈어요.

딕: '대비 분석'을 하고 나서 그 동안 고민하던 사항들이 명쾌해

졌습니까?

톰: 물론이죠. 그리고 그것은 우리가 전에 생각하지도 못했던 것들을 알게 해주었어요.

닐: 가령 어떤?

톰: 예를 들어 보죠. 저는 설계 팀장 덕분에 컨설팅 서비스의 경우 세일즈를 잘하는 것이 단지 거래를 성사시키는 문제가 아님을 이해하게 되었어요. 유능한 셀러는 특정한 형태의 거래는 피해야 한다고 말하더군요. 덕트 작업(ductwork)을 예로 들면, 덕트 설계는 고객의 요구 사항이 지나치게 많은데다, 이윤은 적고, 설계 자원을 많이 차지합니다. 그런데도 고객은 덕트 설계를 해주기를 바라고, 그 요구를 거절하면 화를 내기까지 하죠. 따라서 이때 필요한 기술은 고객의 화를 돋우지 않고 요구를 거절하는 것이죠. 저희 셀러들은 줄곧 고객의 긍정적인 답변을 듣는 쪽으로만 경험을 쌓았기 때문에, 고객의 요청을 거절하는 데는 아직 미숙한 편입니다.

닐: 그래요, 그런 기술을 '철수(withdrawing)'라고 부르죠. 말씀하신 대로, 그것은 고객과의 관계를 손상시키지 않으면서 안 좋은 거래를 거절할 수 있는 능력입니다. 이 외에도 성공적인 컨설팅에 특별히 중요한 또 다른 세일즈 기술이 있습니다. '대비 분석'을 하면서 그것을 다루었는지 궁금하군요. '범위 조정(Rescoping)'이라는 이 기술은 표 8.2에 나와 있어요. 아시다시피 '범위 조정'은 안 좋은 건을 맡으면서 고객과 협의를 통해 작업을 보다 효율적으로 할 수 있도록 그 범위를 재정의하는 것입니다. 가령 덕트 작업의 경우, 조정은 덕

| 표 8.2 | 컨설팅 세일즈의 세 가지 결과

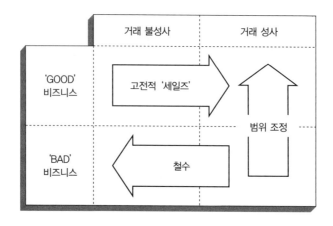

트 작업을 고객의 내부 인력이 맡게 하거나 하청을 주도록 설득하면서 대신 집진 기능에 대해서만 적절한 조언을 제공하는 것을 의미합니다.

톰: 우리도 그와 비슷한 내용을 이야기했어요. 유능한 미래의 셀러는 고객이 생각하지 못하는 해결책을 제시할 필요가 있다는 점에 대해 논의했죠. 말씀을 듣고 보니 그 일을 '범위 조정'으로 볼 수 있겠군요.

딕: 아무튼 컨설팅 세일즈에서 성공하기 위해서 무엇이 필요한지 좀 더 분명한 이해를 하게 된 것 같군요. 셀러들이 성공의 지점까지 갈 수 있게 하는 방법에 대해서는 명확해졌나요?

톰: 설계 팀장과 그것에 관한 여러가지 사항을 합의했습니다. 일례로, 처음 석 달 동안은 설계팀 엔지니어들과 팀을 짜서 세

일즈를 하기로 했죠. 그렇게 하면 우리가 앞으로 어떤 종류의 거래를 목표로 해야 하는지 더 잘 알게 되리라고 생각합니다. 그리고 팀 구성과 관련해 우리가 합의한 다른 사항은….

이것이 톰과의 마지막 미팅이었다. 그 후 석 달이 지난 뒤, 파티클 컨트롤은 세일즈 조직을 둘로 나눠 한 쪽은 집진기와 최근 출시한 다른 저가 제품을 팔도록 했다. 다른 한 쪽은 PACS 시스템과 컨설팅 서비스에 주력하도록 했다. 톰은 후자의 조직을 맡아 지역 매니저로 승진했으며, 최근에 그가 아주 성공적으로 시장 점유율을 높여가고 있다고 들었다.

사례 연구의 결론

처음에도 말했지만, 이 사례 연구는 해답을 제시하기 위한 것이 아니었다. 세일즈 효과성을 향상시키려고 할 때 실제로 어떤 문제와 불확실성이 제기되는지를 보여주는 것이 목적이었다. 그렇다면 이러한 사례를 통해서 얻을 수 있는 결론은 무엇일까? 우리는 다음과 같은 몇 가지 결론을 끌어냈다.

• 세일즈 효과성은 천천히, 조금씩 개발된다. 톰과 9개월을 함께 일했지만 그동안 우리는 어떤 획기적인 해결책을 제시하지는 않았다. 우리는 조금씩 단계를 거치면서 논의를 진행했을 뿐이다. 그 속도는 톰의 기대보다 느렸고, 또 더 많은 노력을 필요로 했다.

- 업무 우선순위 조정이 필수적이다. 만일 경영진에서 톰이 처리하던 기존의 업무를 줄이는 데 동의하지 않았다면 톰은 세일즈 효과성을 향상시키는 데 시간을 들일 수 없었을 테고, 우리는 아무런 변화도 시도하지 못했을 것이다.

- 최고 경영진이 인센티브를 가지고 있어야 한다. 제품의 경쟁력을 유지하는 것이 갈수록 어려워져 가는 상황에서 지속적인 경쟁우위의 요소로서 세일즈 조직을 강화하는 것은 톰의 부사장에게 매력적인 아이디어였다. 결과적으로 부사장은 톰의 노력을 지원할 인센티브를 가지고 있었다.

- 체계적인 프로세스가 필수이다. 우리의 노력이 성공할 수 있었던 것은 그것이 일정 기간 동안의 체계적인 프로세스로 계획되었기 때문이다. 우리는 일회적인 이벤트성 지도를 하지 않았다. 그러한 지도는 종종 세일즈 트레이닝이 지속적인 효과를 발휘할 수 없게 만든다.

- 외부의 촉진자는 유용한 역할을 한다. 톰과 똑같은 능력의 세일즈 매니저라도 혼자서는 세일즈 효과성을 향상시킬 수 없다. 이 사례에서처럼 중대한 변화를 성취하려면 촉진자로서 외부의 영향이 필수적이다. 하지만 촉진자의 역할은 우리 같은 외부 컨설턴트만의 몫은 아니다. 우리는 세일즈 매니저 그룹들이 내부의 단호하고 노련한 촉진자의 지도하에 세일즈 효과성 향상에 큰 성과를 거두는 것을 보아왔다.

전체적으로 이 사례 연구는 셀러의 세일즈 효과성을 향상시키는 데 세일즈 매니저의 역할이 결정적이라는 점을 말해주고 있다. 이 책에 나온 것과 같은 단순한 원칙과 도구들을 활용한다면 세일즈 매니저는 셀러의 수행력에 실질적이고 지속적인 영향을 줄 수 있다.

마지막 한마디

이 책을 마무리할 때가 되었다. 지금까지 살펴보았듯이, 이제 세일즈 관리는 정교하고 흥미로운 전문 분야로 떠오르고 있다. 어떤 전문 분야든지 성장해가면서 고유의 기술을 발전시키기 마련이다. 그런 일이 실제 세일즈 관리 분야에서도 나타나고 있다. 세일즈 관리는 더 이상 열성적인 아마추어들의 영역이 아니다. 10년 전, 한 회사에서 지점을 폐쇄하면서 그곳의 매니저들을 재배치하는 문제로 회의를 하였다. 그 중 운이 나쁜 한 매니저는 어느 부서로부터도 자리를 제안받지 못했다.

그러자 어떤 사람이 이렇게 말했다. "그 매니저는 재무에 대해서 잘 모르니까 주요 직책을 맡기 어렵습니다. 제조에 관해서도 문외한이니 기술 부서에도 배치할 수 없습니다. 하지만 인간성이 좋고, 직원들과 원만하게 지내니 세일즈 매니저 자리를 주면 어떨까요?" 회의에 참석했던 사람들이 하나같이 그 의견에 동의를 표시했는데, 그것이 바로 세일즈 관리를 바라보는 그들의 관점을 여실히 드러낸 것이었다.

'직원들과 원만하게 지낸다'는 것을 마치 세일즈 매니저에게 요구되는 전문적 자질로 여겼던 것이다. 아마 오늘날 그런 회의가 열린다면 참석자들은 세일즈 관리에 대해 전문적인 분야로서 상당한 정도의 존중을 보여야 할 것이다. 그리고 미래에는 우리 같은 컨설턴트와 연구자들의 작업을 통해 새로운 도구와 기술들이 많이 나와서 세일즈 관리가 다른 전문적인 경영 분야로부터 더 많은 존중을 받기를 희망한다. 이 책에서 우리는 대형 세일즈를 관리할 때 전통적인 소형 세일즈 관리와는 전혀 다른 차원의 기술과 정교함이 요구된다는 것을 보여주고자 했다.

우리는 이 책이 전문적인 영역으로서 효과적인 세일즈 관리를 조금이라도 더 부각시킬 수 있기를 바란다. 여러 해를 거치면서 우리는 수백 명의 훌륭한 세일즈 매니저들과 함께 일하는 영광을 누렸다. 우리는 이 책에 적힌 것 이상으로 그들로부터 많은 것을 배웠다. 여러 해 동안 연구를 하면서도 깨닫지 못했던 식견을 그들의 도움으로 얻을 수 있었다. 한편 우리의 노력이 헛된 것처럼 보일 때마다 그들은 격려와 도움을 아끼지 않았다. 이제 이 책을 마무리함으로써 우리가 받았던 그러한 도움에 작은 보답이 되었으면 한다.

세일즈 효율성과 효과성 문제의 진단

2장에서 우리는 세일즈 생산성의 두 가지 요소인 효율성과 효과성에 대해 설명했다.

- 세일즈 효율성(sales efficiency): 적절한 시간 내에 최소의 비용을 들여 고객에 접근하는 방법에 관한 것이다.
- 세일즈 효과성(sales effectiveness): 고객에 접근하는 데 성공했을 때 판매 가능성을 극대화하는 방법에 관한 것이다.

효율성과 효과성을 다 같이 향상시키는 조치는 세일즈 조직의 생산성을 높이는 데 중요한 역할을 한다. 하지만 2장에서 설명했던 대로, 효율성에 문제가 있을 때 효과성을 향상시키는 것만으로 생산성을 높이기 어렵다. 물론 그 반대 경우도 마찬가지이다. 많은 세일즈

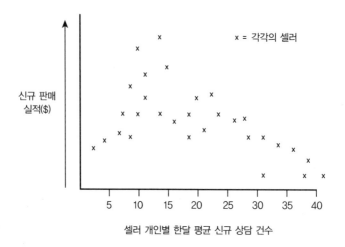

매니저들이 효과성의 문제를 효율성의 해법으로 대처하려고 하기 때문에 어려움을 겪는다.

그렇다면 세일즈 생산성에 문제가 있을 때 효율성과 효과성 가운데 무엇이 문제인지 어떻게 알 수 있을까? 이미 앞서 효율성의 문제와 효과성의 문제를 판별하는 여러 가지 방법을 제시했다. 그 방법들 중 일부는 단순한 주먹구구식이었다. 더욱 정확한 분석을 위해 표 A.1에 나와 있는 방법을 사용할 수 있다. 먼저, 그 동안의 상담 자료 가운데서 직접적인 세일즈 의도가 없는 일상적인 고객관리 차원의 상담은 모두 제외시켜야 한다. 따라서 정말 순수하게 세일즈를 목적으로 수행된 상담만 남겨둔다. 그런 다음 그래프의 가로축에는 각각의 셀러가 한달 동안 수행한 세일즈 상담 건수를 기재한다. 세로축은

364

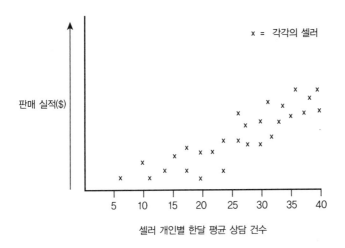

그 셀러의 판매 금액이나 그와 동등한 실적에 대한 측정치를 기재한다. 한편 세일즈 사이클이 길다면 자료를 수집하는 기간도 늘여야 한다는 점에 주의하자. 이는 특히 세로축의 판매 실적을 측정할 때 중요하다. 대형 세일즈의 특성상, 단기간에 거둬들인 실적을 따지는 것은 큰 의미가 없다.

이 과정을 모두 마쳤다면 그래프를 다시 들여다보자. 도표에 나온 예는 자본재를 취급하는 셀러 30명을 대상으로 한 조사이다. 여기에서 세일즈 실적이 가장 좋은 셀러 5명은 한달에 평균 7건에서 14건의 신규 상담을 처리했으며, 한편 셀러 전체의 평균 상담 건수는 22건이었다. 이 그래프에서 상담 건수와 세일즈 실적은 직접적인 관계가 없는 것으로 드러났다. 이와 유사한 결과가 나왔을 경우, 세일즈 생산성의 문제는 효율성이 아닌 효과성의 문제이다.

상담 건수 증가가 실적 증가로
이어지는 경우

이와는 대조적으로, 표 A.2에 나와 있는 소형 세일즈의 조사 데이터를 살펴보자. 우선 방법론적인 사항 두 가지를 지적하자.

- 고가의 세일즈(표 A.1)의 경우, 세로축에는 오직 신규 거래의 판매 실적만을 수치에 포함시키는 것으로 한정했다. 기존 거래나 반복 거래의 경우를 포함하면 분석이 왜곡될 가능성이 있기 때문이다. 예를 들어, 평균적인 셀러의 실적 가운데 대략 60퍼센트는 기존 고객의 반복된 주문에서 나오는데, 이는 세일즈 효율성과 효과성이 아닌 다른 요소의 개입으로 보아야 한다. 한편 표 A.2의 저가 세일즈에서는 전체 거래의 90퍼센트 이상이 신규 고객을 상대로 한 것이었다. 한 고객이 주문을 반복하는 경우는 10퍼센트도 채 되지 않았기 때문에, 전체 거래 실적에서 신규 거래를 별도로 떼어낼 필요가 없었다.
- 가로축에 나타난 한달 평균 상담 건수는 예상대로 고가 세일즈의 예보다 훨씬 많았다.

앞서 자본재 세일즈의 경우와 비교하면 다음과 같은 사실이 드러난다.

- 실적이 좋은 셀러는 대체로 다른 사람들보다 상담을 많이 한다.
- 셀러 28명 중에서 실적이 좋은 셀러의 한달 평균 상담 건수는 70건에 가까우며, 나머지 셀러의 한달 평균 상담 건수는 55건에 그쳤다.

이런 상황은 셀러의 활동을 늘리는 데 중점을 두면 효과를 볼 수 있다는 것을 증명한다. 즉 '상담 건수 증가＝판매 실적 증가'라는 공식이 성립한다.

위의 사례처럼 실적이 좋은 셀러가 실제 다른 셀러들보다 상담을 더 많이 한다면, 매니저는 2장에서 언급한 대로 효율성을 높이는 조치를 취하는 것이 좋을 것이다. 하지만 분석 결과가 상담 건수를 증가시키면 판매 실적을 올릴 수 있음을 보여준다 하더라도, 매니저는 셀러들이 소형 세일즈에 지나치게 주력하거나 과다한 서류 작업을 하는 것과 같은 부작용을 최소화하는 노력을 해야 한다.